社会经济统计学
——原理与应用案例

顾晓安　徐逦中　主编

版权所有,剽窃、翻印必究

图书在版编目(CIP)数据

社会经济统计学:原理与应用案例/顾晓安,徐迺中主编. —上海:立信会计出版社,2005.9(2007.8重印)
(经济管理类应用型本科系列教材)
ISBN 978-7-5429-1537-5

Ⅰ.①社… Ⅱ.①顾… ②徐… Ⅲ.①社会经济统计—高等学校—教材 Ⅳ.①F222

中国版本图书馆CIP数据核字(2005)第100945号

社会经济统计学——原理与应用案例

出版发行	立信会计出版社			
地　　址	上海市中山西路2230号	邮政编码	200235	
电　　话	(021)64411389	传　　真	(021)64411325	
网　　址	www.lixinaph.com	电子邮箱	lxaph@sh163.net	
网上书店	www.shlx.net	电　　话	(021)64411071	
经　　销	各地新华书店			
印　　刷	当纳利(上海)信息技术有限公司			
开　　本	787毫米×960毫米	1/16		
印　　张	19.25			
字　　数	381千字			
版　　次	2005年9月第1版			
印　　次	2018年8月第7次			
书　　号	ISBN 978-7-5429-1537-5/F			
定　　价	32.00元			

如有印订差错,请与本社联系调换

前　　言

在当今信息社会中,不论是宏观调控、微观管理,还是科学研究,乃至人们的日常生活,都离不开信息的获取与利用。统计作为认识社会的有力工具和经济管理的有效手段,在信息的获取、加工和开发利用上发挥着越来越重要的作用,它已经渗透到人类社会活动的各个领域。

社会经济统计学作为一门以应用为主的工具型学科,是高校经济、管理类各专业必设的专业基础课,足见其价值和作用。然而,多年的教学实践经验使我们认识到现行的社会经济统计学教材普遍存在理论阐述过于深奥、实际应用和案例分析明显不足的弊端,这就可能造成学生就业以后不能利用所学的知识解决实际统计问题的后果,导致统计教学的低效性。

我们始终认为,经济、管理类专业社会经济统计学的教学目标应当侧重于培养学生在掌握基本原理基础上的实际应用能力。基于这种认识和现行教材在这方面的缺陷,我们着手编著了这本原理阐述清晰、实际应用案例丰富的教材,以期能够更加贴近社会经济现实,为培养学生的实际应用能力起到更好的指导和辅助作用。

本书整体框架由顾晓安制定,顾晓安、徐逦中担任主编,柯蓉、朱建国担任副主编。各章节具体分工如下:前言、第一、第二、第三章由顾晓安编著,第六章由顾晓安、蒋蕾共同编著,第四章由徐逦中编著,第五章由徐逦中、卢蕾和蒋蕾共同编著,第七章由柯蓉编著,第八、第九章由柯蓉、王国兴共同编著,第十章由朱建国、王国兴共同编著,各章习题参考答案由徐逦中、柯蓉和王国兴共同编著,并由顾晓安负责对全书初稿进行修改和统稿。

本书从计划、编著到正式出版,自始至终都得到了立信会计出版社编辑余榕老师的热情帮助和大力支持,同时也得到了上海理工大学商学院的领导和教师们的支持和帮助,在此一并致谢。

由于编著者学识有限,加上时间比较仓促,书中不妥之处在所难免,恳请读者提出宝贵意见,以便今后修订时补充提高(电子邮件:guxiaoan@126.com)。

编著者

目 录

第一章 绪论 … 1
- 第一节 统计的涵义及其产生和发展 … 1
- 第二节 社会经济统计学的研究对象、特点、应用范围和性质 … 4
- 第三节 社会经济统计学的基本概念和术语 … 7
- 第四节 社会经济统计学的研究方法 … 12

第二章 统计调查 … 16
- 第一节 统计调查的意义、基本要求和种类 … 16
- 第二节 统计调查相关项目的确定和设计 … 19
- 第三节 统计报表制度和专门调查 … 23
- 第四节 统计调查误差的涵义、种类及防止 … 29
- 第五节 统计调查综合应用案例 … 30

第三章 统计整理 … 35
- 第一节 统计整理概述 … 35
- 第二节 统计分组 … 37
- 第三节 分配数列 … 44
- 第四节 统计汇总的组织形式与技术 … 52
- 第五节 统计表设计 … 54
- 第六节 统计资料整理综合应用案例 … 58
- 本章习题 … 63

第四章 综合指标 … 65
- 第一节 总量指标 … 65
- 第二节 相对指标 … 69
- 第三节 平均指标 … 76

第四节　标志变异指标 …………………………………………………… 89
　　第五节　应用平均指标的基本原则 ………………………………………… 94
　　第六节　静态指标综合应用案例 …………………………………………… 96
　　本章习题 ……………………………………………………………………… 100

第五章　动态数列 ………………………………………………………………… 104
　　第一节　动态数列的概念、种类和编制原则 ……………………………… 104
　　第二节　动态发展水平指标 ………………………………………………… 107
　　第三节　动态发展速度指标 ………………………………………………… 117
　　第四节　动态数列的变动分析 ……………………………………………… 125
　　第五节　动态数列综合应用案例 …………………………………………… 132
　　本章习题 ……………………………………………………………………… 136

第六章　统计指数 ………………………………………………………………… 138
　　第一节　统计指数的概念、作用和分类 …………………………………… 138
　　第二节　综合指数 …………………………………………………………… 141
　　第三节　平均指数 …………………………………………………………… 145
　　第四节　指数体系和因素分析法 …………………………………………… 151
　　第五节　平均指标变动的因素分析 ………………………………………… 158
　　第六节　统计指数综合应用案例 …………………………………………… 164
　　本章习题 ……………………………………………………………………… 169

第七章　抽样调查 ………………………………………………………………… 172
　　第一节　抽样调查概述 ……………………………………………………… 172
　　第二节　抽样误差和抽样估计 ……………………………………………… 177
　　第三节　抽样调查的组织方式及其误差计算 ……………………………… 184
　　第四节　样本容量的确定和对总量指标的估计 …………………………… 193
　　第五节　抽样调查综合应用案例 …………………………………………… 197
　　本章习题 ……………………………………………………………………… 198

第八章　假设检验 ………………………………………………………………… 200
　　第一节　假设检验的基本原理 ……………………………………………… 200
　　第二节　概率基础知识 ……………………………………………………… 202
　　第三节　假设检验的过程 …………………………………………………… 209

第四节　常用的假设检验…………………………………………… 213
　　第五节　假设检验综合应用案例…………………………………… 221
　　本章习题……………………………………………………………… 224

第九章　相关分析与回归分析………………………………………… 226
　　第一节　相关分析概述……………………………………………… 226
　　第二节　相关关系的测定…………………………………………… 230
　　第三节　一元线性回归分析………………………………………… 237
　　第四节　多元线性回归分析………………………………………… 246
　　第五节　相关分析与回归分析综合应用案例……………………… 252
　　本章习题……………………………………………………………… 256

第十章　统计学综合应用案例………………………………………… 259
　　第一节　营销实务中的统计学应用案例…………………………… 259
　　第二节　人力资源管理中的统计学应用案例……………………… 267
　　第三节　审计实务中的统计学应用案例…………………………… 274

各章习题参考答案……………………………………………………… 280

附表　常用统计表……………………………………………………… 293
　　表1　正态分布表…………………………………………………… 293
　　表2　t 分布表……………………………………………………… 294
　　表3　χ^2 分布表………………………………………………… 295
　　表4　F 分布表…………………………………………………… 296

第一章 绪 论

人们在社会经济活动中可以接触到各种各样的社会经济现象。例如,从宏观上,国家需要定期披露诸如国内生产总值(GDP)、经济增长率等经济发展的相关信息;从中观上,一些行业和地区也需要公布反映其经济状况的数据资料,诸如所在行业的平均盈利水平、从业人员的状况及地区经济的总体水平、结构和发展情况等;从微观上,每个企业需要提供反映经济情况的各类数据,诸如营业利润、劳动生产率等;在日常生活中,我们也会经常从电视新闻、报刊杂志和网络中听到、看到有关国内生产总值、人均国内生产总值、经济增长速度、居民消费价格指数和证券市场股票价格指数等社会经济数据。

上述社会经济现象有一个共同的特点,就是对这些现象的整体状况的描述离不开"数据",也就是必须借助于一定的方法,通过对现象的调查、了解,搜集并整理相关的数据资料,然后采用适当的方法和手段进行数量分析,从中揭示现象背后所蕴含的规律性。人们通常把研究现象整体数量特性的过程称之为"统计"。

第一节 统计的涵义及其产生和发展

一、统计的涵义

"统计"是常用的一个词,人们在不同的背景下使用这个词的时候,可以有三种不同的涵义:

(1) 统计活动。也即从事的统计工作,是一种职业。统计活动就是指对客观现象从数量方面进行调查、整理和分析研究时所做的工作,如对企业的销售量和利润、成本、劳动生产率等的统计。国家各级统计机构以及各单位的统计部门,通过统计以弄清国家的人力、物力和财力,从而为国家制定政策、预算等提供信息,为各级政府及企业单位提供各类管理信息,为社会提供信息服务。如果没有统计,我们就不能了解我们的实际国情,也不能很好地认知整个世界;如果没有统计,一个企业就不了解市场信息,就不知道自己生产的产品市场份额如何,也就无从组织生产经营;如果没有统计,我们的日常生活就无法得到各种社会信息,无法知道各种产品的价格走势;等等。国家的运转、企业的生产经营、人们的生活和工作,都无法离开统计信息,由此可见统计活动的意义重大。

(2) 统计资料。即统计活动的成果,是统计信息的载体。统计资料是指统计工作中所取得的、反映社会经济现象的数字资料、文字资料和图表图像资料等。它以统计报表、统计年鉴等形式表现,反映社会经济现象的规模、水平、速度等,表明现象的发展特征及其规律。常见的统计资料有国家统计总局、海关等国家机关发布的各种统计汇编和统计年鉴,还有日常生活中所见到的统计数字、图表等,如经济增长速度、居民消费价格指数等。准确、及时、科学地反映实际经济活动的统计资料具有十分重要的价值,可以方便科研人员进行各种科研活动,可以指导社会经济活动的顺利进行,可以帮助人们更好地生活和工作。

(3) 统计科学。即统计学是一门学科。统计科学是指系统论述统计工作原理和方法的科学。统计科学研究的是如何进行数据的搜集、加工和整理,如何从复杂纷繁的数据中得出结论,并科学地解释结论,以达到正确、深刻地认识社会经济现象的目的。统计科学包括统计学原理及其他专业统计学等,例如,我们把系统论述如何进行工业统计工作的理论和方法,就称之为工业统计学。

"统计"一词的以上三种涵义——统计活动、统计资料、统计科学,是密切联系的。统计资料是统计活动提供的,是统计活动的成果;统计科学是从统计活动中提炼出来的关于如何正确进行统计活动,更好地发挥统计作用的科学原理和方法,对统计活动起着指导作用。统计科学与统计活动之间是理论与实践的关系。

由此可见,统计活动、统计资料、统计科学三者之中,统计活动是基础,是源头。没有统计活动,统计资料就无从得出,统计科学也就不可能形成和发展。

在人类社会已进入信息时代的今天,统计已进入了政治、经济、文化、教育等一切社会领域,可以说,统计是无时不在,无处不有。

二、统计的产生和发展

统计实践活动远早于统计学的诞生。统计是认识社会的有力工具之一,是人类社会发展到一定阶段,为适应人类社会实践活动的需要而产生的,并随着社会的不断发展而发展,其涉及的范围也逐步扩展到整个社会的各个领域。

在原始社会后期,统计萌芽于计数活动;随着奴隶制国家的产生,统计日显重要;在封建社会时期,统计已初具规模;而资本主义的兴起,使统计扩展到社会经济的各方面。

早在2000多年前的奴隶社会,当时的统治阶级为了征兵和征税,需要了解土地、人口、粮食和牲畜的数量,就有了原始的统计活动。据历史记载,大禹在治水时,按山川土质、人口物产、贡赋多少分中国为九州,著有"禹贡九州篇",记载人口约1355万人,土地约2438万顷,已具有人口和土地统计的雏形。

春秋战国时期,诸侯以兵员、乘骑、车辆比较各自的军事实力,开始有了军备统计。秦朝"商君书"中已有全国的人口调查记录,并把反映国情、国力的"十三数"作为富国强兵的重要依据。汉朝实行口钱制，表明当时已有全国户口与人口年龄的统计，并据此征收赋税。明朝初期编有记载全国户口、丁粮的黄册，作为核定赋税、劳役的依据。在世界上一些文明古国也是如此，埃及在公元前3000年建造金字塔时，为了征集建筑费用和劳力，对全国人口和财产进行调查；古罗马在公元前400年就建立了出生、死亡登记制度。

从原始社会到封建社会，由于社会生产力发展缓慢，统计停留在对事物的原始调查登记和简单的计数汇总上，这一时期的统计方法是粗陋的，没有形成完整的科学体系。

当人类进入资本主义社会以后，社会生产发展很快，社会分工日益精细，交通运输、商业贸易日趋发达，国际市场逐步形成。那时，除了政府需要了解诸如人口、土地、财富、军事等国情、国力的统计数据外，各类经营业主为经营管理和争夺市场，也需要掌握各行各业的统计信息和市场变化情况，从而使统计逐步扩展到各个不同的领域，并且出现了专业的统计机构和研究组织，统计逐步成为社会分工中一个独立的科学领域，并逐渐形成了比较系统的统计理论知识。

17世纪中叶，威廉·配第在其代表作《政治算术》一书中，以数字资料为基础，用计算和对比的方法对英、荷、法三国的势力进行比较推算，论证了英国称雄世界的条件与地位，为英国争夺世界霸权出谋献策。他主张用数字、重量和尺度来论述人口、土地、资本等的真实情况；他还提出了用图表概括数字资料的理论和方法。威廉·配第的这种理论和方法为统计学的形成和发展奠定了方法论的基础，在某种程度上也可以说他是统计学的创始人。

18世纪，德国的阿亨瓦尔在其主要著作《近代欧洲各国国势学论》中，搜集了各国有关国情的大量资料，包括国土位置、山川、都市、人口、军事、财政、基本法等，采用记述的方法罗列、论述一个或多个国家的显著事项和状况，分门别类地记述各国的国情国力，为统治者提供了治国之术。在该书中首创了"统计学(statistik)"一词，并广泛应用了统计数字资料、数字对比等统计术语和对比方法，这些理论及方法一直沿用至今。1787年，英国的齐麦曼博士把德语 statistik 译成英语 statistics，"统计学"一词逐渐被国际社会所接受，其作为一门对社会经济现象进行对比分析的方法论科学也为人们所公认。

19世纪中叶，比利时的凯特勒主张用研究自然科学的方法研究社会现象，并把概率论的理论和方法引入统计学中，使统计学的研究对象、研究方法和学科性质发生了质的飞跃和根本性的变化。凯特勒用大数定律论证了错综复杂、变化无常的社会现象，其偶然中存在着必然的规律；把正态分布应用于统计学中，提出了误差理论，较好地解决了统计数据处理和计算的问题，开辟了统计学的新领域。他认为统计学是既研究社会现象又研究自然现象的一门独立的方法论科学，为后来数理统计学的形成和发展奠定了基础。数理统计理论者认为，只有数理统计才是唯一科学的统计，它既可以用于研究自然问题，又可以研究社会经济问题，是一门通用的方法论科学，并且否认存在另一门独立的社会经济统计学。

而在19世纪后期，产生了另外一种观点，认为数理统计学和社会经济统计学是并存的两门独立的统计学,而且各自都有自己的研究对象和不同的研究内容和方法。他们主张社会经济统计学是一门独立的统计学,是通过自己的一套独特的统计方法对大量的社会经济现象的量的方面进行统计研究,探索社会经济发展规律的具体地点、时间条件下的数量表现的社会科学。数理统计学和社会经济统计学之争仍在继续。

19世纪末,古典统计学的框架基本形成,其内容主要是当今描述统计学涉及的内容。进入20世纪以来,随着大工业生产的发展,质量检验的统计理论迅速形成。1908年,英国酒作坊学徒工戈赛特(Gosset)以"Student"的笔名在《生物统计学》杂志上发表了一篇论文《平均数的概差》,提出了基于小样本的 t 统计量理论,极大地推动了推断统计理论的发展。

20世纪中叶,英国统计学家费雪(Ronald Aylmer Fisher,1890~1962)等人分别对 F 统计量、极大似然估计、方差分析等理论进行了大量的探讨,从而建立起了推断统计学庞大的学科体系。在1920年之前,由样本对总体进行估计的概念,一直是直观和模糊的。1925年,费雪在其著名论文《研究人员用的统计方法》中,阐明和扩展了估计的概念,提出了最优估计概念,以及估计的效率和充分性等问题。在长期从事实验设计的过程中,费雪还提出了重要的随机化原则,认为这是保证取得无偏估计的有效措施,也是进行显著性检验的必要基础。理论界普遍认为,在1920年之前,统计研究属于"资料整理"时期,即描述统计学时期,从费雪开始,进行了"分析统计"时期,即推断统计学时期。

20世纪60年代以后,统计学的发展有三个明显的趋势:① 统计学依赖和吸收数学方法更多。随着统计应用范围的扩大和要求的提高,对自然界、社会界各种纷繁复杂现象的数量表现和数量关系,都要求有比较完备的理论和方法去进行研究,从而使数学更多地被应用到统计学中。② 以统计学为基础的边缘学科不断形成。随着社会经济的发展,统计理论与方法在工农业生产、自然科学和技术科学以及社会经济领域中的应用日益广泛,统计学在这些领域的特定学科中的具体应用就产生了众多的边缘学科,如生物统计学、医学统计学、气象统计学、地质统计学、教育统计学等。③ 统计与计算机信息技术相结合,应用范围更广,作用更大。当今世界计算机及其软件广泛应用于统计研究与统计分析工作中,大大地提高了统计工作的效率;对于许多复杂疑难问题,都可以借助计算机来解决,为统计学开拓了广阔的应用前景。

第二节 社会经济统计学的研究对象、特点、应用范围和性质

一、社会经济统计学的研究对象

统计学可以简单地分为两大类:一类是以抽象的数量为研究对象,研究一般的搜集数据、分析数据方法的理论统计学;另一类是以各个不同领域的具体数量为研究对象的应用

统计学。很显然,社会经济统计学属于后者,其研究对象是大量社会经济现象的数量方面,包括数量特征、数量关系、数量界限等。

社会经济统计学是以社会经济现象的数量为对象的方法论科学。在社会经济领域应用统计方法,必须解决如何科学地测定经济现象、如何科学地设置指标的问题,这就必须以有关经济理论为指导,对社会经济现象的质进行研究。因此,社会经济统计学的特点是在质与量的紧密联系中,研究事物的数量特征和数量表现。

同时,社会经济统计学是一门系统地论述社会经济统计方法的应用社会科学。其内容包括统计调查、整理、分析等一整套的科学方法,这些方法是在对社会经济统计实践进行深入研究的基础上总结经验,逐步形成现代社会经济统计学严密的科学体系及内容。不仅如此,由于社会经济现象所具有的复杂性和特殊性,社会经济统计学不仅要应用一般的统计方法,而且还需要研究自己独特的方法,如估算的方法、核算的方法、综合评价的方法等。

由此可见,社会经济统计活动是社会经济统计学建立和发展的源泉,离开了对社会经济统计活动的研究,就没有社会经济统计学。因此,我们认为,社会经济统计学的研究对象是社会经济统计活动全过程。

具体而言,社会经济统计学研究的范围是全部的社会经济现象,包括宏观的、中观的和微观的现象。如国民经济效益统计、行业和地区经济发展状况统计、企业经济活动统计等,都是社会经济统计学所要研究的内容。

二、社会经济统计学的特点

社会经济现象是一个大量且复杂的整体,需要多种学科从各个侧面对其进行研究,才能够从总体上认识它。作为众多社会科学中的一门,社会经济统计学在研究社会经济现象时,就有其自身的特点,归纳起来主要有以下四个方面:

1. 数量性

社会经济统计是从数量方面入手认识社会的工具,因而数量性是其最基本的特点。社会经济统计学是从社会经济现象的整体出发,运用大量观察法研究现象总体的数量关系,研究总体的总量、构成、比例关系、发展速度等指标,来反映客观现象在一定时间、地点条件下的数量具体表现,以认识现象的发展趋势及其变化规律。

数字是统计的语言,统计运用各种数字来对客观现象进行综合反映。可以说,没有数量就没有统计。要注意的是,统计反映的不是抽象的纯数量,而是有着特定经济涵义的具体的、密切联系质的量,是从质与量的辩证统一中来研究现象的数量关系。

2. 总体性

统计是从整体上反映和分析现象的数量特征,社会经济统计是研究社会经济总体的定量活动,只有从整体上去进行定量认识,才能够对总体发展的规律作出正确的判断。如果仅仅着眼于个别事物是很难取得对总体的全面认识的,甚至有时会得出片面的错误结论,因为个别事物由于受种种偶然因素的影响,其数量特征并不一定能够代表一般现象和总体特征。

特别需要指出的是,尽管统计着眼于事物的整体,但并非不考虑个别事物的数量特征。其原因在于:第一,只有掌握了个别事物的数量特征,才能统计出整体的数量特征,个体的数据是基础;第二,对事物进行分析研究时,需要联系个别事物的数据和具体情况,使人们对现象整体的认识更加深刻和丰富。

3. 具体性

社会经济统计学是研究具体地点、时间、条件下的社会经济现象的具体的量,而不是抽象的量,这一特点是社会经济统计学与数学、数理统计学的根本区别。任何社会现象都是质量和数量的统一。统计学研究社会经济现象的量,是与质紧密联系在一起的。它是从定性认识开始,搞定量研究的。但要注意,虽然要把社会经济统计学与数学区别开,在研究经济现象碰到数量关系时,还是要遵守数学原则,并会运用各种数学分析方法。

4. 社会性

统计学是研究社会经济现象的,它是一门社会科学、经济科学,这一点与自然科学、技术科学是有所区别的。社会经济统计学研究的对象是人类社会活动的过程和结果,人类社会活动是人们有意识、有目的的活动,各种活动都贯穿着人与人之间的关系。因而,作为统计研究客体的社会经济现象的数量方面,具有一定社会性,除了随机现象之外,还存在着一定的量只会表现为一定的质的现象。同时,统计研究的过程是一种人的主观活动,它必然会受到一定的社会观和世界观的影响。所以,在研究社会经济现象时,必须充分认识到这些社会关系。

三、社会经济统计学的应用范围

前面已经提到,统计学已被应用到了自然科学和社会科学的众多领域,下面介绍社会经济统计学的一些应用领域。

1. 经济预测

企业需要对未来的市场状况进行预测,经济学家也常常对宏观经济或其某一方面进行预测。他们在进行预测时要使用各种统计信息和统计方法。例如,企业要对自己产品的市场潜力作出预测,以便及时调整生产计划,这就需要利用市场调查取得数据,并对数据进行统计分析。经济学家在预测通货膨胀时,要利用有关生产价格指数、失业率、生产能力等统计数据,然后利用统计模型进行预测。

2. 财务分析

上市公司的财务数据是证券投资者进行投资选择的重要参考依据。一些投资咨询公司主要是根据上市公司提供的财务和统计数据进行分析,为证券投资者提供投资参考。企业自身的投资决策也离不开对财务数据的分析,这其中都要用到大量的统计方法。

3. 企业发展战略

发展战略是一个企业的长远发展方向和规划。制定发展战略，一方面，需要及时了解和把握整个宏观经济、区域经济和行业经济的状况及发展变化趋势，了解市场的变化；另一方面，还要对企业进行合理的市场定位，把握企业自身的优势和劣势。所有这些，都离不开统计，都需要统计提供可靠的数据，利用统计方法对数据进行科学的分析和预测。

4. 产品质量管理

质量是企业的生命，是企业持续发展的基础。在一些知名的跨国公司，6σ 准则已经成为一种主要的管理理念。质量控制已经成为统计学在生产领域中的一项重要应用，各种统计质量控制图被广泛应用于动态监测生产过程。

5. 市场研究

企业要在激烈的市场竞争中取得优势，首先必须了解市场。而要了解市场，则需要广泛的市场调查，取得所需的信息，并对这些信息进行科学的分析，以便作为生产和营销的依据，这些都需要统计的支持。

四、社会经济统计学的性质界定

关于社会经济统计学的性质一般有四种观点：一种认为是以社会经济现象的数量方面为研究对象的方法论科学；一种认为是研究社会经济现象数量关系的科学；一种认为是研究社会经济现象和过程的规律的科学；还有一种认为是研究社会经济统计工作规律性和方法论的科学。

总体而言，最主要的观点有两种：一种是认为社会经济统计学是一门实质性科学，是以大量社会经济现象的数量方面为研究对象的社会科学，目的是探索社会经济发展规律在具体地点、时间、条件下的数量表现；另一种则认为社会经济统计学不是实质性科学，而是一门方法论科学，是寻求对社会经济现象数量方面进行调查研究的方法的科学。上述两种相互对立的观点，各具特色，各有优点。前一种观点，强调统计学的实质性，而忽视统计学的方法论；后一种观点，则恰恰相反。它们都是把统计学的实质性和统计学的方法论割裂开来，对立起来。

通过以上分析，可以对社会经济统计学的性质有以下的认识：社会经济统计学是一门独立的社会科学，它是通过自身一套独特的统计方法对大量社会经济现象的数量方面进行统计研究，探索社会经济发展规律在具体地点、时间条件下的数量表现。

第三节 社会经济统计学的基本概念和术语

社会经济统计学是一门方法论的科学，它也和其他科学一样，在论述其理论和方法时，经常要使用一些专门的概念和术语，例如，统计总体和总体单位、标志和指标、变异与变量、统计指标与统计指标体系。这些概念将贯穿全书,随时都可能会用到,所以,有必要在此先作些简要的介绍。

一、统计总体和总体单位

在一项具体的统计任务中,首先需要知道研究的具体对象是什么,范围有多大。例如,在一项《调查上海市2004年外商投资企业生产经营情况》的统计任务中,首先,应确定研究对象的地理范围为上海市,时间范围截至为2004年12月31日在沪注册登记的企业,组织形式为外商投资企业,具体对象是每一个外商投资企业。然后,再采用一定的方法向每个企业搜集相关的数据、资料并进行统计分析。在上述统计过程中,"截至2004年12月31日在上海市注册登记的外商投资企业"所构成的整体就是特定统计任务的研究对象,在统计学中被称之为"统计总体",也称为总体;其中的每一个外商投资企业就是具体的研究对象,在统计学中被称之为"总体单位"。

(一)统计总体

统计总体是指根据特定统计任务的要求,由客观存在的、具有共同性质的许多个体单位组成的整体。总体必须具有同质性,这是形成总体的基础。例如,要调查我国的工业生产情况,全国的工业企业就构成一个总体。其是客观存在的,尽管其规模大小、组织形式、产品的名称和产量等各不相同,但其都有一个共同的、基本的经济职能,即都是从事工业生产活动的。

统计总体具有以下四个特点:

(1)客观性。人类的认识是客观事物在头脑中的反映。作为认识的工具,它所面对的必须是客观存在的事物,任何主观臆想的东西,都组成不了总体。

(2)大量性。统计总体必须是由大量事物所组成的,在统计调查中如果只对少数总体单位进行观察,难以得到整个总体的一般特征。只有总体包含的总体单位足够多,才能揭示现象的规律性。

(3)同质性。组成总体的各个总体单位至少在一个方面具有同一性质,这是组成总体和进行统计的前提条件。如果组成总体的各个总体单位没有任何相同的性质,那么它们是无法构成一个总体的。而且各总体单位所需具有的同质性的具体内容是由统计目的所决定的。

(4)差异性。组成总体的各个总体单位除了具有同质性以外,还需要具有差异性,因为差异性的存在正是统计的前提和主要内容。如果各个总体单位不存在任何差异,那就根本没必要进行统计调查研究,而只要从总体中随意选择一个总体单位加以分析便可以知道整个总体的性质了。

统计总体按其包括范围的大小、数量的有限性,可以分为有限总体和无限总体。有限总体是指总体中包括的总体单位是有限而且可以计数的。在社会经济现象中,绝大多数是有限总体,如某一时点某市的学生数、工业企业的职工人数等。而无限总体是指总体的范围无法明确确定,所包含的总体单位数量无限多或无法计数,如某地区空气污染程度、某工厂连续流水生产线上的产品等。将总体划分为无限总体和有限总体,对统计调查的组织技术具有重要的意义:无限总体不能进行全面调查,只能通过非全面调查,抽取总体中一小部分总体单位调查其情况,据以推断总体的情况;而有限总体则既可进行全面调查,又可进行非全面调查,要视具体情况而定。

（二）总体单位

总体单位是指组成总体的各个基本单位。总体单位是各项统计资料的承担者,要了解总体的数量特征,就必须从总体单位的逐个登记开始。例如,要调查全国工业企业的电脑使用情况,则全国所有工业企业的每一台电脑就是总体单位。通过从每一个工业企业取得电脑使用情况的资料加以汇总整理,就得到了所要了解的全国工业企业的电脑使用情况。

（三）统计总体和总体单位的关系

需要指出的是,统计总体和总体单位的相互关系不是一成不变的,而是随着统计研究的目的不同而变化的。同一事物在不同情况下可能是总体,也可能是总体单位。例如,要调查某个工业部门的情况时,该部门所有的工业企业就构成了统计总体,每一个工业企业是总体单位;若要研究某一工业企业的生产经营情况时,则该企业就是总体,而企业下属的车间、班组就是总体单位。

由此可见,统计总体和总体单位这两个概念是相对的,但是,当统计任务和研究目的确定以后,这两个概念就相对固定了。

二、标志

在一项统计研究中,每一个总体单位都会呈现出多方面的特征和属性。例如,在统计调查一个学校的学生学习状况时,学校中的每一个学生就是总体单位。具体考察时,每个学生都有性别、民族、年级、年龄、身高、各科成绩等属性和特征,这里"性别"、"年龄"、"身高"等都是每个人的共同特征的名称,但是这些特征在每个人的具体表现却不完全相同。

统计学中把各总体单位所具有的共同属性或特征称为"总体单位标志",简称"标志"。每个总体单位有许多属性和特征,其特征名称是相同的,但具体表现可能因总体单位而异的。

标志可依据其变异情况不同,分为不变标志和可变标志。不变标志是指一个标志在总体各个单位的具体表现是相同的,如将学校中所有女学生作为总体时,每个学生的"性别"标志的表现都是"女"。相反,可变标志是指一个标志在总体各个单位的具体表现可能不尽相同,如学生的年龄、身高等就是可变标志。但必须注意,任何总体中的各个总体单位至少有一个是共同的标志,因为这是构成同质总体的基础。

标志又可依据其性质不同,分为品质标志和数量标志两种,这是标志分类中最重要的一种分类。品质标志是用来表示事物的品质属性特征的标志,它无法用数值来表示,而只能用文字表示,如学生的性别、民族等。而数量标志是用来说明事物的数量特征的,它只能用数值表示,如用数值表示的学生的年龄、身高和各科成绩等。品质标志是用文字对总体单位进行定性描述的,而数量标志则是用数值对总体单位进行定量描述。但是两者在某些情况下是可以转换的,如学生成绩用A、B、C、D等级表示时是品质标志,而在用百分制表示时则为数量标志。

三、变异和变量

(一)变异

什么是统计学中的变异呢?可变标志(包括品质标志和数量标志)的具体表现是不相同的,相互之间存在着差异,如表现在不同学生身上的男女性别、年龄大小、各科成绩高低、身高多少等方面的差异。统计学将各总体单位之间标志的这种不同表现,称为变异。它包括品质变异和数量变异。其中品质变异不能用数值来反映,数量变异可以用数值反映。至于不变标志其总体单位间的标志表现是相同的,因此不存在差异,也就不存在变异。

在统计的对象中,变异是普遍存在的,这是统计的前提条件。统计是研究变异的,有变异才有统计,否则就不用统计了。变异对于具体的统计工作是十分重要的。例如,在划分总体时,就是选定某一标志的具体表现,把它固定下来,把所有具有这种具体表现的单位集合在一起,形成一个统计总体。所以,同质性实际上就是总体中的各个单位都具有某一个共同的标志表现。而且,可变的品质标志和可变的数量标志,是统计分组和统计计算分析的基础。按照统计工作的一般程序,先将同质总体按某种可变标志划分为若干部分或组别,然后将各部分或各组的单位数和各单位的可变标志的标志值加以汇总进行统计分析。因此,总体的同质性和总体单位的差异性便是进行统计研究的基础。

(二)变量

变量是指可以用数值来表示的变异,因此称可变的数量标志为变量。而可变的品质标志只存在品质变异,它不能用数值表示,所以不是变量。总体单位的数量标志大多是可变的,其在总体各单位所表现的标志值,就是变量值。例如,"工资"是一个变量,各月工资水平3 200元、3 500元、4 000元等,则是变量值,两者容易混淆。

变量按其取值是否连续,可分为连续变量和离散变量两种。连续变量的数值是连续不断的,相邻两个数值之间可以作无限分割,如人的身高、体重、年龄,企业的销售额、利润等都是连续变量。而离散变量的数值一般是整数,相邻两个数值之间不能插入任何数值,否则没有意义,如企业职工人数、工厂数、机器设备台数等。当然,在统计实践中,为了方便核算,对有些连续变量只取整数,如对人的年龄,尽管在统计时,一个人的年龄会有几个月及几天的尾数，但通常只会取周岁。

变量按其性质不同，可分为确定性变量和随机性变量两种。确定性变量是指影响变量值的变动有某些确定性作用的因素，致使该变量按这些因素的作用而变动。例如，产品总成本的变化，受产品产量和单位成本两个因素的影响，而这两者都是人为可以控制的变量，并且对生产总成本影响的大小和方向也是确定的。随机性变量则是另一种性质的变量，它受随机性因素影响。这些因素是不确定的、偶然性的，因而对变量值影响的大小和方向都是不确定的。例如，生产某种零件，由于原材料的质量、气温、湿度的变化和操作者的情绪等因素的影响，得到的产品质量可能会有差异。

四、统计指标与统计指标体系

社会经济统计学是研究社会经济现象的数量特征的。如何反映总体的数量特征呢？通常，可以根据统计任务的要求，设计一些计算式，利用统计调查所获得的数据完成相应的计算并评价计算结果，从不同的角度去反映和揭示总体的数量特征。这些人为设计的计算式在统计学中被称为统计指标，简称指标。

（一）统计指标

统计指标是综合反映统计总体数量特征的概念和数值。它表明某一客观事物在具体时间、地点条件下的总体规模、水平、结构和变化发展状况等数量特征。如某企业在2004年中，平均职工人数为2 000人，实现净利润4 500万元，这些就是统计指标。一个完整的统计指标是由指标名称和指标数值构成的，指标名称是指标质的规定，而指标数值是指标量的规定。如上例中，平均职工人数和净利润就是指标名称，而2 000人和4 500万元则是指标数值。

统计指标一般具有三个特点：① 数量性。即指标反映的是客观现象的量，都能用数值来表示。② 综合性。指标是对总体单位某一特征进行调查、登记并加以汇总整理而得到的数据，构成总体全部单位的综合结果，而不是说明个别总体单位的数量特征。通常，指标数值可以通过将各个总体单位的数量标志值汇总后求得。③ 具体性。统计指标是说明总体某一特征或属性的质与量的统一，在一定时间、地点、条件下的数量表现，具有一定的社会经济含义，不是抽象的概念和数字。

统计指标按其反映的总体特征的性质不同，分为数量指标和质量指标。数量指标是反映现象总体规模大小、数量多少特征的总量指标，一般用绝对数表示，如职工人数、产品产量、利润等。质量指标是反映现象总体内部数量关系或总体各单位一般水平的指标，一般用相对数或平均数表示，如单位平均成本、平均工资、工人劳动生产率、销售利润率等。

统计指标按其作用和表现形式不同，分为总量指标、相对指标、平均指标。总量指标是反映现象总体规模、水平的指标，如工资总额、产品产量等。相对指标是两个有联系的总量指标相对比的结果，说明现象总体的结构、发展程度、比例、强度、密度等，如产品的次品率、年均增长速度、人口密度等。平均指标是按总体部分或者全部数量标志值计算的，用来说明总体的一般水平，如平均工资、工人劳动生产率等。

统计指标按其计量单位不同，分为实物指标、价值指标和劳动指标。实物指标以实物为计量单位，用来反映产品使用价值量，如自然单位、度量衡单位。价值指标是用货币为单位计算的指标，用来反映产品价值量。劳动指标则以劳动时间为计量单位，用来反映劳动消耗量，如工时、工日等。

统计指标按其作用不同，分为描述指标、评价指标和预警指标。描述指标用来反映现象基本情况，如国内生产总值、进出口贸易总额、财政收入等。评价指标用来对客观事物活动的结果进行考核和评价，如评价企业经营活动时，可用销售利润率、净资产收益率等指标。预警指标则是用来监测经济运行和经济活动，并对可能出现的总体失衡、结构性矛盾、突发异常情况作出预报，如通货膨胀率、失业率、固定资产投资增长率、汇率和利率等。

（二）统计指标体系

通常，一个指标只能说明现象总体一个方面的特征，由于社会经济现象是错综复杂的，各种现象之间存着相互联系、相互制约的关系。所以，需要用一整套统计指标，才能全面地说明现象的发展过程和它的各个方面。这种具有内在联系、互相制约的一系列统计指标的整体，就称为统计指标体系。例如，为了研究某企业生产经营的情况，需要设置产品产量、品种、质量等指标，还要设置固定资产、流动资金周转速度、实现利润、税金等一系列的财务指标，通过一套完整的指标体系，把企业的全貌和发展变化过程及其因果关系反映出来。

统计指标体系能够全面反映现象之间的有机联系和发展过程并作出周全而客观的分析判断，避免片面性。统计指标体系会随着各种客观现象的发展变化而变化，但指标体系一经制定，应力求保持相对稳定，以便积累历史资料，进行系统的比较分析。

第四节 社会经济统计学的研究方法

一、统计的基本工作环节

假设有一笔闲散资金，既可以把它储蓄在银行以获得利息收入，也可以将其投入到股票市场中，还可以用它开办一家公司或是便利店，当然还有更多的投资机会。那么究竟应该选择哪种投资意向呢？这就需要考察各种投资的潜在收益与风险。必须对可能的机会进行观察，搜集相关的信息，并且进行分析，弄清各种投资的收益和风险，然后才能作出投资决定。一段时间过后，还可以对投资所得到的经验和教训进行总结，以积累经验。

在这一过程中，就包含了一种统计的思想。而事实上，所有的统计工作就像这么一次投资决策，是一个调查、整理和分析的过程。具体来说，统计包括以下基本环节：

1. 统计设计

任何一项有一定规模的社会经济活动在开始之前,都要有一个方案以说明目的、对象、任务,以及为了完成任务和达到目的的步骤和方法等,统计工作亦是如此。所谓统计设计,就是对统计工作的各方面和各环节进行通盘考虑和全面安排,并制订出可行方案,以指导实际工作。它是根据统计任务的需要,确定调查的目的、研究的具体对象,设计反映这一对象数量特征的统计指标、指标体系和分组体系等。该环节上的工作是统计调查研究的准备阶段,如果缺少就会使整个统计工作杂乱无序,最终也就很有可能无法达到预定的目标。

2. 统计调查

统计调查是根据统计设计方案的要求,及时、全面地搜集统计资料的工作过程。该环节既是认识事物的起点,又是统计整理和统计分析的前提和基础。统计调查的最终目的是为了搜集统计资料,如果调查工作没做好,搜集不到客观、准确的统计资料,就会直接影响其后几个工作阶段的质量。

3. 统计整理

统计整理是对统计调查所取得的大量原始资料进行全面、系统的加工整理,使之条理化、系统化,并编制成统计表等。统计整理,首先是对原始资料进行审核并进行各种分组;然后汇总计算出总体内各组的有关数值和总体指标数值;最后编制成统计表,使之说明现象总体的综合数量特征,反映事物的本质和规律。统计整理是认识事物由个体到总体、由感性上升到理性的过渡阶段和中间环节,起着承上启下的作用。

4. 统计分析

统计分析是将加工整理好的统计资料进行分析研究,这一阶段是理性认识阶段,是统计工作的决定性环节。它采用各种方法计算所设计的各种指标,通过对计算结果的分析、对比研究,来揭示所研究的客观现象的基本特征、发展趋势和比例关系,并根据分析结果对现象的数量表现进行评价,而且在必要时还可以对未来进行估计和预测。

以上是统计工作的四个基本环节。除此之外,还应该在统计整理和分析的基础上,将统计资料、分析结论和预测结果提供给全社会。通过建立数据库、信息库方便社会各界查询,并以多种形式提供资料与咨询,以满足社会各方面对统计信息的需求,为政府部门的管理和决策服务。

统计各环节虽然有前后之分,但其彼此之间却是紧密联系在一起的不可分割的整体。在实践中,统计各环节上的工作也常常交叉进行。

二、社会经济统计学的基本方法

根据社会经济现象的特点,在统计工作的各个阶段有着不同的工作内容和要求,这需要运用与之相适应的各种不同的专门研究方法。现就其中几种基本的方法简述如下:

1. 大量观察法

大量观察法,是指对社会经济现象中全部或者部分单位进行观测的方法,它是进行调查的基本方法。具体地说,大量观察法的一种形式是对现象总体的全部单位进行全面调查;另一种形式是对足以表现现象总体的本质和规律性的足够多数单位进行全面调查。

之所以要运用大量观察法,是由于社会经济现象是在诸多因素的综合影响下形成的,各个总体单位的特征和数量差异性很大。如果只对少量单位或个别单位进行观察,就有可能得出片面甚至是错误的认识,而只有通过调查足够多的总体单位,排除次要的、偶然性因素的影响,才能使主要的、决定性的因素显现出来,从而认识现象总体的本质及其规律性。此外,由于社会经济现象具有历史性,既不能对之进行试验,也不能用仪器、仪表进行反复检测,只能通过对大量个别事物进行观察和分析,才能对其数量特征作出概括说明。因此,社会经济现象本身的特点,也要求进行大量观察。

当然,大量观察法的应用并不排斥对少量总体单位进行深入研究,在现象中选择一些有代表性的重点单位进行调查,将有助于更深刻地认识社会经济现象的本质和规律性。因为这些重点单位虽然数量较少,但是它们的标志值之和可能在总量中占有很大比重,通过对这些重点单位的调查就能掌握全部总体的基本情况。

2. 统计分组法

统计分组法,是指根据统计研究的目的和要求,通过观察总体内在的特点,按照一定的分组标志,将总体划分为若干不同类型和不同性质的部分进行研究的方法。

社会经济统计在进行大量观察时,搜集了许多资料,这些资料在未经过整理之前,还是零乱的,不能反映总体的本质和规律性。因而,必须对搜集的大量资料进行科学的整理,以区分出现象的不同性质,研究总体内部的结构和现象之间的依存关系。

事实上,统计分组法不仅应用于统计整理中,而且贯穿于统计工作的全过程。例如,在统计调查前就需要对调查对象确定不同类型的组,随后确定调查的范围,在调查中亦要进行分组,调查工作才能深入下去。在统计资料整理后进入统计分析时,还要进一步进行统计分组,才能发挥统计分析的功能。由此可见,统计分组法在整个统计工作中均有重大的作用。

3. 综合分析法

综合分析法,是指对搜集的统计资料,运用多种综合指标,对相互联系的客观现象进行综合反映和分析的方法。它通过计算各种统计指标,以显示现象在具体时空下的总量规模、相对水平、集中趋势、离散趋势等,进而从动态上研究现象的发展趋势和变化规律。常用的综合分析指标有总量指标、相对指标、平均指标、动态指标等。

4. 统计推断法

统计推断法,也称归纳推断法,所谓"归纳",是指由个别到一般、由事实到概括的推理方法。在统计研究中,通过观察总体各单位的特征,总结出某些关于总体的信息,就是采用了归纳的方法，它可以使我们从具体的事实中得出一般的结论。

在有些研究中，通常我们所观察的只是部分或有限的总体单位，而需要判断的总体对象范围却是很大的，甚至是无限的。这就需要根据局部的样本数据来判断总体的数量特征，这种具有一定置信度的判断，就称为统计推断法。

统计推断法不仅用于对总体的数量特征进行估计，同时还可对总体数据的正确性进行判断与检验，是广泛应用于统计研究各领域的基本方法。它具体包括参数估计法和假设检验法。参数估计法是根据样本数据，估计总体参数的取值或取值范围。假设检验法是先对总体的某种状况进行假设，然后根据样本数据对所作假设进行检验，以判别假设的真伪。

5. 统计模型法

统计模型法，是指根据一定的经济理论和假定条件，用一套相互联系的统计分组和统计指标，对客观现象及现象之间的关系，进行比较完整的反映或描述的方法。该法有两种表达形式：一种是数学模型法，依据统计指标之间存在的明确的数量关系，建立数学方程式或方程组，如在回归分析中所用到的模型；另一种是逻辑模型法，是指依据统计指标之间的逻辑关系构建框架式物理模型，如国民经济指标体系。

统计模型法可以说是对大量观察法、统计分组法和综合分析法的进一步综合化、系统化，它能够较严谨地表现出总体的结构和功能，是系统理论和统计工作相结合的产物。

第二章 统计调查

在统计活动中,需要根据统计任务的要求确定统计总体,并运用科学的方法,从总体中获取相关的数据、资料,这一过程便是统计调查。本章主要介绍统计调查的方法、种类、调查方案的设计和统计调查误差的防止。

第一节 统计调查的意义、基本要求和种类

在统计的四个基本环节中,统计调查是继统计设计之后的第二个环节。在现实生活中,我们对统计调查并不陌生,我们之中的很多人也许都亲身参与过统计调查工作。例如:很多大中学生在兼职时就做过市场调查员的工作,也有很多普通市民有过在街上接受市场调查员访问的经历。那么到底什么是统计调查呢?统计调查的意义何在呢?

一、统计调查的意义

统计调查是根据统计任务的要求,运用科学的调查方法,有计划、有组织地向社会搜集统计资料的过程。

统计调查搜集的资料来源有两种:一种是对被调查单位未做任何加工整理的资料,又称为初级资料。例如,国家调查全国工业企业的生产经营情况,每个被调查的工业企业向统计部门报送该企业的产品产量、产品质量、销售情况、劳动生产率、职工人数、原材料消耗、成本、资金状况等,这些资料在未经过加工、汇总时就是初级资料。另一种是次级资料,是指已经经过某个部门或地区加工整理过了的、说明某个部门或地区综合情况的统计资料,如公开出版的《中国统计年鉴》、《中国金融年鉴》、《中国人口统计年鉴》和各种各样的地方统计年鉴等。一切次级资料都是从原始的初级资料归纳、整理而来的。

统计调查是统计工作的基础环节,是认识事物的起点,统计资料的整理、计算汇总与分析研究都必须在调查搜集的资料基础上进行。因此,调查工作的好坏,取得的资料是否完整与正确,将直接影响到以后各个阶段工作质量的好坏,影响整个统计工作任务的完成。原始资料的残缺不全或错误百出,会在以后的汇总和分析中难以弥补与纠正;同时在以后的分析研究中,也会得出错误的分析结论。

二、统计调查的基本要求

为了保证统计调查所搜集的资料的质量,使其准确、及时、完整、系统、经济地反映社会经济现象,统计调查必须满足如下基本要求:

(1)准确性,是指统计资料必须真实可靠、符合实际情况。这是保证统计工作质量的首要前提,是统计调查的基本要求。因此,必须坚持实事求是,在调查中严肃认真,加强科学性,防止各种错漏和舞弊的发生。

(2)及时性,就是要保证调查所得资料的时效性。现代社会经济的发展瞬息万变,如果资料搜集得不及时,就会使得统计资料失去其应有的作用和价值。

(3)完整性,是指调查资料不得遗漏或重复。如果资料不全,就无法全面反映所调查对象的情况。在每项调查中,都应按照事先拟订的调查提纲的要求,尽可能全面搜集反映事物发展过程中各方面的情况和问题。

(4)系统性,是指搜集的资料要有条理、合乎逻辑、便于汇总。这样有助于从不同层次、不同角度反映现象的发展过程、特征及存在的问题。

(5)经济性,是指在满足一定准确度要求的前提下,尽量以最小的成本取得所需的统计资料。

统计调查的以上基本要求,是相互结合的,要力求做到准中求快,快中求准,数字完整,成本低廉。

三、统计调查的种类

社会经济现象是错综复杂的,调查的目的又是各种各样的。要做好统计调查,就需要根据调查的目的与统计任务,以及被调查对象自身的特点,选择适当的调查方式与方法。统计调查可以从不同的角度进行分类:

(一)按调查对象包括的范围不同,分为全面调查与非全面调查

全面调查是对被调查对象中的所有总体单位全部进行调查,其主要目的是取得全面、系统、完整的总量资料,如经济普查、人口普查、工业普查、第三产业普查等。在全面调查中,需要对被调查对象的所有单位——加以调查,如人口普查要对全国人口无一例外地进行登记。

非全面调查是对调查对象中的一部分总体单位进行调查。例如,要了解全国或一个地区的居民家庭生活状况,不需要对全国或一个地区的所有居民家庭一个不漏地调查,而只要选择其中一部分具有充分代表性的居民家庭进行调查,即可达到调查的目的。

全面调查与非全面调查是以调查对象所包括的总体单位的范围大小来区分的,而不是以最后取得的结果是否反映总体特征的全面资料来划分的,如抽样调查是非全面调查,但也可以最终推算得到总体的全面资料。

全面调查由于调查的单位多、组织工作量大,需要耗费大量的人力、物力和财力,所以

在不影响统计研究目的实现的条件下,常常采用非全面调查,如后面将要介绍的重点调查、典型调查、抽样调查等。

(二)按调查登记时间的连续性不同,分为经常性调查与一次性调查

经常性调查是连续性的调查,它随着研究对象在时间上的发展变化而连续不断地进行登记或观察。它的主要目的是获得事物在一定时期内全部发展过程及其结果的统计资料,如企业需要对其销售额、产品产量、原材料消耗、利润等指标进行经常登记,这样才能取得完整的、系统的资料,从而满足观察生产、销售动向和指导生产的需要。经常性调查的周期可以是 1 天、1 个月或更长的时间,一般通过对原始记录进行整理计算而得,如现行的企业财务报表制度中的年报、季报和月报等均为经常性调查。

一次性调查是不连续登记的调查,它是对事物每隔一段时间后在一定时点上的状态进行登记。它的主要目的是获得事物在某一时点上的水平、状况的资料,如工业企业在册的职工人数、各种生产设备数量、各种固定资产和存货的价值等。这些指标在一定时期内有所变化,而且都是时点指标,因此不进行经常性调查,而是采用一次性调查。根据研究任务的不同,一次性调查又可分为定期与不定期两种。定期调查是每隔一定的时间进行一次的调查,如企业每月月末进行的存货盘点。不定期调查是时间间隔不完全相等,而且可能间隔很久才进行一次的调查。如我国人口 5 次普查,分别是在 1953、1964、1982、1990、2000 年进行的。

(三)按调查的组织方式不同,分为统计报表制度和专门调查

统计报表制度是按照国家统一规定的调查要求与文件(指标、表格形式、计算方法等),自上而下地统一布置、自下而上地逐级汇总统计资料的一种报表制度。所有企业、事业、机关单位按照规定的表式、项目、日期和程序,向有关部门提交统计报表。统计报表包括了国家的政治、经济、文化生活等各方面的基本指标,国家利用它定期地取得全社会的国民经济与社会发展情况的基本统计资料,并向全社会定期公布经济和社会运行的情况,它在我国统计工作中占有极为重要的地位。

专门调查是为了了解和研究某些社会经济情况而专门进行的调查。在我国统计实践中经常运用的专门调查有:普查、重点调查、典型调查、抽样调查等四种。

(四)按搜集资料的方法不同,分为直接观察法、报告法、采访法、问卷法、通讯法与网上调查法等

直接观察法,是调查人员到现场对被调查对象直接进行观察、计量以取得资料的一种方法,如月末对库存商品进行盘点。这种方法的优点是能够保证所搜集的调查资料的准确性,也有利于开展统计分析,但所需花费的人力、物力和时间较多,并且在有些条件下,如对历史资料的搜集,就不可能直接计量和观察。因此,它的应用受到了一定的限制。

报告法,是指报告单位利用原始记录和核算资料作基础,向有关单位提供统计资料。

这种方法有统一的制度规定,有原始记录和核算资料为依据,只要工作细致,不违反制度规定,所获得的资料一般是正确的。我国现行的统计报表制度就是采用报告法搜集资料逐级上报的。

采访法,是指按照调查的目的对被调查者进行提问,根据被调查者的答复来搜集调查资料的方法,它可分为个别询问法和座谈会法两种。个别询问法,是调查人员对被调查者逐一采访询问搜集资料。座谈会法,是由调查人员召集了解情况的人员,以座谈会的形式,按一定的调查提纲,进行集中商讨,搜集资料。

问卷法,是一种以问卷形式提问、由被调查者自愿回答,调查者根据答案汇总整理而搜集资料的方法。通常,调查人员把调查问卷表发给随机的或有选择的被调查者,要求被调查者按实际情况加以填写,并在规定时间内以记名或不记名的方式将信息反馈给调查者进行综合整理分析。如对产品品牌喜好的问卷调查就是一种很典型的问卷法。

通讯法,是通过邮寄、电话、网络及其他通讯方法来进行的调查。传统的通讯法有邮寄调查和电话调查,而网上查询则是较为现代的资料调查方法。邮寄调查法是指通过邮寄或宣传媒体等方式,将调查表发放到被调查者手中,它经常和问卷法结合使用。电话调查法则是调查人员用电话同受访者进行语言交流,从而获得信息的一种调查方式,它可以与个别询问法相结合使用。

网上调查法,是利用现代网络信息技术来收集统计资料的方法。随着计算机硬件和网络技术的飞速发展,计算机已经广泛应用于统计调查。我们可以通过网络向被调查单位和个人的网站或邮箱发出调查提纲、表格或问卷,被调查者将在其方便时亦通过网络向调查者发送信息。与传统的调查方式相比,网上调查有其独特的特点:① 需要的经费较少;② 能在较大的范围内进行调查;③ 传播快速且多媒体性;④ 被调查者的约束和顾虑较少,因而调查结果的客观性相对较高。这种调查方法符合市场经济追求经济效益的原则。

事实上,我们可以发现以上各种调查方法之间的区分并不严格,不同的方法之间可能是互通的,更可以相互结合使用。因此,在实际调查实践中,需要根据调查对象的特点,加以综合选择。

第二节 统计调查相关项目的确定和设计

一、确定调查目的

在进行统计调查之前,首先需要根据统计任务确定调查目的。所谓调查目的,就是指为什么要进行调查,明确通过调查需要解决什么问题,搜集哪些资料。

对任何社会经济现象和过程,人们都可以根据需要,从不同方面、不同角度来搜集资料。有了明确的目的和任务,才能正确地确定调查的内容和方法,搜集与之有关的资料,舍弃与之无关的资料。这样也有利于提高调查资料的时效性,缩短调查的时间。如果目的不明确,就无法确定向谁调查、调查什么、采用什么调查方法等一系列问题。

调查目的应尽可能规定得具体明确,突出中心;否则,调查来的资料可能并不是需要的,而需要了解的情况,又得不到充分的反映。例如,新中国成立后进行了5次全国人口普查,这5次普查的目的不同,因而调查项目也不一样。以1953年第一次全国人口普查为例,其目的是配合召开第一届全国人大、确定选民及人大代表名额的需要,并为国家制定发展国民经济的第一个五年计划提供确实的人口数字,所以,调查主要是搞了四个项目:姓名、年龄、性别、民族。又如,如果要调查学生的学习成绩受各因素的影响情况时,当调查目的是为了了解学习成绩与学习时间是否相关时,调查时只要采集每个学生学习时间与学习成绩的有关数据;当调查目的是为了了解学习成绩与学习地点是否相关时,统计者只要采集每个学生学习地点与成绩好坏的有关资料。

二、确定调查对象和调查单位

统计调查的对象和调查单位需要根据调查目的来确定。调查目的越明确、具体,调查对象和调查单位的确定也就越容易。确定调查对象和调查单位,是为了解决向谁调查、由谁来具体提供统计资料的问题。

调查对象是指根据调查目的所确定的需要进行调查的某一社会经济现象的总体,它是由性质相同的许多个别单位组成的。确定调查对象就是要明确规定该总体的空间范围和时间界限。例如,在对某年某市高校应届毕业生的就业情况进行统计时,调查对象就是该市当年的所有高校应届毕业生所组成的总体。调查单位就是所要研究的总体单位,也即所要登记的标志的承担者。在上述例子中,该市当年每一位高校应届毕业生都是调查单位。

确定调查对象是一个比较复杂的问题,因为社会经济现象彼此之间既相互联系又彼此交错,所以在确定调查对象时,要把它和其他相近的社会经济现象划分清楚,区别应调查和不应调查的现象。只有调查对象的涵义确切、界限清楚,才能避免登记的重复与遗漏,保证统计资料的准确性。

实际工作中,还应注意不能把调查单位和报告单位相混淆。报告单位,也称填报单位,即负责报告调查内容、提交统计资料的单位和组织。报告单位一定是人或者是具有一定行政、经济独立性的单位,而调查单位可以是人、企事业单位或者是客观经济现象。因此,调查单位与报告单位有时是一致的,有时则是不一致的。上述应届毕业生就业情况调查的例子中,如果直接向应届毕业生调查,则两者是一致的;如果是向各所高等院校调查,两者就是不一致的,此时,高校应届毕业生是调查单位、高等院校则是报告单位。

三、确定调查项目和设计调查表

在调查目的、调查对象、调查单位确定之后，必须确定具体的调查项目。调查项目，又称为调查纲要，就是在调查中需要采用哪些指标反映总体的数量特征，以及这些指标怎样落实到总体单位的标志上。要完成调查任务，达到预期的目的，最主要的是设计一套能够正确地说明总体数量特征的指标与指标体系，这是调查方案设计的关键。

调查项目所要解决的问题是向被调查者调查什么，也就是需要被调查者回答什么问题。在具体拟订调查项目时应注意：① 调查项目要少而精；② 本着需要和可能的原则，只列入能够得到确定答案的项目；③ 调查项目之间尽可能保持联系，以便相互核对起到校验作用；④ 有的项目可采用"选择式"，如调查应届毕业生的学位授予情况可以分别设置"博士"、"硕士"、"学士"和"双学位"等选项。

在确定了调查项目之后，就要进一步设计调查表。把调查项目用表格的形式表现出来，就是调查表。调查表是统计调查的重要工具，利用调查表进行调查，不仅能够条理清晰地填写所需要的资料，也便于调查后对资料进行汇总整理。

调查表的内容一般由表头、表身、表脚三部分组成。① 表头，在调查表的上方，包括调查表名称、填报单位的名称、地址、性质、隶属关系等。有的在汇总时有用，有的在汇总时不用或不完全用。② 表身，是调查表的主要部分，它是调查内容的具体表现。大多数调查项目在表身中，一般情况下，品质标志多放在表头，数量标志多放在表身中。③ 表脚，通常包括调查员或填表人签名、填报日期、上报日期、填表说明等内容。调查表格式见本章第五节"上海市数码相机市场调查问卷"。

调查表又分单一表和一览表两种。单一表是指供一个调查单位单独登记的表格，有多少个调查单位就需要多少份调查表。它所列示的调查项目比较详细，适用于登记项目多而调查单位分散的情况。如学生在入学后填写的基本情况登记表就属于这类表格。一览表是指在一份表格上可同时登记若干个调查单位详细资料的表格，它适用于登记项目相对较少、可对多个单位集中登记的情况。如我国人口普查时所用的调查表就是此类表格。一览表的优点是每一个调查单位的共同事项，只须登记一次，可以节省人力和时间，但不能容纳较多的项目。一般来说，调查项目较多时，宜使用单一表；调查项目不多时，宜使用一览表。

四、确定调查时间、空间和方法

调查时间包含以下三方面的涵义：

首先是指调查资料所属的时间。由于资料的性质不同，有的资料反映现象在某一时点上的状态，如人口数、职工人数、企业资产总额等。对于这些资料的调查，要规定统一的时点，这一时点被称为标准时点，如我国第五次全国人口普查的标准时间定为 2000 年 11 月 1 日零时。有的资料反映现象在一段时间内发展过程的结果，如产品产量、商品销售额、净利润等。对这类现象就要明确规定调查对象的起讫日期,如1日、1月、1季或1年,所要登记的资料,指该时期的起始时刻到最后时刻的累计数字。

其次是指调查工作进行的时间,即对调查单位的标志进行登记的时间。例如,在第五次全国人口普查中,就将登记的标准时间定为2000年11月1日零时;就企业的财务状况和经营成果编制年度报告时,将登记的时间定于每年的12月31日。

第三是指调查期限,即整个调查工作进行的起讫时间(从开始到结束的时间),包括搜集资料及报送资料等整个工作所需要的时间。为了保证调查资料的及时性,任何调查都应尽可能缩短调查期限。

调查的空间,或称调查的地点,是指被调查单位接受调查、登记资料的地点。在一般情况下,调查地点与调查单位所在地是一致的,如人口普查登记是在每个居民常住地进行的。但有时两者也不一致,如上例某些居民暂时离开常住地,则不论被调查者在何处,是以其户籍所在地进行登记的。

调查的方法,包括调查的组织形式和搜集资料的具体方法,需要根据统计任务和调查对象的具体情况进行选择。

五、制定组织实施计划和设计调查方案

缜密细致的组织工作是使统计调查顺利进行的重要保证。组织实施计划的主要内容包括:

(1) 组织领导机构和调查人员。统计调查特别是一些大型的全国性或全省性的调查,往往需要动员很多单位和个人参加,因此,必须要有严密的组织计划和工作安排。在组织实施计划中,要明确由什么机关来组织领导,哪些人员参加,是否成立专门组织机构等。

(2) 确定调查的方式与方法。在实施方案中要明确采用什么方式方法取得统计资料,同时还要明确对资料采取什么方法进行汇总,逐级汇总或越级汇总,抑或两者兼用。

(3) 调查经费。调查经费指开展调查工作所必需的工时费、补助费、会务费、材料费、宣传费等。事先要做好预算,并保证经费及时到位,以免影响调查工作的顺利进行。

(4) 调查前的准备工作。除了上面所说的各项准备工作之外,有时还需要宣传教育工作,对被调查者培训的工作,文件的印刷和传达工作。调查人员的素质往往直接影响到调查的质量,因此,在组织大型调查之前最好组织必要的专门的训练,而且对规模大又缺乏经验的统计调查,必要时还可以搞试点调查等。

调查方案的设计,即对统计调查的设计。这个方案不仅局限于调查阶段的问题,也包括了统计整理阶段汇总内容方面的问题。因此,应该把它看成是特定统计过程的总方案。由于人们的认识总是有局限性的,所以制订的调查方案是否符合实际,还有待于调查实践的检验。随着统计工作的现代化,调查方案也要求日趋周密,并且运用系统工程的原理和

运筹学的方法实行各个环节的质量控制,以保证调查任务的顺利完成。

第三节 统计报表制度和专门调查

在第一节中,我们介绍了统计调查按组织形式分类,可以分为统计报表制度和专门调查。

一、统计报表制度

一个国家定期地取得和掌握国民经济与社会发展情况的基本统计资料的方法就是建立起一套统计报表制度。统计报表制度是按照国家统一规定的调查要求与文件(指标、表格形式、计算方法等)自下而上地提供统计资料的一种报表制度,是国家获取调查资料的主要方法之一。执行统计报表制度,是各地区、各部门、各基层单位必须向国家履行的一种义务。

(一)统计报表的特点

统计报表是我国统计调查体系中取得统计数据的一种主要的调查方式,其主要特点是:

(1)由于统计报表的指标体系、表格形式、报送程序和报送时间都是由国家统一规定的,因此,搜集的资料具有统一性。

(2)在报表的实施范围内各单位都必须全面贯彻执行,由基层单位填报,经过部门、地区以及全国的汇总综合,便可得到国民经济全面的基本统计资料,这体现了统计报表的全面性。

(3)统计报表不间断地按相等的时间间隔定期报送,这是统计报表的周期性。

(4)由于统计报表的数据建立在原始记录的基础上,一般说,报表资料具有相对的可靠性。

(二)统计报表的主要种类

1. 按实施范围不同,分为国家统计报表、部门统计报表和地方统计报表

国家统计报表是国民经济基本统计报表,它是用来反映国民经济和社会发展基本情况的统计报表,由国家统计局制发。国家统计报表在全国范围内实施,用来搜集全国性的经济和社会基本情况,包括农业、工业、批发零售贸易业、科教文卫、财政金融等方面的基本统计资料。

部门统计报表是为各部门业务管理需要而制发的专业性统计报表,其实施范围限于各业务主管部门系统内部,一般用来搜集本部门、本系统有关业务技术的统计资料。

地方统计报表是为适应本地区特点,为其制定计划和管理服务而补充制发的统计报表。其实施范围是各省、市、自治区,主要用来满足地方专门的管理需要。

2. 按调查范围不同,分为全面统计报表和非全面统计报表

全面统计报表的范围包括了调查对象的全部单位,要求调查对象中的每个单位都要填报。

非全面统计报表只要求调查对象中的一部分单位填报。

3. 按报送周期不同,分为定期报表和年报

除了年报外,其他报表都称为定期报表,定期报表包括日报、旬报、月报、季报和半年报。日报、旬报由于时效性强,也称为进度报表。各种报表报送周期的长短与指标项目的详简有一定的关系。通常是报表报送的周期越短,报送的指标项目就越简单。

年报的周期最长,它用以反映全部经济和社会现象的发展情况,总结年度计划的执行情况,并为编制下一年计划和长期计划提供资料,还可用来研究社会和经济发展的规律。所以,年报所涉及的指标较多,分组较细,所统计的范围较广。

4. 按填报单位不同,分为基层报表和综合报表

基层统计报表是由基层企、事业单位填报的报表,反映一个基层单位的情况,是国家统计报表的基础。

综合统计报表是由主管部门或统计机关根据基层报表逐级汇总填报的报表,反映一个部门、地区、国家的经济和社会基本情况。

(三) 统计报表制度的内容

1. 表式

表式是由国家统计部门根据研究的任务与目的而专门设计制定的统计报表表格。表格中包括:主栏项目、宾栏项目、补充资料项目等。每张表中列有表名、表号、审批单位、制表单位、批准文号、填报单位、报出日期,以及报送单位负责人和填表人的签名等。

2. 填表说明

填表说明是对统计报表的统计范围、指标、项目分类等作出的规定,具体有:

(1) 填报范围。即统计报表的实施范围,它明确规定各种统计报表的报告单位与填报单位;各级统计部门与主管部门的综合范围等。

(2) 指标解释。即对列入表式的统计指标的口径、计算方法、计算中应注意的问题,以及其他有关问题的具体说明。有了明确统一的指标解释,便于基层填报时不致发生误解而错报资料,从而保证资料的准确性。

(3) 分类目录。即有关统计报表主栏中应进行填报的有关项目的分类,它是填报单位进行填报的重要依据。

(4) 其他有关事项的规定。即除了上面各项规定之外的一些应注意的事项,如报送日期、受表机关、报送方式(邮寄或电讯传送)、报送份数等。

(四) 制定统计报表制度的原则

制定统计报表制度是一项细致而复杂的工作。其设计与安排,应遵循以下原则:

(1) 适用与精简。在满足调查研究的目的情况下,设计的统计报表应力求精简。

(2) 切合实际。统计报表制度应根据实际情况来制定，需要填报的内容必须是能搜集得到的资料，切忌不顾客观条件、脱离实际地随便增加与压缩指标及报告次数。

(3) 统一与配套。基层的统计报表应当由统计部门牵头，会同有关主管部门共同制定与下达一套统一的供基层使用的统计报表，不能分别制定与下达。如果确实需要由统计部门与主管部门分别制定、分别下达的，也须尽量做到统一基层的表式，以避免重复和浪费。

统计报表的资料来源，主要是基层的原始记录、台账及基层的内部报表。因此，建立、健全基层的原始记录制度、统计台账和基层企业内部报表，是保证统计报表资料质量的基础。

二、专门调查

专门调查是为了研究和了解某些社会情况而专门组织、进行的调查，它是统计工作中重要的统计调查组织形式。按其组织形式的不同，又具体分为普查、重点调查、典型调查和抽样调查等四种。

（一）普查

普查是专门组织的一次性全面调查，用来调查属于一定时点上或一定时期内的社会现象总量。普查往往在全国范围内进行，它主要用于搜集重要的国情国力和资源状况的全面资料，为政府制定规划、方针和政策提供依据。

我国进行的普查主要有人口普查、工业普查、第三产业普查、农业普查、经济普查等，世界各国一般也都有定期进行的各类普查。普查一般工作量大，需要占用较多的人力、财力、物力和时间，因此，普查通常是每隔一段时间才进行一次。如我国人口普查从1953年到2000年共进行了5次。

普查不同于定期的全面统计报表，普查是为了特定目的专门组织的一次性调查，而后者是定期连续的经常性调查，因此，许多不能够或不适宜用统计报表调查的资料就需要采用普查来搜集；普查与统计报表相比，其包括的范围、调查的指标项目、采用的分组更为广泛、全面、详细，取得的资料也更为准确。普查也不同于其他的专门调查，普查是全面调查，是对调查对象的全部单位进行调查；而其他的专门调查都是非全面调查，仅对其中一部分单位进行调查。

普查的组织方式有两种：一种是由专门组织的普查机构，配备大量的普查人员，对调查单位直接进行登记，如人口普查就是这样组织的。另一种是利用调查单位的原始记录和核算资料，发放调查表，由登记单位按要求如实填报，如我国历次库存物资普查等。后一种普查方式比前一种简便，适用于内容涉及范围较小的情况，由登记单位将填好的表格越过中间环节，直接报到最高一级统计机构集中汇总。

普查是一项技术性很强的专业工作，对资料的准确性和时效性要求较高，需要集中领

导,统一行动,制定严格的组织原则:

(1) 规定统一的普查时点,即"标准时点"。要求所有的普查资料都要反映调查对象在这一时点上的状况,以避免由于情况变动而发生登记重复或遗漏。如我国第五次人口普查的标准时点为 2000 年 11 月 1 日零时,全国所有地区的人口统计,都是反映这一时点上的实际状况。

(2) 规定统一的普查期限,在普查范围内,各调查单位或调查点应规定普查登记期限,尽可能同时登记,并力争在最短时期内完成,以便做到步调一致,保证资料的准确性和及时性。如我国第五次人口普查,规定登记时间为 2001 年 11 月 1 日到 11 月 10 日,10 天内登记完毕。

(3) 规定统一的普查项目和指标,普查必须按照统一规定的项目和指标进行登记,不得任意改变或增减,以便综合汇总,保证资料质量。对同一现象的普查,每次普查的项目和指标口径应尽可能保持一致,并按一定的周期进行,这样便于对历次普查资料进行对比分析,从中观察调查对象的发展变化规律。

(4) 制定实施计划,并做好宣传工作。普查工作繁重复杂,涉及方方面面,因此,需要从整体上全盘考虑工作的过程。在普查开始之前,要制定实施计划:建立和健全普查机构;制定普查方案,确定普查对象、普查单位、普查项目和时间;组织和培训普查人员;进行试点,取得经验,借以修订普查方案和工作细则;进行物质准备和经费预算等。同时,要广泛宣传,使群众明确目的,得到他们的理解和配合,以顺利完成普查任务。

(二) 重点调查

重点调查是在调查对象中选择一部分重点单位进行统计资料搜集的一种非全面调查。所谓重点单位,是指在总体中有举足轻重地位的单位,这些单位虽然在总体中数目不多、所占的比例不大,但其标志值在总体标志总量中占有很大比重。通过对这些重点单位的调查,就可以从数量上基本了解总体在该数量标志上的基本情况。例如,钢铁行业是一个市场集中度较高的行业,要了解全国钢铁生产的基本情况,只要对鞍钢、宝钢、首钢、武钢、包钢等少数大型重点钢铁企业的生产情况进行调查,就可以得到满足调查任务要求的必要资料,因为这些企业的钢铁产量在全国钢铁产量中占很大比重,足以反映我国钢铁生产的基本情况。

重点调查实质上是范围比较小的全面调查。它的优点在于被调查单位少,调查的项目和指标可以多设置一些,所了解的信息相对详细一些。重点调查比之全面调查,能以较少的人力、物力和时间搜集到满足有关部门所需要掌握的基本资料。而且被重点调查单位一般管理水平较高,统计基础工作较好,资料容易取得且质量较高。

重点调查既可以是一次性调查,也可用于经常性的调查。其组织形式可以是组织专门调查,也可以发放统计报表,由选中的重点单位填报。

在运用重点调查时,应该注意以下几点:① 调查对象中所要了解的某一标志值确有重点集中的情况存在,并已知其重点所在;② 选出的重点单位应尽可能地少,而其标志值在总体中所占的比值应尽可能大些;③ 对于不同问题的重点调查,或是同一问题在不同时期的重点调查,都需随着情况的变化而随时改变重点单位;④ 统计调查的任务只要求掌握能够反映基本情况的重点资料即可,并不要求精确的全面资料。

(三) 典型调查

典型调查是一种重要的非全面调查,它是根据调查的目的与要求,在对被调查对象进行全面分析的基础上,有意识地选择若干具有代表性的或典型意义的单位进行调查,以便认识事物的本质及其规律性。所谓有代表性的典型单位,是指那些最集中、最充分地体现总体某一方面共性的单位。

典型调查的特点是能在全面分析的基础上,有意识地选择典型单位进行现场调查。能够深入实际搜集有关数字资料和具体生动的情况,获得对总体本质特征的深刻认识。同时,由于调查单位少,易于迅速总结,及时提出报告,因此它是一种节省时间、人力,而又灵活的调查方法。

典型调查的作用主要如下:① 可以用以研究新生事物。对处于萌芽状态的新生事物或某种倾向性的问题,通过对典型单位的调查分析,可以及时发现社会经济发展的新情况,探索其发展方向,形成科学的预见。② 可以弥补全面调查和其他非全面调查的不足。利用典型调查方式,可以搜集到不能用数字反映的各种情况,可以验证全面调查数字的真实性,以便有针对性地采取措施,提高统计质量。③ 可以用以分析事物的不同类型,研究它们之间的相互联系或区别,摸索事物发展变化的一般规律和基本趋势。④ 在一定条件下,典型调查的资料可以用来推断总体的指标数值。一般情况下,典型调查的资料并不用来推算总体指标,但当需要及时掌握全面情况,而又无法采用其他调查方式取得全面资料时,则可利用典型调查的资料进行估计。

典型调查能否取得良好的效果,关键在于正确选择典型单位,使其具有真正的代表性。那么,如何选择典型单位呢? 首先,应根据统计调查对象的特点,对调查对象进行全面、科学的分析,掌握总体情况,然后对可供选择的各单位从各个方面加以对比分析、综合考虑,从中选出代表性较大的作为典型单位。其次,还应根据调查的目的和任务,选取不同类别的典型单位。如果研究的目的是了解事物发展的一般规律或一般水平时,应选取一般的或中等水平的典型单位;如果是为了总结经验教训,则可以选择先进的或落后的典型单位。

典型调查一般有两种方式:一种是"解剖麻雀",它适用于总体中各单位间的差异程度较小、发展较均衡的情况。只需选择个别具有代表性的典型单位进行调查,就可以找出某种事物发展的规律性。另一种是"划类选典",它适用于总体各单位的差异程度较大,发展很不均衡,或研究的问题比较复杂的情况。此时,需要把被研究的事物划分为若干类型,然后分别从各类型中选若干具有代表性的典型单位进行调查,从某一事物的不同类型的差异中认识该事物的本质及其发展规律。

（四）抽样调查

抽样调查是一种非全面调查，它是按照随机原则从总体中抽取一部分单位作为样本进行观察研究，以样本指标去推算总体指标的一种调查。抽样调查具有许多优点，既能节省人力、物力、财力，又能提高资料的时效性，而且能取得比较正确的全面统计资料。

抽样调查是现代推断统计的核心，它在市场经济条件下使用非常广泛。如今，社会上有很多市场调查公司根据客户要求所进行的就是抽样调查。例如，某电器公司要了解其产品市场上的接受程度，可以先派调查员在大街上随机访问路人，或是指定一个居住区，由调查员随机选择住户进行访问调查，然后根据调查的结果，去推断产品在整个市场上的接受程度。

对于抽样调查的有关理论和方法，将在本书的第七章作详细介绍。

以上介绍了各种不同的统计调查方法。它们各有其优点与局限性，各有不同的实施条件。因此，在对错综复杂、千变万化的社会经济现象进行调查时，要注意因时、因地、因事制宜地将各种调查方式结合起来，这样才能搜集到所研究现象的生动情况和丰富的数字资料，探索到事物的本质。

在统计调查实践中还有一个数字与实际情况相结合的问题。当然，在大量搜集统计资料时，数字无疑是重要的，但是有些情况是不能用数字反映的。而且，数字所反映的是一般的情况，缺乏具体性和生动性。所以将统计数字与了解实际情况相结合，也是统计调查的一个重大的现实问题，不可等闲视之。

现将各种统计调查方式进行列表比较，如表 2-1 所示。

表 2-1

各类统计调查比较表

类型 项目	统计报表	普查	重点调查	典型调查	抽样调查
调查范围	全面或非全面	全面	非全面	非全面	非全面
调查时间	经常	一次	经常或一次	一次	经常或一次
组织形式	报表制度	专门调查	报表制度或专门调查	专门调查	专门调查
调查单位的选择	—	—	有意挑选在总体标志总量中占绝大比重的单位	有意挑选具有代表性的典型单位	按随机原则抽取样本单位
结果能否推算总体	—	—	不能	一般不能，但在划类选典和对准确性要求不高时也可以	能
搜集资料的主要方法	报告法	采访或报告法	报告法	采访法	直接观察法或报告法

第四节 统计调查误差的涵义、种类及防止

一、统计调查误差的涵义和种类

统计调查误差,就是统计调查结果所得的统计数据与被调查总体的实际数据之间的离差。例如,对某市 2004 年的商品零售总额进行调查的结果为 34 亿元,而该市零售商品总额实际为 33 亿元,那么,统计调查误差就是 1 亿元。

统计调查误差主要有登记性误差和代表性误差两种:

(1) 登记性误差,也称调查误差,是由于在调查过程中各有关环节的失误,错误登记事实而发生的误差,不管是全面调查还是非全面调查都会产生登记性误差。主要有:计量误差、记录误差、计算误差、抄录误差、在逐级向上报告中的汇总错误、被调查者所报不实或被调查者有意的瞒报或虚报等。

(2) 代表性误差,只有在非全面调查中才有,全面调查不存在这类误差。由于非全面调查只从调查现象总体中抽取一部分单位进行观察,如果用这部分单位算出的指标值来推算总体的指标值,就会与总体的实际指标值间有一定差别,这就产生了代表性误差。代表性误差又可分为两种:一种是偏差,它一般是由于从总体中抽取调查单位时,没有严格遵循随机性原则而造成的。但是在抽样调查中,即使严格按照随机性原则进行操作,消除了偏差,也存在着另一种不可避免的代表性误差,即抽样误差。抽样误差是由于抽样的随机性带来的,在抽样调查中无法避免和消除,但可以设法进行控制。

二、统计调查误差的防止

为了取得准确的统计资料,必须采取各种措施,防止可能发生的统计调查误差,把它减小到最低的限度。

(一) 登记性误差的防止

为防止登记性误差的发生,应做好以下工作:

首先,要正确制订统计调查方案。包括:明确调查对象的范围,说明调查项目的具体涵义和计算方法,选定合理的调查方法,使之符合调查对象的实际,以使调查人员或填报人员能有一个统一的依据,并能够明确执行,不产生歧义。

其次,要切实抓好调查方案的实施工作。包括:加强对统计工作人员的业务培训,使其能严格地执行统计制度和方法;搞好统计基础工作,建立统计机构,配备必要的统计人员,建立健全原始记录、统计台账和内部报表等项制度,使统计资料的来源准确可靠;对调查资料加强审核工作,发现差错及时纠正。

第三,为了防止弄虚作假所产生的登记性误差,应从建立健全统计法律、法规入手,使

统计人员严格执行统计法,维护统计数字的真实性。

(二) 代表性误差的防范

对于代表性误差的防范,如果是用典型调查结果估计总体,调查前应从多方面加以研究,并广泛征求有关方面的意见,使选出的调查单位具有较高的代表性;如果是抽样调查,则应严格遵守随机原则,保证足够的样本容量,选择适当的抽样调查方式和方法,控制误差的范围。

第五节 统计调查综合应用案例

上海市数码相机市场调查方案的设计

一、调查背景

某数码产品公司为了解上海市数码相机的市场竞争环境和客户需求,策划及实施本次市场调查,以作为企业在市场营销方面的决策信息基础,辅助制定开拓上海市场的营销及推广战略。

二、调查目的

(1) 获得上海市调查对象的个性化特征,包括年龄、性别、收入、职业、教育、婚姻、家庭人口、居住城区等信息,并作为分析变量与其他因素结合进行上海市消费者行为特征的分析。

(2) 了解上海市数码相机市场的主要竞争品牌的品牌知名度、市场份额、最喜欢的品牌、目前使用的品牌、打算购买的品牌等。

(3) 了解相关产品的消费者行为特征:包括获得购买信息的主要途径、购买时间选择、购买渠道选择、购买动机、价格段分布(包括配件)、影响购买决策的主要因素、顾客最喜欢的促销方式、产品功能、大小、颜色、外形款式等。

(4) 结合消费者的购买渠道选择情况,了解上海市主要数码产品的销售网点、人流量等信息。

(5) 结合消费者获得采购信息的主要途径,提供上海市相关媒体的受众和价格信息。

三、调查对象和方式

本次调查的总体是上海市所有年满18周岁拥有数码相机或有意向购买数码相机的常住人口。

由于总体单位数量巨大,所以采用抽样调查的方法。具体形式包括:街头拦截访问和网上调查,而在正式调查展开前将通过访问售货员的方式了解市场及消费者的基本情况。

针对本次调查,我们就以上两种调查方法分别作出了分析,详见下文。基于分析结果,建议的调查方法组合为:以街头拦截访问、网上调查为主。

1. 街头拦截访问

派遣访问员在选择的区域随机拦截选择调查对象,在访问员的引导下填写调查问卷,填完后向其赠送小礼物(如布艺产品)。由于有礼物赠送,可以较为容易获得友好协助,但调查对象可能会由于环境嘈杂,很难专心,在一定程度上会影响数据质量。

选择随机拦截地点,被选地点可以包括商场、超市、相关产品专卖店以及人流量集中的家电大卖场附近(如永乐家电、国美家电、赛博数码广场、太平洋数码广场等)。

2. 网上调查

在上海市各主要网站(如上海热线、东方网等)及数码产品相关网站(如 pchome、pconline 等)设立调查链接或采用自动弹出的 flash 调查页面的方式进行。该法的好处在于所需要的经费较少,可以节省人力及时间,传播快速且多媒体性,调查结果客观性较高等。当然,在调查页面上需要善意地提醒网民,本次调查的对象是上海市所有年满18周岁拥有数码相机或有意向购买数码相机的常住人口。

四、调查项目

(1) 前言。主要是说明背景和目的,以获得调查对象的配合与支持。

(2) 个人及家庭信息。主要是为数据分析提供变量,获得年龄、性别、收入、职业、教育、婚姻、家庭人口、居住城区等数据。

(3) 关于数码相机的信息,主要有以下两方面:① 整体的市场情况。主要是了解产品在市场上主要竞争对手的品牌知名度、消费者最喜欢的品牌、目前使用的品牌、打算购买的品牌等。② 具体产品的市场情况。主要是了解具体产品的消费者行为特征:包括获得购买信息的主要途径、购买时间选择、购买渠道选择、购买动机、价格段分布(包括配件)、影响购买决策的主要因素、顾客最喜欢的促销方式、产品功能、大小、颜色、外形款式等。

在针对不同产品类型的每个分问卷中,将由调查对象对相关的产品提供调查信息反馈,具体内容如下:对现有的市场认知状况;3 个左右的问题,问题类型包括选择式和开放式两种。

通过对主要市场品牌及企业的知名度、美誉度、市场渗透率等的了解,分析主要的市场品牌。在调查报告中还将结合消费者的个性化资料进行分析,了解相关产品的消费者购买行为特征,设计 7 个左右的选择式和开放式问题。

由于要调查的标志较多,故采用单一表形式。每份表格只登记一个调查单位的情况,且要注明调查地点、时间及其他共同事项。

五、调查时间和调查的组织实施计划

本次调查从2005年6月25日零点到2005年8月8日零点结束,为期一个半月,共45天。调查分成3个阶段：

第一阶段：2005年6月25日零点到2005年6月30日零点。该阶段为基础调研及问卷调查内容设计阶段。其主要任务是初步了解市场情况、设计问卷调查内容、选定调查地点及调查范围、确定本次调查样本个数和调查员人数等。为接下来调查的实施做好充分的人力、物力及财力准备。

第二阶段：2005年7月1日零点到2005年7月31日零点。该阶段为访问调查单位、数据搜集阶段。其主要任务是直接向调查对象搜集统计资料。应注意调查的准确性和及时性,统计资料必须符合实际情况,准确可靠；同时调查单位的资料应及时上报,以免影响到全面的汇总综合工作。

第三阶段：2005年8月1日零点到2005年8月8日零点。该阶段为数据整理、编写调查报告阶段。其主要任务是整理搜集来的统计资料,通过分组(按单身女性、单身男性、已婚家庭分组)计算各种指标、指数和运用各类分析方法(回归分析、相关分析、方差分析等)对数据进行分析,从而得出上海市各品牌数码相机的品牌知名度、市场占有率、消费者行为特征等信息。

六、所采用的调查问卷

上海市数码相机市场调查问卷

您好！首先感谢您参加本次调查咨询。我公司为了解上海市数码相机的市场竞争环境和客户需求,策划及实施本次市场调查,以作为我公司在市场营销方面的决策信息基础,辅助制定开拓上海市场的营销及推广战略。请您按自己的实际情况,填写下列资料,非常感谢您的合作！

年　　龄：_____　　　　性　　别：_____
职　　业：_____　　　　婚姻状况：_____
家庭人口：_____　　　　居住区县：_____

1. 您的文化程度为_____。
   A. 初中及初中以下　　　B. 高中
   C. 大专　　　　　　　　D. 本科
   E. 本科以上

2. 您的月收入情况为_____。
   A. 1000元以下   B. 1000~3000元
   C. 3000~5000元   D. 5000元以上
   E. 暂无

3. 目前您拥有数码相机的状况为_____。
   A. 有   B. 没有,且不打算购买
   C. 没有,但打算购买

4. 与传统相机相比,您认为数码相机的优点是_____(可多选,若多选按优点大小降序排列)。
   A. 直接存在记忆存储卡里,无需底片,可上传计算机,较安全
   B. 即拍即看,不好就删除,方便
   C. 可用相关软件在计算机里修改,成品效果比较好
   D. 拍摄时,既可以用传统取景框也可用更大屏幕的显示框,适合不会拍摄的非专业人士
   E. 其他

5. 目前使用的(或打算购买会选择的)数码相机的品牌为_____。
   A. 尼康   B. 索尼
   C. 佳能   D. 卡西欧
   E. 奥林巴斯   F. 松下
   G. 其他

6. 您获得数码产品相关信息的途径为_____。
   A. 电视、报纸等媒体广告 B. 网上收集
   C. 各大数码广场、家电大卖场的宣传单
   D. 亲戚朋友的推荐

7. 购买数码相机(包括记忆存储卡)的心理价格为_____。
   A. 2000元以下   B. 2000~3000元
   C. 3000~4000元   D. 4000~6000元
   E. 6000元以上

8. 购买数码相机时对像素的选择是_____。
   A. 500万以下   B. 500万~1000万
   C. 1000万~1500万   D. 1500万以上

9. 已通过(或准备通过)以下_____渠道购买数码相机。
   A. 品牌专卖店   B. 数码广场
   C. 家电大卖场   D. 购物中心

E. 网上购买

10. 影响购买决策的主要因素(按重要性降序排列)为_____。
    A. 品牌   B. 价格
    C. 外形款式、颜色   D. 功能
    E. 售后服务

11. 对于数码相机附带功能(如录音、录像、MP3功能等)有什么意见和建议?
_____
_____
_____

12. 对于有意向购买数码相机的您,在考虑产品的外观款式、颜色等会做怎样的选择?

    形状:_____   颜色:_____
    大小:_____   重量:_____

最后,再次衷心感谢您对我们调查工作的积极配合!
此致
敬礼!

调查时间:_____ 调查地点:_____ 调查员:_____

七、关于该调查方案的评价

市场调查是市场运作中必不可少的一个环节,而问卷调查是市场调查中最有效也是被经常使用的一种方法,在问卷调查中,问卷设计是非常重要的一个环节,甚至决定着市场调查的成功与否。市场调查同时也是一个项目策划的前期准备工作中的重要组成部分,只有在深入彻底的市场调查前提下,营销策划和市场操作才有可能获得成功。因此调查方案设计的好坏,直接影响到之后的各项工作。

对于本调查方案的设计,我们认为它:① 调查目的和内容比较明确,即问卷设计的基础较好;② 针对的人群较明确,问卷设计的语言措辞选择得当;③ 卷首的说明(包括称呼、目的等)表达得较好,但缺少"填写者受益情况、主办单位"等信息;④ 本问卷中所涉及的调查内容较好,便于数据的统计和分析;⑤ 问题的数量较合理,有逻辑性,且比较规范。应该说,该调查方案设计得较科学、实用,可以取得较好的调查效果。

第三章 统计整理

通过统计调查所搜集到的原始资料,只是一些个别单位的有关标志的表现,是分散的、不系统的原始资料,所反映的常常是事物零星的表面现象,不能深刻揭示事物的本质,更不能从量的方面反映事物发展变化的规律性,这就有必要对统计调查所获得的原始资料进行科学的整理。

第一节 统计整理概述

一、统计整理的意义

统计整理是统计工作进行的第三阶段。它是根据统计研究的任务,对统计调查阶段所搜集到的大量原始资料进行加工汇总,使之条理化、系统化、科学化,以便得出反映事物总体综合特征,满足完成统计任务要求的统计资料的工作过程。统计整理还包括系统地积累资料与为研究特定问题对资料的再加工。例如,进行工业普查中,每个工业企业的资料只能说明其职工人数、销售额、利润等指标的具体情况,而为了得到全国工业企业的综合情况,就必须将各工业企业的资料分类整理,从而分析全国工业企业的总体规模和结构,达到对全国工业企业的全面、系统的认识。

统计整理实现了从个别单位的标志值向说明总体数量特征的指标值的过渡,是人们对社会经济现象从感性认识上升到理性认识的过渡阶段,是统计工作中起着承前启后作用的一个十分重要的中间环节,它既是统计调查阶段的继续和深入,又是统计分析阶段的基础和前提。统计整理工作的质量,不仅关系到统计调查资料是否能发挥其应有的作用,还直接影响到统计分析和预测能否得出正确的结论。

二、统计整理的内容

在一次统计调查中,对调查来的资料应该整理些什么内容,这要依据事先拟订的整理纲要所要求的项目来确定。一般在设计调查表的同时,就要事先拟订好综合表,以便按照预定的纲要对统计资料进行加工整理。整理纲要是否科学,对于统计资料的整理乃至统计分析的质量都具有重要的意义。

整理纲要的内容包括一整套综合表和编制说明。这种综合表就是根据统计任务的要求,结合调查表的内容而设计的表式。在编制说明中叙述整理资料的地区范围、程序、负责汇总的机构,主栏各组的涵义及宾栏指标的计算方法等。由此可见,统计整理阶段最主要的工作内容在调查工作开始之前就应该做好,统计整理所做的实际上是一些具体工作。

综合表的基本内容包括两部分:一部分是分组,一部分是相应的统计指标,现在举例说明。综合表的格式如表 3-1 所示。

表 3-1

2004～2005 年某市高等院校商学院毕业生就业情况表

单位:人

专业	2004 年			2005 年		
	毕业前与单位签约人数	毕业生人数	签约率	毕业前与单位签约人数	毕业生人数	签约率
甲	(1)	(2)	(3)=(1)/(2)	(4)	(5)	(6)=(4)/(5)
金融学						
会计学						
国际贸易						
市场营销						
合　计						

在表 3-1 中,甲栏就是分组,其他(1)～(6)都是统计指标。

统计整理是一项细致的、科学性很强的工作,需要有组织、有计划地进行。该阶段的工作内容大致包括以下五个方面:

(1) 对调查得来的原始材料进行审核和检查。主要检查资料的准确性、及时性、完整性,如发现问题,需经复查后及时加以纠正。统计资料的审核也包括对经过整理的次级资料的审核。

(2) 对总体进行分组。用一定的组织形式和方法,按照综合表的要求对经审核的资料进行分组或分类,编制分配数列,这是统计整理的关键问题。

(3) 统计汇总。对分组后的资料进行汇总和必要的计算,主要是计算各组的单位数和总体的单位数,计算各组指标和综合指标,这就使得反映总体单位特征的资料转化为反映总体数量特征的资料了。

(4) 编制统计表或绘制统计图。将汇总整理的结果编制成统计表或绘制成统计图,简明扼要地表达总体现象在数量方面的有关特征。这是表达统计资料的重要形式,可以根据研究目的编制各种不同的统计表或者统计图。

(5) 对统计资料的系统积累工作。一般将汇总的统计资料存入数据库,若有条件可以把原始资料一并存入数据库,以便对资料进一步加工并将之用于特定的研究中。

以上几方面内容中,最重要的问题是确定对总体的分组和如何进行分组,即确定分组体系,力求分组能反映现象的客观规律。此外,综合结果的正确与否取决于两方面:一是被综合的资料要完整、正确,并且在进行综合时不能有差错;二是要尊重事实,对被综合的资料不允许任意篡改。

三、次级资料的整理

次级资料的整理是指对已经汇总的现成的统计资料进行再加工,使其成为适合需要的资料。例如,对历史资料的整理,由于历史的原因、行政区域的变更、组织机构的调整、隶属关系的改变、统计报表包含的范围更改、计量单位的改进等,使得原有的历史资料不适合目前工作发展的需要,不利于进行历史比较,必须进行再加工整理。又如,在专题研究中,希望利用现有的年报资料、季报资料、月报资料等,则有可能需要进行再加工,计算各种分析指标进行研究。

对次级资料的整理需要注意以下三个问题:

(1) 对现有资料进行甄别。需要分清哪些资料是目前可用的,哪些是目前不适用的;哪些资料需要再加工,哪些资料不需要再加工。对于那些虚假不实的资料要予以剔除。

(2) 对现有资料作出评价。在前一阶段对现有资料甄别的基础上,就可以对现有资料经过加工以后能否达到要求与满足实际需要作出一个评价。如果经过再加工后,仍达不到要求,则这项整理工作毫无价值和意义,不应再加工。

(3) 选用适当的再加工方法。对具有加工价值的资料,要选用切实可行的加工方法。如果是资料的口径、范围不全,则要采用指标调整的方法,对各项指标按现有要求的口径、范围重新整理;如果是在现有资料中存在某些缺口,资料残缺不齐,而又可以采取措施补充的,则应将资料的缺口补上;如果是现有资料的分组不合理,则可以选择适当的分组标志重新进行再分组。

第二节 统 计 分 组

在分析研究学生的学习成绩时,如果想了解学生的学习成绩与学生性别有没有关系,那么在统计学生成绩时,就可以分男生组和女生组来分别计算两组学生的平均成绩,然后进行比较;如果想知道学生的学习成绩好坏与学生课后的自习时间的关系,就可以根据自习时间来进行分组,分别计算每组学生的平均成绩来进行比较。

显然，根据不同的统计任务和统计研究目的，我们可以对统计资料进行不同的统计分组；而通过不同的统计分组，可以得出不同的统计结论。

统计分组是最为基础的统计研究方法，也是统计活动中技术含量很高的一项工作，它在统计中的应用非常广泛。良好的统计分组是统计工作成功的一半。

一、统计分组的概念

统计分组就是根据统计研究的目的和被研究现象的本质特征，将统计总体按照一定的标志划分为若干性质不同的组成部分。

客观社会现象是错综复杂的，现象内部各单位之间有其共性的一面，因而构成了同质的总体；同时又有个性的一面，相互之间存在着某些差异。统计分组就是在共性与个性的对立统一基础上进行的。

统计分组的目的就是将同质总体中具有不同性质的单位分开，把性质相同或者相近的单位合在一组，保持各组内统计资料的一致性和组与组之间资料的差异性，以便进一步运用各种统计分析方法，研究现象的数量表现和数量关系，从而使人们认识事物的本质及其发展变化规律。这对于研究自然科学或是社会科学来说都是必不可少的。

统计分组是统计研究的基本方法之一。在资料整理和统计分析中都要广泛地运用分组。分组的好坏直接关系到能否整理出系统的、能够反映一定规律的统计资料，关系到能否得出正确的统计结论。

二、统计分组的作用

科学的统计分组是统计整理和分析的基础，是研究社会现象规律性的重要方法。它的基本作用有以下四个方面：

(1) 发现现象的特点与规律。通过统计调查直接得到的统计资料，往往是零星的、分散的、杂乱无章的，无法说明任何问题，也难以直接进行具体分析。而通过统计分组，可以将它们整理得既有条理，又能反映事物的特点，有助于人们很直观地发现现象的基本特点和规律，这既是统计分组的任务，又是统计分组的初衷。

(2) 划分现象类型。社会经济现象是错综复杂的，存在着复杂多样的类型，各种不同的类型有着不同的特点及不同的发展规律。在整理大量统计资料时，通过统计分组，确定了总体内部的各种类型，才能进行分门别类的研究。例如，将工业企业按其经济成分不同划分为公有经济、非公有经济两大类别，便可以分析各类工业企业在国民经济中的地位和作用。

(3) 反映现象总体的内部结构。社会经济现象所包括的大量个别单位，不但在性质上不尽相同，而且在总体中所占有的比重也不一样。在将总体按某一标志进行分组的基础上,计算出各组在总体中所占的比重,便可以说明总体的内部结构和基本性质。各组的比重大小不同,说明了它们在总体中所处地位不同,对总体分布特征的影响也不同。其中比重数相对大的部分,决定着总体的性质或结构类型。例如,人口按年龄分组,可以反映一个国家(一个地区)人口年龄的构成情况,劳动力资源丰富程度和人口老化程度。将总体的结构分组资料按其随时间的变动联系起来进行分析,可以反映由于各组比重变化速度不同而引起各组相对地位改变的状况,从而认识现象发展变化的趋势和规律性。

(4) 表明现象之间的依存关系。客观现象是一个复杂的整体,各种现象之间虽然千差万别,但它们之间不是孤立的,而是存在着相互联系、相互制约的依存关系。利用统计分组,可以确定这种关系的存在以及对现象发展过程中的影响程度,分析影响因素中哪些是主要的,哪些是次要的。例如,收入和消费之间有一定的联系,一般来讲,收入越高,消费也越多;商店的经营规模与它的经营效果也有一定的联系,在相关的范围之内,商店规模的扩大一般可以增加商店的营业额。这些现象之间表现为正依存关系。此外,在商品流转额、流转速度与流通费用水平之间也存在着一种依存关系,一般来说,商品流转额越大的商店,其流通费用水平也就越低,这称为负依存关系。这些依存关系,不通过分组是难以观察的。如表3-2所示,它反映了某种农作物的平均收获率随着耕作深度的加深而提高,这称为正依存关系。

表 3-2

某种农作物产量与耕作深度的关系

按耕作深度分组(厘米)	耕种地块数(块)	平均亩产量(千克)
10～12	13	250
12～14	23	270
14～16	29	300
16～18	24	330
18～20	4	380

需要指出的是,统计分组的上述四方面作用是分别从发现现象的特点与规律、类型分组、结构分组和分析分组角度来说明的,它们不是彼此孤立的,而常常是相辅相成、相互补充、配合运用的。例如,划分类型后即可表示结构,有了结构就可以进行依存关系的分析。

三、统计分组的方法

统计分组的关键在于正确地选择分组标志和划分各组的界限。

(一) 分组标志的选择

所谓分组标志,就是将总体单位划分为不同性质类型组的标准。要充分发挥统计分组的作用,必须正确选择分组标志。不同的分组标志反映着总体的不同特征。因此,我们要根据统计研究的目的和任务,选择能够反映客观现象本质特征的标志。在实践中,分组标志的选择,不仅是个技术方法问题,而且还是一个重要的理论问题,决定着统计工作的成败。

选择分组标志时应遵循的原则如下:

1. 应根据研究的目的和任务来选择分组标志

任何事物都有许多标志,同一总体,如果统计研究的目的和任务不同,则所选择的分组标志也应该不同。标志选择不当,分组结果必然不能正确反映总体的性质特征,因而必须选择与统计研究目的和任务有密切关系的分组标志,才能取得符合要求的分组资料。例如,每个工业企业均具有经济成分、职工人数、产品品种、生产能力、盈利能力等各种标志。若要研究企业的经济效益,就应选择盈利能力作为分组标志;若要研究企业经济成分,则要选择经济类型为分组标志。

2. 应选择最能反映现象本质特征的标志作为分组依据

在同一总体的许多标志中,能揭示总体本质特征的标志就是决定性的重要标志,而有些则是非本质的标志。分组时,应选择最能反映事物本质特征的标志,才能得出反映问题实质的结果。例如,要研究企业的经营效果,应选择上缴利税水平、劳动生产率、平均工资等作为分组标志。而在划分工业企业规模时,可以统一按销售收入、资产总额等将企业归类。

3. 应结合研究对象所处的历史条件和社会经济环境来选择分组标志

能反映现象本质特征的重要标志,往往会随着现象所处的时间、地点的变化而变化。某一标志,在某种条件下,可以作为分组的重要标志;而在另一种情况下,由于时过境迁,很可能会丧失作为分组标志的现实意义。例如,过去人们常用职工人数的多少作为划分大、中型企业的分组标志,而在科学技术高速发展的当今世界,用这个标志进行此类分组显然意义不大。又如,2002年7月,"国民经济行业分类"国家新标准出台,新标准按照国际通行的经济活动同质性原则划分行业,大量充实了第三产业的新兴活动,新增"信息传输、计算机服务和软件业"、"住宿和餐饮业"、"租赁和商务服务业"、"水利、环境和公共设施管理业"、"教育"、"国际组织"六个门类,这完全符合生产力发展的需要,打破了部门管理的界限。

(二) 各组界限的确定

分组标志选定后,就可以在分组标志的变异范围内,具体划分各组的界限。由于总体单位的标志有品质标志和数量标志两种,因此,分组标志也有品质标志和数量标志两种。因此,划分各组界限,是指根据分组标志划定各相邻组间的性质界限和数量界限。

1. 按品质标志分组

按品质标志分组是根据统计研究的目的,选择反映现象性质属性差异的品质特征作为分组标志,并在其变异区间内划定各组界限,将统计总体划分为若干性质不同的组成部分。

按品质标志进行分组时,有的分组界限比较明确,容易确定,如把人口按性别分组。有的分组界限确定比较复杂,如人口按职业分组、工业生产按部门进行分组等。

在实际工作中,往往需要对所研究的对象进行复杂的品质分组,这种分组也称为分类。为了工作的方便和各种分类的统一,国家统计部门制定了适合一般情况的标准分类目录和分类标准。如产品分类目录、工业部门分类目录等。为了便于各国间的比较,联合国还制定了国际通行的有关标准分类。

2. 按数量标志分组

按数量标志分组是选择反映事物数量差异程度的数量标志作为分组标志,并在数量标志变异的范围内划定各组界限。如人口按年龄分组、企业按资产总值分组、职工按工资额分组等。

在按数量标志进行统计分组时,应根据研究目的,首先确定总体在所选定的数量标志特征下有多少种性质不同的组成部分,然后再研究确定各组成部分的数量界限,使分组的数量界限能够区分现象性质上的差别。

按数量标志进行分组时有两种情况:一种情况是变量数值不多,变动范围不大,即总体单位的不同标志值较少,这时可作单项式分组,如按照家庭人口数划分居民的家庭类型;另一种情况是变量数值较多,变动范围较大,即总体单位的不同标志值较多,则应作组距式分组。

四、统计分组体系

在统计分析中,不论采用何种具体的分组方法,都只能对客观现象从一个方面或某些方面进行研究分析,不能说明现象的全貌。这就需要我们将从各种不同角度所作的统计分组结合起来,对总体进行系统全面的观察分析,于是便产生了统计分组体系。统计分组体系是根据统计分析的要求,通过对同一总体进行多种不同分组而形成的一种相互联系、相互补充,从多方面反映总体内部关系的体系,它适用于对复杂现象的系统研究。

在进行统计分组时,由于采用的分组标志的多少不同,可以分为简单分组和复合分组。与此相对应,统计分组体系有平行分组体系和复合分组体系两种形式。

(一)简单分组与平行分组体系

简单分组又称单一分组,就是指按一个标志对总体进行分组,它只反映总体某一方面的数量状态和结构特征。简单分组的特点是：只能反映现象在某一标志特征方面的差异情况，而不能反映现象在其他标志特征方面的差异，说明的问题比较简单明了。例如，可以将学校的学生分别按年龄、性别、民族、年级、学习成绩等标志进行分组，如仅按其中某一标志进行分组，就是简单分组。如果对学生按年龄进行简单分组时，它只能反映学生在年龄这一标志下的差异，而不能反映在性别、学习成绩等方面的差异。

对总体采用两个或两个以上标志分别进行简单分组，就形成平行分组体系。其特点是：每个分组固定一个分组标志的差异，以反映总体内部的分布情况。例如，我国工业企业可以按经济成分、规模大小等几个标志同时分组，形成平行分组体系，如表3-3所示。

表 3-3

我国工业企业平行分组体系表

按经济成分分组	按企业规模大小分组	按工业部门分组
公有经济	大型企业	冶金工业
非公有经济	中型企业	电力工业
	小型企业	化学工业
		机械工业
		……

（二）复合分组与复合分组体系

复合分组是指采用两个或两个以上标志结合起来对总体进行重叠分组，即先按一个主要标志分组，在此基础上再按另一个从属标志在已分好的各组中再分组，再按第三个标志分成更小的组，以此类推。如人口按性别先作简单分组，分为男、女两组后，再按接受教育程度分为大学文化程度、中学文化程度等。

复合分组的特点是：第一，对总体选择两个或两个以上的标志进行重叠分组，可以从几个不同的角度了解总体内部的差别和关系，因而比简单分组说明的问题更多，能对总体作出比较全面和深入的分析，反映其内部类型和结构特征。第二，复合分组的组数将随着分组标志个数的增加而成倍地增加。因此，在进行复合分组时，分组标志个数不宜过多，而且只有在总体中包含的总体单位数较多时才能采用。

复合分组所形成的体系，就称为复合分组体系。例如，我国工业企业选择经济成分、生产规模等标志进行重叠分组，就形成了复合分组体系，如表3-4所示。

表 3-4

我国工业企业复合分组体系表

公 有 经 济		非 公 有 经 济	
国有经济 　其中：大型企业 　　　　中型企业 　　　　小型企业 集体经济 　其中：大型企业 　　　　中型企业 　　　　小型企业		私有经济 　其中：大型企业 　　　　中型企业 　　　　小型企业 港澳台地区经济 　其中：大型企业 　　　　中型企业 　　　　小型企业	外商经济 　其中：大型企业 　　　　中型企业 　　　　小型企业

五、对统计分组资料的再分组

统计资料的再分组就是把统计分组资料按某种要求，重新进行分组，以满足统计分析的要求。

再分组的方法有两种：一种是按原来的分组标志重划新组，并将原分组资料根据新组组限按比例重新加以整理；另一种是先划定新组，并确定新组单位数在总体中应占的比重，然后据以将原分组资料按比例重新加以整理。例如，某学校按教职工工资额不同的分组资料如表 3-5 所示。

表 3-5

某校教职工按月工资额的分组表

按工资额分组（元）	教职工人数比重（%）	工资总额比重（%）
1 200 以下	11	9.66
1 200～1 400	14	12.83
1 400～1 600	10	13.00
1 600～1 800	15	16.78
1 800～2 000	20	19.12
2 000～2 200	9	10.98
2 200～2 400	12	9.04
2 400～2 600	4	3.82
2 600～2 800	2	1.84
2 800 以上	3	2.93
合　　　计	100	100.00

在上述分组表资料中，由于各组之间的差异过小，难以看出其质的区别。现根据统计分析的要求，仍然按教职工工资额为标志重新进行分组，如表 3-6 所示。

表 3-6

某校教职工按工资额的再分组表

按工资额分组(元)	教职工人数比重(%)	工资总额比重(%)
1 500 以下	30	28.99
1 500～2 000	40	42.40
2 000～2 500	23	21.93
2 500 以上	7	6.68
合　　计	100	100.00

再分组表 3-6 中，第 1 组是 1 500 元以下，它包括分组表 3-5 中的第 1、2 组以及第 3 组中的一部分，其中第 3 组的那部分有多大，只能估计而不能准确地确定下来。以 1 500 元在 1 400～1 600 元中的位置来估计，1 400 元与 1 600 元中间距离为 200 元，1 500 元与上下限的距离都是 100 元，处于中间位置。所以，可以用 50％的比例把第 3 组分开，一半在上半组，一半在下半组，第 1 组的各项数值为 11％＋14％＋10％×0.5＝30％，9.66％＋12.83％＋13％×0.5＝28.99％，其他各组以此类推。

表 3-6 的方法是建立在假设原分组资料各组内的单位均匀分布的基础上，但实际并不如此，所以再分组的结果通常具有一定程度的假定性。

第三节　分　配　数　列

一、分配数列的概念和种类

（一）分配数列的概念

在统计分组的基础上，将各组的总体单位数汇总计算，再按一定的顺序——对应排列，形成总体各个单位在各组间的分布序列，称为次数分布或分配数列。分布在各组的总体单位个数叫次数，或称频数；各组次数与总次数之比为比率、比重或称频率。分配数列主要由各组的名称和相对应的各组单位数（即频数）两部分组成，有时候也把频率列入其中。分配数列形式简单，但它是统计分组结果的主要表现形式，在统计研究中具有重要意义。分配数列可以直观地表明总体单位在各组的分布特征、结构状况，并可在此基础上研究标志的构成、平均水平及其变动规律性。

（二）分配数列的种类

分配数列按其所选择的分组标志性质不同，可以分为按品质标志分组的品质分配数列和按可变数量标志分组的变量分配数列。

1. 品质分配数列

按品质标志分组形成品质分配数列,它用来观察总体单位中不同属性的单位分布情况,如表3-7。品质分配数列由各组名称和次数组成。各组次数可以用绝对数表示,即频数;也可以用相对数表示,即频率。

表3-7

某公司员工性别构成情况

按性别分组	绝对数(人)(次数或频数)	比重(%)(比率或频率)
男	85	60.71
女	55	39.29
合 计	140	100.00

由表3-7可以看出,该公司的性别构成特点是女性员工所占的比重明显小于男性员工。对于品质分配数列来讲,如果分组标志选择得好,分组标准定得恰当,则事物的质的差异就表现得比较明确。

2. 变量分配数列

按数量标志分组形成变量分配数列。按数量标志分组就是将变量值划分为不同的区域,通过各组数量的差别和变化来区分现象的不同性质。

变量分配数列按照变量类型的不同,可分为离散型变量数列和连续性变量数列。所谓离散型变量数列,一般指变量取值是不连续的,只能取整数,相邻组之间的上下限不重合。所谓连续型变量数列,是指其取值是连续不断的,每一组中的变量可以用小数形式表示,分组后,各组之间的上限与下限重合。

上一节曾介绍过,按数量标志分组时,可分为单项式和组距式两种,因此,变量分配数列也可以分为单项数列和组距数列两种。

(1)单项数列。单项数列是总体按单项式分组而形成的变量数列,如表3-8所示。数列中每一组只有一个变量值,适用于离散型变量数列,而且变量的取值不多,相互之间的差异足以使每个取值都具有一种类型的意义。

表3-8

某厂第一季度工人平均日产量

工人平均日产量(件)(变量)	工 人 数	
	绝对数(人)(次数)	比重(%)(频率)
3	40	22.22
4	90	50.00
5	50	27.78
合 计	180	100.00

(2)组距数列。组距数列是总体按组距式分组而形成的变量数列,如表3-9所示。

数列中每一组的变量值规定在某一区间范围内,适用于连续型变量数列或虽为离散型变量数列,但取值很多,不便于一一列举分组的情况。

表 3-9

某工厂工人完成生产定额情况表

工人按完成生产定额分组(%)(变量)	工 人 数	
	绝对数(人)(次数)	比重(%)(频率)
80~90	31	17.22
90~100	42	23.33
100~110	50	30.56
110~120	30	16.67
120~130	22	12.22
合　　计	180	100.00

变量分配数列是由各组名称(用变量值表示)和次数(或频率)组成。频率大小表明各组标志值对总体的相对作用程度,也可以表明各组标志值出现的概率大小。变量的具体数值即变量值通常用符号 x 表示;各组单位数即次数或频数(其相对形式为频率)通常用符号 f 表示。变量数列的编制,特别是组距数列的编制较为复杂。

二、组距数列的编制

编制组距数列牵涉的问题较多,不仅取决于分组标志的选择,而且要看分组界限的确定是否合理。在编制过程中,要正确处理以下三个问题。

(一)组距和组数

在组距数列中是用变量变动的一定范围代表一个组,每个组的最大值为组的上限,最小值为组的下限。每个组上限和下限之间的距离称为组距。

编制组距数列必须要确定组距和组数。首先要找出全部变量的最大值和最小值的距离(即全距),以及大多数变量集中在什么范围内;然后才能据以考虑组距和组数的问题,务必使分组的结果尽可能反映出总体分布的特点。

组数的确定和组距有密切联系。组距大则组数少,组距小则组数就多,两者呈反方向变化。在具体确定组距时,应使组距能体现组内资料的同质性和组间资料的差异性。

【例 3-1】 按百分制记分,某班 20 名女学生数学考试成绩分别如下:

66　56　89　95　77　67　75　82　91　51
69　79　85　90　88　71　80　93　81　59

若将上述资料按数值由小到大排列如下:

51　56　59　66　67　69　71　75　77　79
80　81　82　85　88　89　90　91　93　95

经过初步加工,大致可以看出资料的集中趋势。资料的最小值为51分,最大值为95分,则全距为95-51=44分,即数列中最大值与最小值之差。根据考试成绩性质的不同,在60分的数量界限基础上分为不及格、及格、中等、良好、优秀五个类型,并将每组组距定为10分,编制组距数列,如表3-10所示,基本上能准确反映该班级女学生数学成绩的分布特征。

表3-10

某班女学生数学考试成绩分组表

考 分(分)	人 数(人)	比 重(%)
50～60	3	15
60～70	3	15
70～80	4	20
80～90	6	30
90～100	4	20
合 计	20	100

[例3-1]根据研究对象本身的特点和研究的目的,按组距为10,定组数为5。按照一般的经验,组数过多或过少都是不妥的,一般情况下可以分为5～7组,组数尽可能取奇数,避免偶数。

(二)等距分组和异距分组

组距数列根据组距是否相等,分为等距数列和异距数列两种。等距数列中各组组距都是相等的;异距数列中每组的组距是不全相等的。

1. 等距数列

等距数列分组时,一般应根据总体内部情况的定性分析来确定组数,然后用全距除以组数,确定组距,并据以划分各组的界限。

设 R 为全距, K 为组数, i 为等组距;如[例3-1]中, $R=44$,设 $K=5$,则 $i=R/K=44/5=8.8$ 。

为计算方便, i 最好取5或10的整数倍,故可以令 $i=10$ 。根据考分现象可以知道,60分是必须划分的及格与不及格两种性质的数量界限。因此,可以在60分以上及以下均按10分的等组距进行分组。

等距数列适用于标志变异比较均匀的现象,或者说,各组性质差异是由变量值均匀增加或减少而引起的。例如,学生成绩60分以上者,每增加10分就进入高一级档次。人口按身高、体重的分组,一般也采用等距数列。

2. 异距数列

异距数列各组次数的多少受组距大小的影响。在研究各组次数实际分布时,要消除组距不同的影响,就要将不等组距的次数换算为标准组距次数。一般可用数列中最小组的组距为标准组距,将不等组距次数换算为统一的标准组距次数,并依次绘制图形,或者在原数列基础上先计算次数密度或频率密度,其公式为:

次数密度=各组次数÷各组组距

频率密度=各组频率÷各组组距

再根据次数密度或频率密度来绘制图形。以上两种方法实质上是一样的。现以某公司工人年龄分布情况为例,将这两种方法的换算结果列成表,如表3-11所示。

表 3-11

某公司员工年龄分布情况

员工按年龄分组(岁)	组距	人数(人)	标准组距人数(人)	次数密度
20~25	5	25	25	5
25~30	5	70	70	14
30~35	5	50	50	10
35~45	10	30	15	3
45~50	10	10	5	1
合　　计	—	185	—	—

以上标准组距最后两组的人数为15和5,实际上也就是次数密度乘以标准组距5的结果。

异距数列通常在以下场合运用:第一,许多社会经济现象的分配数列存在明显的偏斜状况,这时变量不适合等距分组,必须采用异距分组。例如,人口总体的年龄分布,考虑到80岁以上的高寿者在总人口中所占比重很少,所以分组时80岁以下可以按10岁组距分组,80岁以上的组距就应该扩大。第二,有些社会经济现象的标志变异范围较大,其变量若按一定比例关系变化发展的话,可以按等比间隔分组编制异距数列。例如,钢铁厂高炉按容积(m^3)的异距分组为:100以下,100~200,200~400,400~800,800~1 600,1 600以上。显然,其组距间隔等比为2。

(三)组限和组中值

1. 组限

确定了组距和组数之后,还需要确定组限。组距两端的数值称为组限。组距的上限、下限都齐全的叫闭口组;有上限缺下限,或有下限缺上限的叫开口组。

确定组限必须遵守一个基本原则,即按这样的组限分组后,标志值在各组的变动能反

映事物的质的变化,也就是要使同质的总体单位分在同一组内。这涉及组限的表示方法,常用的组限表示方法有两种:

(1) 按连续变量分组,由于相邻两组的上限与下限通常以同一个数值来表示,每一组的上限同时是下一组的下限。为了避免计算总体单位分配数值的混淆,一般的原则是把到达上限值的单位数计入下一组内,即称为"上组限不在内"原则。如[例 3-1]70～80 分,满了 80 分的,应计入下一组即 80～90 分这一组内。这样做,不仅能避免标志值与组限相同时究竟应该计入哪一组的困惑,使计算方法统一,而且这些与组限相同的标志值也往往正是事物发生质变的量的界限。

(2) 按离散变量分组,相邻两组的上限与下限通常是以两个确定的不同的整数值来表示,所以相邻两组的上下限可以不重合。例如,企业按员工人数分组可以分为:50 人以下,51～200 人,201～500 人,501～1 000 人,1 000 人以上。这是一般的表示方法。也可以按"上组限不在内"的原则写成重叠式组限,如上例也可以写成:50 人以下,50～200 人,200～500 人,500～1 000 人,1 000 人以上等。

2. 组中值

组距数列是按变量的一段区间来分组的,掩盖了分布在各组内的总体单位的实际变量值。为了反映分配在各组中的总体单位变量值的一般水平,在统计工作中往往用组中值来作为各组变量值的代表值,组中值一般是各组上限和下限的中点值。即:

$$组中值=(上限+下限)\div 2$$

例如,[例 3-1]中 60～70 分这组的组中值为 65 分[(60+70)÷2]。

对于开口组组中值的确定,一般以其相邻组的组距的一半来调整。

$$缺上限的开口组组中值=下限+下限邻组的组距\div 2$$

$$缺下限的开口组组中值=上限-上限邻组的组距\div 2$$

【例 3-2】 某工厂工人按完成产品生产的数量分组如下(单位:只):

20 以下
20～50
50～80
80～110
110 以上

首组组中值=20－(50－20)÷2=5
末组组中值=110＋(110－80)÷2=125

三、累计次数分布

总体中各总体单位在各组间的分布情况被称为次数分布,通过次数的分布规律可以研究大量现象的统计规律性。

分配数列本身就可以反映总体现象的次数分布,但在统计分析时,还可以在分配数列的基础上进一步加工,研究频数、频率的分布。也就是说,将变量数列各组的次数和比率逐组累计相加而成累计次数分布,它表明总体在某一标志值的某一水平上或下总共包含的总体次数和比率。累计次数的计算方法有以下两种:

(1)向上累计。又称以下累计,它是将各组次数和比率,由变量值低的组逐渐向变量值高的组逐组累计。组距数列中的向上累计,表明各组上限以下总共包含的总体次数和比率有多少。

(2)向下累计。又称以上累计,是将各组次数和比率,由变量值高的组逐渐向变量值低的组逐组累计。组距数列中的向下累计,表明各组下限以上总共包含的总体次数和比率有多少。

累计次数分布的编制如表 3-12 所示。

表 3-12

某班女学生数学考试成绩表

考分(分)	次数		向上累计		向下累计	
	人数(人)	比重(%)	人数(人)	比重(%)	人数(人)	比重(%)
50～60	3	15	3	15	20	100
60～70	3	15	6	30	17	85
70～80	4	20	10	50	14	70
80～90	6	30	16	80	10	50
90～100	4	20	20	100	4	20
合 计	20	100	—	—	—	—

累计次数的特点是:同一数值的向上累计和向下累计次数之和等于总体总次数,而累计比率之和等于 1(或 100%)。

表 3-12 中的资料显示:70 分以下累计为 6 个人,比重为 30%;70 分以上累计为 14 人,比重为 70%;两个累计人数之和为总体的 20 人,两个累计比重之和为 100%。

对单项数列也可以计算累计次数和累计比率。

累计次数分布是确定各种位置平均数的依据。根据累计次数的资料绘制的累计次数分布图还可以用于研究社会财富分配的公平程度等问题。

四、次数分布的主要类型

各种不同性质的社会经济现象都有着自身的次数分布特点。概括起来,常见的主要

有下列三种类型:

(一) 钟形分布

钟形分布的主要特征是:"两头小,中间大",即靠近中间的变量值分布的次数多,靠近两端的变量值分布的次数少。其分布曲线图如图 3-1 所示。

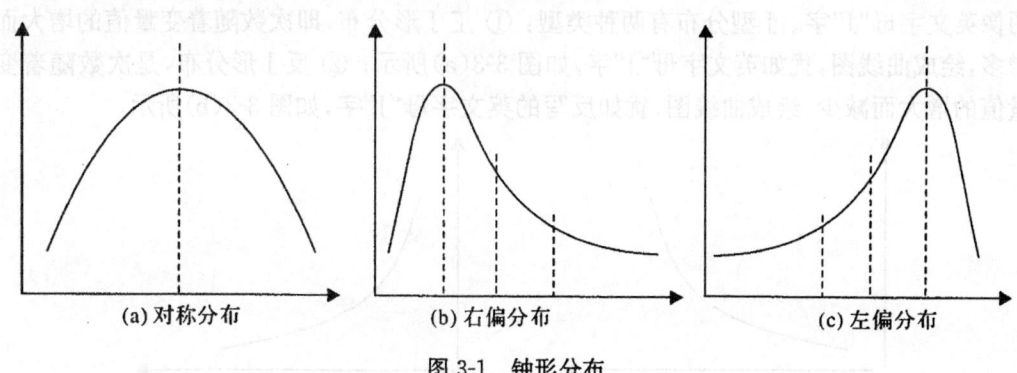

图 3-1　钟形分布

许多社会经济现象总体的分布都趋近于钟形分布,如学生学习成绩的分布、农业平均产量的分布、商品市场价格的分布等。

钟形分布的种类很多,其中最重要的是对称分布。对称分布的特征是中间变量值分布的次数最多,两侧变量值分布的次数则随着与中间变量值距离的增大而渐次减少,并且围绕中心变量值两侧呈对称分布,如图 3-1(a)所示。在非对称的分布中,有不同方向的偏态:右偏,如图 3-1(b)所示;左偏,如图 3-1(c)所示。

(二) U 形分布

U 形分布的特征是:"两头大,中间小"。这与钟形分布恰恰相反,即靠近中间的变量值分布的次数少,靠近两段的变量值分布的次数多,绘成曲线图,像英文字母"U"字,如图 3-2 所示。

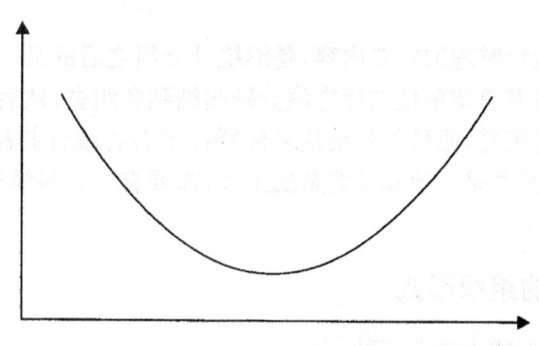

图 3-2　U 形分布

有些社会经济现象的分布表现为 U 形分布,如人口死亡率分布。据科学分析,人口总体中幼儿死亡人数和老年人死亡人数均较高,而中年人死亡人数最低,因而按年龄分组的人口死亡率便表现为U形分布。

(三) J形分布

J形分布的特征是:"一边小,一边大",即大部分变量值集中在某一端分布,分布曲线图像英文字母"J"字。J型分布有两种类型:① 正J形分布,即次数随着变量值的增大而增多,绘成曲线图,犹如英文字母"J"字,如图3-3(a)所示;② 反J形分布,是次数随着变量值的增大而减少,绘成曲线图,犹如反写的英文字母"J"字,如图3-3(b)所示。

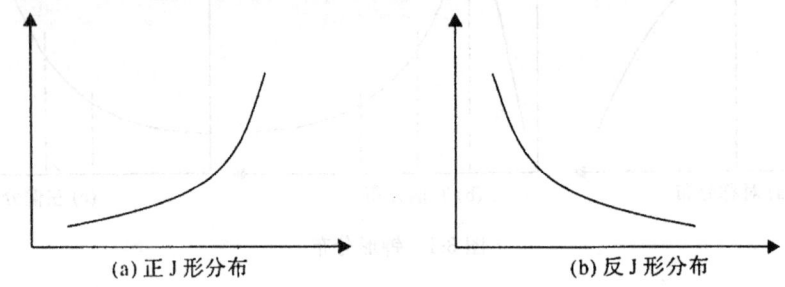

(a) 正J形分布　　　　　　　　(b) 反J形分布

图3-3　J形分布的两种类型

在社会经济现象中,也有一些统计总体呈J形分布。例如,投资额随利润率增大而增多,其分布呈正J形分布;而人口总体按年龄大小分布,则一般呈反J形分布。

次数分布的类型主要取决于社会经济现象本身的性质。通过统计分组整理而编制的次数分布数列虽因统计总体所处的客观条件不同而有着各不相同的数量表现,但分配数列的形态应符合该社会经济现象的分布特征。如不相符,则说明现象总体发生了异常的变化,或统计分组整理已违背了现象的内在规律,应加以检查纠正。

第四节　统计汇总的组织形式与技术

统计汇总,也是统计整理的重要内容,是继统计分组之后的又一个主要步骤。它是在统计分组的基础上,将各总体单位的标志值分别归纳到各组去,然后计算出各组总体单位标志值的合计数,通过汇总,便可得到反映总体特征的各种统计指标,实现原始资料到综合资料的转化。统计汇总是一项非常繁杂的工作,需要有一套科学组织的形式,以保证统计汇总的顺利进行。

一、统计汇总的组织形式

统计汇总的组织形式主要有三种:

(1) 逐级汇总。又称分级汇总,它是将统计调查资料按照一定的统计管理体制,自下而上地逐级汇总,然后逐级上报。如我国现行的统计报表制度,一般都采用这种汇总形式,有的专门调查也可以采用这种形式。逐级汇总的优点是能满足各级对统计资料的需要,也便于就地检查和订正原始资料错误。其缺点是花费的时间较长,发生差错的可能要大一些。

(2) 集中汇总。它是把全部调查资料集中到组织统计调查的最高一级机关直接进行汇总。一些重点调查及国家布置的快速普查常采用这种汇总形式。集中汇总的优点是越过中间环节,所花的时间短、出差错的机会少,并且便于运用计算机。其缺点是不利于对资料的审核、订正,汇总结果有时并不能满足各地区、各部门对统计资料的需要。

(3) 综合汇总。它是把逐级汇总和集中汇总结合起来应用的一种形式。综合汇总一方面对一些最基本的统计资料实行逐级汇总,另一方面又将全部调查资料实行集中汇总。这种汇总形式兼有上述两种组织形式的优点,但耗费的人力、物力、财力较大。

二、统计汇总的技术

统计汇总具体体现为计数、加总等计算活动,因此涉及汇总的技术问题。汇总技术主要有手工汇总和电子计算机汇总两种:

(一) 手工汇总

手工汇总是指用算盘或小型计算器进行的汇总。利用手工处理统计资料有悠久历史,其方法虽然比较落后,效率较低,但灵活简便,即使在计算机广泛应用的情况下运用这种方法处理统计资料仍然有一定的必要性。常用的手工汇总方法有四种:

(1) 划记法。划记法也称点线法,它是用点线符号计算各组单位数和总体单位数的方法。具体地讲,是用点或线等符号代表每个总体单位,汇总时看总体单位属于哪个组,就在哪个组的栏内点一个点或画一条线,计算各组的点或线的数目,得出各组的单位数。这种方法只适合于对总体单位数的汇总,不适合对标志值汇总。

(2) 过录法。过录法是将调查资料过录到事先设计好的整理表上,然后计算出各组的单位数及标志值的合计数,编制出统计表的方法。这种方法既能汇总单位数,也能汇总标志值,缺点是全部资料都要过录,容易产生过录差错。因此它适用于总体单位数不多、分组较简单的情况。

(3) 折叠法。折叠法是将所有调查表中需要汇总的某一横行或纵栏的统计资料,全部折在边上,然后按顺序叠放整齐,露出数字,进行加总计算,将汇总的结果填入统计表中的方法。这种方法适用于对总体单位数和标志值进行汇总。其缺点是一旦发生差错,须从头返工。

(4) 卡片法。卡片法是利用专门制作的卡片作为分组记数的工具进行汇总的方法。汇总步骤为:① 编号。根据分组标志,对每一种分组,按组的顺序编号,并且在调查表的有关项目中注上所属的编号。② 摘录。将调查表上注明的组号和标志值分别摘录在卡片的相应格中。每一张卡片只摘录一个调查单位的材料。③ 分组计数。将卡片按组号分为若干组,分组后各种卡片数就是各组的单位数。最后将各组单位数和标志值填入统计表中。这种汇总方法比较准确,一般适用于大规模专门调查资料的汇总。

（二）电子计算机汇总

现代社会中,统计信息渠道越来越广泛,信息量也越来越大,传统的手工汇总方法已经无法满足统计资料汇总的需求了。用电子计算机进行统计数据处理,是统计汇总技术的新发展。采用电子计算机和网络进行统计资料汇总和计算,不仅速度快、准确性强,而且可以存储数据信息,便于积累历史资料。随着国民经济管理发展的需要和科学技术的进步,我国综合统计部门正日益广泛地采用电子计算机进行统计资料的汇总。

电子计算机数据处理包括对原始数据的加工、存贮、合并、分类、逻辑检查、运算以及打印出汇总表或图形等。电子计算机数据处理的全部过程大体上分为五个步骤：

（1）编制程序。编制计算机程序一般有两种办法,即选用通用程序和编制专用程序。通用程序是指现成的软件包,如 EXCEL、SPSS、ACCESS 等。其功能比较齐全,适用于多种同类报表汇总的要求,但实际操作比较复杂。专用程序是指为了完成某项调查而专门编制的计算机程序,它能满足该调查的全部汇总任务和少量对资料进一步开发的功能。这种程序只适用于该项调查,调查的指标名称、审查办法、表式等均已编入程序,因此操作比较简单,但通用性较差。

（2）数据录入。录入人员将统计指标、各种数据输入到计算机之后才能进行资料的汇总。数据的录入及其质量控制是取得正确的综合统计资料的前提,也是整个汇总工作成败的关键。

（3）数据编辑。就是按照事先规定的一套编辑规则对输入计算机的原始数据进行分析、比较、筛选、整理等,使编辑后的全部数据符合编制规则的要求。

（4）制表打印。就是对经过数据编辑的数据,执行目标程序,形成各种形式的统计表,并把所需的数据、统计表或统计图打印出来。

（5）建立数据库。当统计整理工作基本完成时,可以建立统计数据库。有了统计资料数据库,便于对这些统计资料的进一步加工整理和分析研究。数据库具有存储信息量大、处理速度快、查询与计算便捷、可以共享等优点,所以,其在统计工作中得到了广泛的应用。

第五节 统计表设计

一、统计表的概念和作用

经过整理的统计资料,其表现形式有统计表、统计图和统计报告等,其中统计表是最重要的形式,应用最广泛。

统计调查得到的资料经过整理汇总后,可以得出很多说明社会现象的系统化的统计资料,把这些系统化的资料加以排列,填列在表格上,这种表格就称为统计表。

从广义上讲,统计工作各阶段所使用的一切表格,如调查阶段的调查表、统计报表,整理阶段的分组表、汇总表及分析阶段的分析表,都可称为统计表;而狭义的统计表只是指统计整理阶段的统计表。本节着重介绍狭义的统计表。

统计表是统计用数字说话的常用形式,具有完整而突出的表现能力,条理清楚,通俗易懂,便于比较分析和积累资料。其主要作用有:

(1) 能够系统地组织和合理安排大量数字资料,能使其系统化、条理化,因而能更清晰地表述统计资料的内容。

(2) 能反映总体特征及各部分之间的关系,便于进行对比和计算各种分析指标。

(3) 采用统计表格表述统计资料比用叙述的方法表述统计资料显得紧凑、简明、醒目,使人一目了然。

(4) 利用统计表易于检查数字的完整性和正确性。

二、统计表的结构

从形式上看,统计表由总标题、分标题(横行标题、纵栏标题)和数字资料等要素构成,如表 3-13 所示。

表 3-13

2004~2005 年某市高等院校商学院毕业生就业情况统计表
(总标题)

单位:人

专业	2004 年			2005 年		
	毕业前与单位签约人数	毕业生人数	签约率	毕业前与单位签约人数	毕业生人数	签约率
甲	①	②	③=①/②	④	⑤	⑥=④/⑤
金融学						
会计学						
国际贸易						
市场营销						
合计						

(纵栏标题在右上,横行标题在左,数字资料在右下)

(1) 总标题。它是统计表的名称,用来简明扼要地说明统计表所反映的统计资料的内容,一般位于表的上端正中央。

(2) 横行标题。也称主词,它是总体各组或各单位的名称,用来说明统计资料反映的总体及其分组名称,一般置于表的左端。

(3) 纵栏标题。也称宾词或宾栏,它是统计指标的名称,用来说明各组统计指标的名称,反映总体规模和说明总体数量特征的统计指标,一般置于表的右上端,连同表中数字,总称宾词。

主词和宾词的位置根据资料和列表的具体情况,有时也可互换。

(4) 数字资料。也称指标数值,它是统计表的主要内容,列在各横栏标题与各纵栏标题的交叉处,任何一个具体数值都由横行标题和纵栏标题所限定。

除此之外,还应增加一些必要的附注,如注明资料来源、某些指标的计算方法、填表单位等。

从内容上看,统计表由主体栏和叙述栏两部分组成,主体栏是反映统计表所要说明的总体、总体的各个组或各个单位的名称;叙述栏则是用来说明主体栏的各种统计指标。一般来说,统计表的主体栏列在横行标题的位置,叙述栏列在纵栏标题的位置。如在表3-13中,甲是主体栏,①~⑥栏是叙述栏。

三、统计表的种类

统计表按其主词是否分组及如何分组,可以分为简单表、分组表和复合表三种。

(一) 简单表

简单表是指主词未经过任何分组的统计表,如表3-14所示。它仅列出总体各单位的名称或按时间顺序简单排列的统计表。简单表应用普遍,但反映问题比较粗略。

表3-14

我国历年财政总收入与财政总支出表

单位:亿元

年　份	财　政　总　收　入	财　政　总　支　出
1996	7 407.99	7 973.55
1997	8 651.14	9 233.56
1998	9 875.95	10 798.18
1999	11 444.08	13 187.67
2000	13 395.23	15 886.5
2001	16 386.04	18 902.58

资料来源:《中国统计年鉴(2002)》。

(二) 分组表

分组表是指主词按某个标志进行分组列示的统计表,如表3-13就是按专业为标志进行分组的分组表。分组表可以深入地分析现象的本质和发展规律,包括品质分配数列分组表和数量分配数列分组表两种。

（三）复合表

复合表是指主词按两个或两个以上标志进行复合分组的统计表,如表 3-15 所示。它在经济活动分析中具有较大的作用,当比较分析影响某种现象变化的多个因素的作用时,复合表显得尤为重要。复合表虽然能更深刻更详细地反映客观现象,但使用复合表时应恰如其分,并不是分组越细越好。因为复合表中多进行一次分组,组数将成倍地增加,分组太细反而不利于研究现象的特征。

表 3-15

三类学校教职工数、教师数、学生数比较表

单位：万人

年　　份		2000	2001	2002
普通高等学校	教职工数 教师数 学生数	111.3 46.3 556.1	121.4 53.2 719.1	130.4 61.8 903.4
普通中等学校	教职工数 教师数 学生数	611.8 473.4 8 518.5	623.1 486.6 8 901.4	636.9 503.0 9 415.2
小学	教职工数 教师数 学生数	645.5 586.0 13 013.3	636.0 579.8 12 543.5	634.0 577.9 12 156.7

资料来源：据《中国统计年鉴(2003)》有关数据计算。

统计表也可以按宾词指标进行设计。宾词指标的设计与统计表内容的繁简关系很大。大致有两种设计方式：一种是简单设计,将宾词指标做平行配置,一一排列,如表 3-16 所示；另一种是交叉设计,将宾词的各个指标结合起来作层叠的设置。它能把几种分组结合起来,分层排列,深入全面地反映总体特征。如表 3-17 所示。

表 3-16

某地区工业企业的工人性别和工龄(2004 年底)

企业按所有 制形式分组 （甲）	企业数	工人总数	性别		工　　　　龄				
			男	女	1 年以下	1～3 年	3～5 年	5～10 年	10 年以上
	(1)	(2)	(3)	(4)	(5)	(6)	(7)	(8)	(9)
国有及国有 控股经济									
集体经济									
合　　计									

表 3-17

某地区工业企业的工人性别和工龄(2004 年底)

企业按所有制形式分组	企业数	工人总数			工　　龄													
					1 年以下			1~3 年			3~5 年			5~10 年			10 年以上		
		男	女	合计	男	女	合计	男	女	合计	男	女	合计	男	女	合计	男	女	合计
(甲)	(1)	(2)	(3)	(4)	(5)	(6)	(7)	(8)	(9)	(10)	(11)	(12)	(13)	(14)	(15)	(16)	(17)	(18)	(19)
国有及国有控股经济																			
集体经济																			
合　　计																			

第六节　统计资料整理综合应用案例

某居民小区家庭收入与家庭储蓄统计调查资料整理

一、案例资料

某咨询公司在某居民小区随机调查了 60 户家庭,取得了该 60 户家庭关于家庭月收入与家庭储蓄的资料,相关数据如表 3-18 所示。

表 3-18

60 户家庭的月收入与家庭储蓄调查资料

编号	家庭收入(元)	家庭储蓄(万元)	编号	家庭收入(元)	家庭储蓄(万元)	编号	家庭收入(元)	家庭储蓄(万元)
1	6 450	18	11	4 350	9	21	1 494	3
2	5 400	11	12	6 000	14	22	4 500	5
3	1 500	3	13	8 850	23	23	2 100	5
4	1 800	4	14	6 390	14	24	3 900	6
5	9 000	39	15	5 355	11	25	7 050	24
6	4 050	7	16	3 450	6	26	2 400	5
7	7 515	17	17	5 400	15	27	10 500	47
8	3 150	8	18	3 750	11	28	5 100	11
9	7 530	27	19	2 505	5	29	2 850	5
10	8 400	30	20	8 400	27	30	5 790	14

(续表)

编号	家庭收入（元）	家庭储蓄（万元）	编号	家庭收入（元）	家庭储蓄（万元）	编号	家庭收入（元）	家庭储蓄（万元）
31	2 940	4	41	7 845	30	51	5 130	8
32	2 490	6	42	4 860	12	52	9 900	27
33	9 300	34	43	8 790	33	53	8 100	36
34	4 950	9	44	4 800	15	54	1 467	3
35	1 800	4	45	2 511	5	55	7 125	26
36	10 500	38	46	9 015	43	56	4 125	7
37	3 000	8	47	5 100	15	57	8 400	20
38	4 410	6	48	4 530	13	58	4 455	10
39	5 505	14	49	7 650	26	59	7 200	24
40	8 685	36	50	3 300	7	60	10 500	33

试通过统计分组，采用统计图表进行相关的分析。

二、案例分析过程

首先，对表 3-18 中的 60 组数据，按家庭月收入从小到大进行排序，如表 3-19 所示。

表 3-19

60 户家庭的月收入与家庭储蓄的排序资料

编号	家庭收入（元）	家庭储蓄（万元）	编号	家庭收入（元）	家庭储蓄（万元）	编号	家庭收入（元）	家庭储蓄（万元）
54	1 467	3	45	2 511	5	6	4 050	7
21	1 494	3	29	2 850	5	56	4 125	7
3	1 500	3	31	2 940	4	11	4 350	9
4	1 800	4	37	3 000	8	38	4 410	6
35	1 800	4	8	3 150	8	58	4 455	10
23	2 100	5	50	3 300	7	22	4 500	5
26	2 400	5	16	3 450	6	48	4 530	13
32	2 490	6	18	3 750	9	44	4 800	15
19	2 505	5	24	3 900	6	42	4 860	12

(续表)

编号	家庭收入（元）	家庭储蓄（万元）	编号	家庭收入（元）	家庭储蓄（万元）	编号	家庭收入（元）	家庭储蓄（万元）
34	4 950	9	1	6 450	18	57	8 400	20
28	5 100	11	25	7 050	24	40	8 685	36
47	5 100	15	55	7 125	26	43	8 790	33
51	5 130	8	59	7 200	24	13	8 850	23
15	5 355	11	7	7 515	17	5	9 000	39
2	5 400	11	9	7 530	27	46	9 015	43
17	5 400	15	49	7 650	26	33	9 300	34
39	5 505	14	41	7 845	30	52	9 900	27
30	5 790	14	53	8 100	36	27	10 500	47
12	6 000	14	10	8 400	30	36	10 500	38
14	6 390	14	20	8 400	27	60	10 500	33

根据表 3-19 的数据，绘制家庭月收入与家庭储蓄的趋势图，如图 3-4 所示。

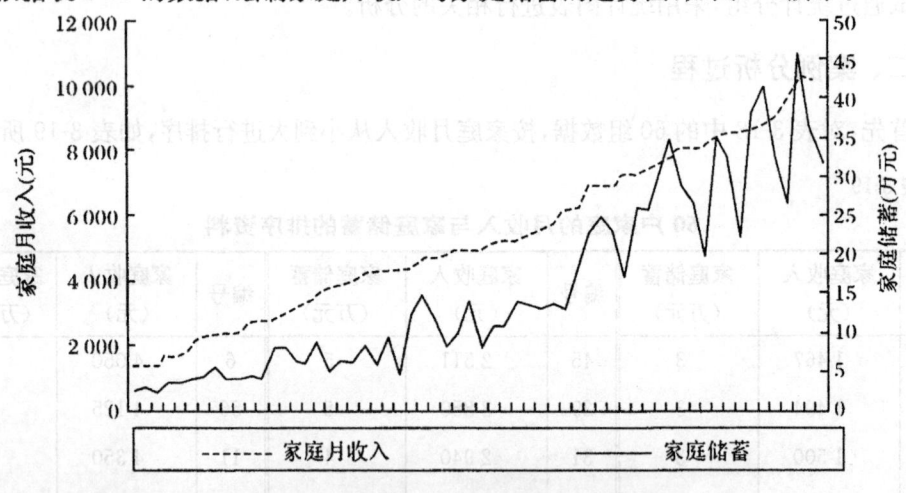

图 3-4　家庭月收入与家庭储蓄的趋势图

从图 3-4 可以发现，被调查的 60 户家庭的月收入大致分布在 1 500～10 000 元之间，家庭储蓄大致分布在 3 万～45 万元之间。具体地，从表 3-19 中可以知道，家庭月收入的最小值为 1 467 元，最大值为 10 500 元；家庭储蓄的最小值为 3 万元，最大值为 47 万元。并且从图 3-4 中可以了解到，随着家庭月收入的逐步增多，家庭储蓄也呈上升的趋势，但是有一定的波动，这也表明了两者之间具有一定的相关性。

其次，可以利用相关的数据进行统计分组，以进一步研究和发掘各个分组之间的差异。

本案例是按家庭月收入进行分组,因为其最小值为1 467元,最大值为10 500元,所以全距为10 500－1 467＝9 033元。设想将资料分为7组,所以组距＝全距÷组数＝9 033÷7≈1 290元,为计算方便,取组距为1 500元。因此,确定组限为:1 500元以下,1 500~3 000元,3 000~4 500元,4 500~6 000元,6 000~7 500元,7 500~9 000元,9 000元以上。对照上述经过排序的统计表,清点各组中的家庭户数,并计算各组的家庭总储蓄与户均储蓄(其计算结果保留两位小数),得到相关统计分组表,如表3-20所示。

表 3-20

60 户家庭的家庭储蓄分布统计表

家庭月收入(元)	户　　数	家庭储蓄(万元)	户均储蓄(万元)
1 500 以下	3	9	3.00
1 500~3 000	10	50	5.00
3 000~4 500	11	79	7.18
4 500~6 000	13	162	12.46
6 000~7 500	5	105	21.00
7 500~9 000	12	346	28.83
9 000 以上	6	221	36.83
合　　计	60	972	16.20

根据表3-20,可以绘制饼形图,如图3-5所示。

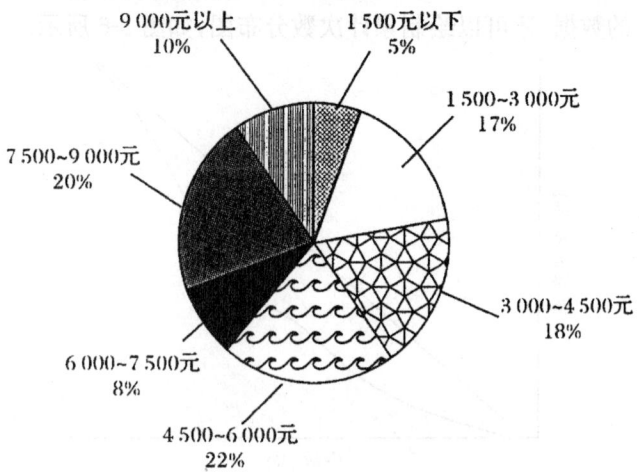

图 3-5　60 户家庭的月收入分布图

此外，还可以根据表 3-20，计算得到表 3-21，以考察不同收入家庭的户数和储蓄的分布情况。

表 3-21

户数和家庭储蓄的累计次数分布表

家庭月收入(元)	户 数			家 庭 储 蓄		
	总量(户)	比重(%)	向上累计(%)	总量(万元)	比重(%)	向上累计(%)
1 500 以下	3	5.00	5.00	9	0.93	0.93
1 500~3 000	10	16.67	21.67	50	5.14	6.07
3 000~4 500	11	18.33	40.00	79	8.13	14.20
4 500~6 000	13	21.67	61.67	162	16.67	30.86
6 000~7 500	5	8.33	70.00	105	10.80	41.67
7 500~9 000	12	20.00	90.00	346	35.60	77.26
9 000 以上	6	10.00	100.00	221	22.74	100.00
合　　计	60	100.00	—	972	100.00	—

利用表 3-21 的数据，通过"户数"和"家庭储蓄"中的"向上累计"两栏的对比，可以发现：收入较低（可认为是"贫穷"）的占 5.00% 的家庭（可认为是"人口"）仅占有 0.93% 的储蓄（可认为是"财富"），21.67% 的家庭仅占有 6.07% 的储蓄……同样可以计算"向下累计"的数据（表 3-21 中从略），从中可以发现：收入较高的 10.00% 的家庭占 22.74% 的储蓄，30.00% 的家庭占有 58.34% 的储蓄……从而，可以在一定程度上认识到了"收入不均衡"这一社会现象。

利用表 3-21 的数据，还可以绘制累计次数分布图，如图 3-6 所示。

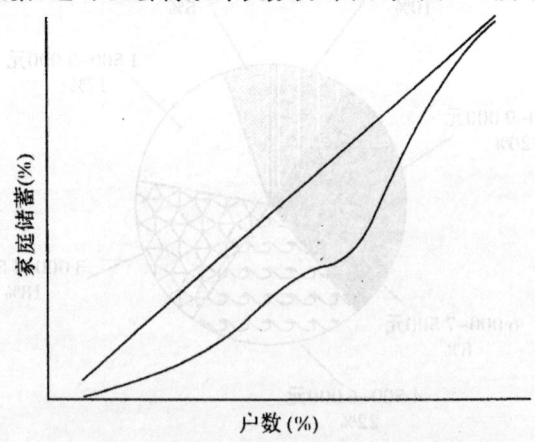

图 3-6　户数和家庭储蓄的累计次数分布图

图 3-6 中的曲线实际上具有经济学含义,该曲线即是洛伦茨曲线。在个人收入分配领域,人们通常用洛伦茨曲线衡量收入差距以及收入分配不公平的状况。事实上,它正是用累积的一定人口数量占总人口的百分比与这部分人口所获得的收入占总收入百分比的对应关系来表示的。

从洛伦茨曲线的形状可看出:实际收入分配线越靠近对角线,则表示社会收入分配越接近平均;反之,实际收入分配线越远离对角线,则表示社会收入分配越不平均。图 3-6 中的曲线形状表明,所调查的 60 户家庭的收入是有一定差距的,但不是非常大。

本章习题

3.1 某班级有 30 个学生,他们各自的年龄(岁)情况如下:

```
21  20  18  20  19  20  19  20  20  21
20  19  20  18  22  20  20  18  21  19
20  21  19  18  20  19  22  19  21  20
```

要求:根据以上资料编制变量分配数列。

3.2 某生产车间 40 名工人日加工零件数(件)资料如下:

```
60  52  84  82  72  88  80  74  86  70
74  50  90  58  86  62  72  98  68  94
66  86  76  84  64  50  60  92  58  68
76  92  86  78  70  80  96  66  54  56
```

要求:

(1) 试根据以上资料分成如下几组:50~60,60~70,70~80,80~90,90~100,并计算出各组的频数和频率,编制次数分配表。

(2) 指出分组标志及类型,分组方法的类型,分析工人日加工零件数的分布情况。

3.3 以下是某月 40 户家庭的食品消费支出数据(单位:元):

```
853  798  765  754  786  777  753  762  857  792
837  812  784  795  685  688  790  713  732  721
826  798  736  738  776  781  773  709  713  755
717  700  761  763  745  695  686  708  717  701
```

要求:试根据上列数据,编制分配数列、累计频数数列和累计频率数列。

3.4 某学院有 32 个学生参加了全国英语专业八级考试,他们考试成绩统计如表 3-22 所示。

表 3-22

某学院参加全国英语专业八级考试学生的成绩资料

编号	性别	系别	成绩	编号	性别	系别	成绩
1	男	会计	61	16	男	商贸	61
2	男	商贸	78	17	女	会计	56
3	男	金融	60	18	男	商贸	62
4	女	会计	65	19	男	会计	59
5	男	商贸	57	20	女	金融	64
6	男	商贸	67	21	男	金融	81
7	女	会计	58	22	男	会计	60
8	女	商贸	66	23	男	会计	60
9	女	商贸	82	24	女	商贸	59
10	男	金融	63	25	女	商贸	61
11	男	商贸	64	26	女	商贸	59
12	女	商贸	60	27	男	商贸	83
13	女	金融	62	28	女	金融	63
14	男	商贸	60	29	男	商贸	73
15	女	商贸	68	30	女	商贸	80
				31	男	商贸	61
				32	女	金融	56

要求：试利用上表中的资料编制以下统计表：

(1) 主词用一个品质标志分组，宾词用一个品质标志和数量标志分三组的简单分组表；

(2) 主词用一个品质标志分组，宾词用一个品质标志和数量标志分三组的复合分组表。

第四章 综合指标

统计是从数量方面来认识社会经济现象的特征和规律的,这就需要对通过统计调查、统计整理后的资料进行统计分析。通常,称统计分析时所设计的用于揭示现象总体数量特征的概念为统计指标。这种概括和反映总体数量特征的指标就叫做综合指标,也称为静态指标。

综合指标一般包括总量指标、相对指标、平均指标和标志变异指标,分别反映现象的规模、水平、结构、比例、强度、集中程度、离散趋势等数量特征。其特点是通过静态比较和水平分析对同一时间内的现象运用综合指标进行分析研究。

第一节 总 量 指 标

一、总量指标的概念及其作用

总量指标是从整体上反映社会经济现象总规模、总水平的综合指标。它是对统计调查得到的原始资料分组和汇总后得出的各项总计数字。例如,我国土地面积960万平方公里,2003年上海市国内生产总值6 250.81亿元,这两个绝对数指标就是总量指标。

总量指标是统计整理阶段的直接成果,是统计分析的基础。总量指标表现为绝对数,其数值大小随统计范围的变化而增减,故又称为绝对数指标。总量指标也可以表现为不同时间、不同空间条件下的社会经济现象总体总量之间的差数,如某公司2005年3月份的彩电销量达5 600台,比去年同期的5 300台多了300台,这三个指标均是总量指标。

在社会经济统计中,总量指标有十分重要的作用:

(1)总量指标是认识社会经济现象总体的起点。因为社会经济现象基本情况往往首先表现为总量,所以总量指标是了解一个国家的国情国力,一个地区、一个单位的人力、物力和财力的基本数据。例如,国土面积、人口和劳动力资源、自然资源、国内生产总值等指标,能够表明一个国家和地区的整体发展水平。

(2)总量指标是制定政策、编制预算、实行社会经济管理的依据之一。一个国家或地区为了保持国民经济协调发展,必须了解和掌握各部门在各个不同时间的总量指标。例如,产品的供给与市场的需求的平衡研究、财务的借贷平衡与核算等,都需要应用总量指标。

(3) 总量指标是计算相对指标和平均指标的基础。总量指标是说明具体社会经济总量的综合性数字,是最基本的统计指标。相对指标和平均指标一般都是由两个有联系的总量指标相对比而计算出来的,它们是总量指标的派生指标。

二、总量指标的种类

(一) 总量指标按反映的总体内容不同,分为总体单位总量和总体标志总量

总体单位总量(即总体单位数)是指总体内所有总体单位的合计数,主要用来说明总体本身规模的大小,即总体内所包含的单位数的多少。如某企业职工人数、某地区中小学校数、某市的医疗机构总数等。

总体标志总量是总体中各单位某一数量标志值的总和,如某企业职工工资总额、某地区中小学校学生人数、某市所有医疗机构的病床数等。

总体单位总量和总体标志总量并不是固定不变的,而是随着研究目的和对象的不同而变化的。一个总量指标常常在一种情况下为总体标志总量,在另一种情况下则表现为总体单位总量。例如,对某地区中小学校进行调查时,该地区中小学校总数是总体单位总量,该地区中小学校学生总数是总体标志总量。若是对某地区中小学生进行调查时,则该地区中小学校学生总数则是总体单位总量。

明确总体单位总量和总体标志总量之间的差别,对计算和区分相对指标和平均指标具有重要的意义。

(二) 总量指标按反映的时间状态不同,分为时期指标和时点指标

时期指标反映社会经济现象在一段时期内发展过程的总结果和累计情况。如销售总额、工资总额、基本建设投资总额。

时点指标则是反映社会经济现象在某一时点(瞬时)上状况的总量指标,如人口数、商品库存额、银行存款余额。

为了正确区分时期指标与时点指标,还须弄清它们各自的特点:

(1) 时期指标可以累加,它是说明较长时期内现象发生的总量,如年销售总额就是1年内12个月销售额的总和;而时点指标不可以累加,除非在空间上或计算过程相加,如年末商品库存额并不是每个月月末库存之和,相加无实际意义。

(2) 时期指标数值的大小与时期长短有直接关系,一般情况下时期越长数值越大,如年产值必定大于年内某月产值,但有些指标(如利润等)若出现负数,则可能出现时期越长数值越小的情况;时点指标数值与时点间隔长短没有直接关系,如银行年末存款余额并不一定比年内某月月末的存款余额多。

(3)时期指标的数值一般通过连续登记并加总取得;而时点指标的数值是通过在不同时点上间断登记取得。

时期指标与时点指标最根本的区别,还在于各自反映的现象在时间规定性上的不同。

(三)总量指标按计量单位的不同,分为实物指标、价值指标和劳动量指标

该部分的内容,将在本节"三、总量指标的计量单位"中具体介绍。

三、总量指标的计量单位

总量指标可以按实物单位、价值单位、劳动量单位来进行计量。

(一)实物单位

实物单位是根据事物的属性和特点而采用的计量单位,主要有自然单位、度量衡单位、双重单位或多重单位、复合单位和标准实物单位。

(1)自然单位。它是按照被研究现象的自然表现形式来度量其数量的一种计量单位,如车辆按"辆"、居民家庭按"户"、机器设备按"台"计算等。

(2)度量衡单位。它是按照统一的度量衡制度的规定来计算的一种计量单位,如粮食产量按"吨"、棉布产量按"米"、运输里程按"千米"计算等。度量衡单位主要用于计算有些无法采用自然单位来表明的现象,如粮食、钢铁等。

(3)双重单位或多重单位。它是指同时采用两种或多种计量单位来表明某一现象的数量,如电动机按"千瓦/台"、拖拉机按"马力/台"计算。

(4)复合单位。有些现象无法用一种计量单位准确地反映出来,而可以采用两种或两种以上的单位结合起来表明,这就形成了复合单位。如货运量按"吨公里"、发电量按"千瓦小时"计算等。

(5)标准实物单位。有时计算产量时,为了综合同类产品但不同品种、规格、能力或化学成分的总产量,常采用标准实物单位。就是对一些产品要求按统一折算标准,折合为一种标准规格或标准含量的产品。如工业生产中将各种不同含量的氮肥以含氮量100%折算。

在统计上,将实物单位计量的指标称为实物指标。其特点是能直接反映产品的使用价值或现象的具体内容,因而能具体地表明现象的规模和水平。实物指标也是计算价值指标的基础,但是,实物指标有局限性,不同类的实物,内容、性质和计量单位不同,无法进行综合汇总,就不能反映现象的总规模和总水平。

(二)价值单位

价值单位,也称货币单位,是以货币来度量社会财富和劳动成果或劳动消耗的一种计量单位,如国内生产总值、商品销售额、生产成本等,都是以"元"或扩大为"万元"、"亿元"来计量的。

总量指标以货币单位计量将不能直接相加的数值过渡到能够相加,用以综合说明具有不同使用价值的现象的总规模或总水平,因此,它具有最广泛的综合性能和概括能力,在实际中得到广泛使用。

在统计中,价值指标首先用于反映经济活动的总成果,并通过分类指标的计算,研究它们之间的比例关系。它还是经济核算和考核经济效益必不可少的手段。

价值指标也有局限性,就是它脱离了物质内容,比较抽象,有时不能准确反映实际情况。因此,在实际工作中,应注意将价值指标和实物指标结合运用,才能比较全面地认识问题。

(三) 劳动量单位

劳动量单位是用劳动时间表示的计量单位,如工时、工日等。借助劳动量单位计算的劳动总消耗指标来确定劳动规模,并作为评价劳动时间利用程度和计算劳动生产率的依据。有时企业生产总成果也用劳动量单位来表示。

劳动量指标是用劳动量单位计量的总量指标,用以计算产品的产量或完成的工作量。例如,企业制定的生产单位产品产量或完成单位作业量所需要的时间标准,称为工时定额;按这种定额计算的产品总量或完成的工作总量,就是劳动量总量指标。劳动量指标的优点是可以把不同种类、规格的产品产量或作业量进行加总。

四、总量指标应用时应注意的问题

总量指标绝不是一个单纯的数字,其计算也不是一个简单的计算问题,而是一个理论和实际相结合的问题。每个指标都有一定的内涵,都表现了一定的社会经济现象。因此,在计算和应用总量指标时需注意以下问题:

(1) 需要对总量指标的实质,包括其涵义、范围作出严格的界定。只有正确理解被研究现象的性质、涵义,才能据以确定统计范围和统计方法,确定统一计算口径。例如,要计算一个地区的农业生产总值时,就需要科学地界定什么是农业生产,农业生产总值包括哪些内容。

(2) 需要注意现象的同质性。在计算实物指标的总量时,只有同质现象才能计算。例如,可以把各种煤炭如无烟煤、烟煤、褐煤等看作一类产品来计算它们的总量,但不能把煤炭与钢铁混合起来计算。

(3) 要采用统一的计量单位。具体核算总量指标时,要根据被研究现象的性质、特点以及统计研究的目的确定采用哪一种计量单位,同时要注意与国家统一规定的计量单位保持一致,以便于汇总并保证统计资料的准确性。

(4) 要注意现象的可比性。不同地区不同时期的同一总量指标要具有可比性。一般来说,同类现象可以相加汇总,不同类现象不能简单相加汇总。不同历史条件下的总量指标由于其反映的内容和包括的范围不同,要进行适当的调整才具有可比性。

第二节 相对指标

一、相对指标的概念、作用和表现形式

(一) 相对指标的概念和作用

相对指标又称为相对数,是指同一时间内两个相互有联系的指标数值的比值。它反映社会经济现象的发展程度、结构、比例、强度与计划完成程度。相对指标将两个具体数值抽象化,使人们对现象之间所存在的固有联系有较为深刻的认识。

相对指标的主要作用包括以下几个方面:

(1) 相对指标为人们深入认识现象发展的质量与状况提供了客观的依据。相对指标是总量指标的深化,可以综合地表现有关现象间的关联程度,反映现象的发展变化趋势。例如,通过计算一个地区的第一、第二、第三产业的比例,可以说明该地区社会经济现代化的程度。

(2) 相对指标可以使不能直接对比的现象找到可以对比的基础。由于相对指标将所研究的对象在总量指标方面的具体差异抽象化,因而使原来不能直接对比的总量指标通过相对指标的形式具有可比性。例如,由于企业规模不同,就不能直接用总销售额、净利润等指标来比较企业的经营情况好坏,而可以通过计算出的销售利润率、净资产收益率等相对指标进行比较。

(3) 相对指标是宏观调控和微观考核的重要依据。例如,政府在进行宏观调控时,需要利用积累率、消费率、人均国内生产总值等指标来协调比例关系。在考核企业的生产经营情况时,也需要计算计划完成相对数、劳动生产率、设备利用率等相对指标提供客观依据。

(二) 相对指标的表现形式

相对指标的表现形式有无名数和有名数两种。

无名数表现为系数、倍数、百分数等。倍数、系数是把对比的基数抽象化为 1 来计算的相对数。当对比的分子与分母数值相差很大时用倍数表示;相差不大时,则用系数表示。例如,2001 年我国的外汇储备为 2 122 亿美元,俄罗斯为 387 亿美元,我国为俄罗斯的 5.5 倍。2003 年我国居民消费的恩格尔系数城市为 0.371,农村为 0.456。百分数是将对比基数抽象为 100 来计算的相对数,它是相对数中最常用的表示形式,用符号"%"表示。当对比的分子数值与分母数值相差不大时用百分数比较合适。例如,某工业企业 2003 年完成利润计划 106%。

有名数就是对比的结果有计量单位,计量单位由对比数值分子、分母的计量单位构成。例如,2003 年年末我国固定及移动电话普及率为 41 部/百人。

二、相对指标的种类与计算

由于研究目的和任务不同、对比的基数不同,相对指标通常可以分为结构相对指标、比例相对指标、比较相对指标、动态相对指标、强度相对指标和计划完成程度相对指标等。

(一)结构相对指标

结构相对指标,也称为结构相对数、比重或比率,它是在分组的基础上,总体内某一部分数值与总体全部数值之比,以反映总体内部的构成情况。其计算公式为:

$$结构相对指标 = \frac{总体中某一部分数值}{总体全部数值} \times 100\%$$

上式的分子、分母既可以是各组总体单位数与总体单位总量的对比,也可以是各组标志总量与总体标志总量的对比。结构相对指标一般用百分数表示,各部分所占比重之和必须等于100%或1。

【例 4-1】 某市工业利税总额按轻重工业分组资料如表 4-1 所示。

表 4-1

某市工业利税总额比重计算表

单位:亿元

按轻重工业分组	2003 年		2004 年	
	利税总额	比重(%)	利税总额	比重(%)
轻工业	114.47	34.1	109.03	27.0
重工业	220.89	65.9	295.21	73.0
合 计	335.36	100.0	404.24	100.0

从表 4-1 可以看出,该市利税总额中,重工业所占比重大,是利税的主要来源,从一个方面反映了该市经济的结构特征。此外,还可以看到这两年该市轻重工业利税结构比重的变化,呈现出重工业比重增大的趋势。

结构相对指标的主要作用在于揭示社会经济现象在一定时间、地点、条件下的总体特征,反映总体内部结构的变化过程和发展趋势。

(二)比例相对指标

比例相对指标,也称为比例相对数,是同一总体内不同组成部分的指标数值对比的结果,用来表明总体内部的比例关系。其计算公式为:

$$比例相对指标 = \frac{总体中某一部分数值}{总体中另一部分数值}$$

比例相对指标可以用百分数表示,也可以用比的形式表示。例如,2002年年末我国总人口128 453万人,其中,城镇人口50 212万人,乡村78 241万人,城镇与乡村人口比例可表示为39:61。又如,我国2003年全体公民中男性为66 556万人,女性为62 671万人,男女性别比为1.06:1。

比例相对指标对于国民经济宏观调控具有重要意义,利用比例相对指标可以分析国民经济中各种比例关系。例如,调整国内生产总值中三大产业的比例可以促进市场经济稳步协调发展。

比例相对指标和结构相对指标的作用相同,都是揭示现象内部组成结构,但是它们的对比方法和侧重点有所不同。结构相对指标是一种包含关系,分子是分母的一部分,分子、分母不能互换;而比例相对指标的分子、分母是一种并列关系,可以互换。

（三）比较相对指标

比较相对指标,也称比较相对数,是同一时间、同一指标在不同空间的对比,表明同类现象在不同条件(各国、各地、各单位)下的数量对比关系。其计算公式为:

$$比较相对指标 = \frac{某单位(地区)某一指标数值}{另一单位(地区)同一指标数值}$$

式中,分子、分母的统计指标的涵义、口径、计算方法和计量单位必须一致。比较相对数一般用百分数或倍数表示。例如,某年甲、乙两企业同时生产一种性能相同的产品,甲企业工人劳动生产率为19 307元,乙企业工人劳动生产率为27 994元,则两企业工人劳动生产率的比较相对指标为69%。计算结果表明甲企业工人劳动生产率比乙企业低31%。

比较相对指标可以用总量指标对比,也可用相对指标或平均指标进行对比。利用比较相对指标,对社会经济现象在不同地区、不同部门、不同单位之间数量表现进行比较分析,可以揭示其差别程度,为各种决策提供依据。

（四）动态相对指标

动态相对指标,也称动态相对数、发展速度,是现象的同一指标在不同时间的对比,反映现象发展变化的程度。其计算公式为:

$$动态相对指标 = \frac{报告期某一指标数值}{基期同一指标数值} \times 100\%$$

该指标属动态指标,将在第五章中详细介绍。

（五）强度相对指标

强度相对指标,也称强度相对数,是指同一时间两个性质不同但有一定联系的总量指标之比,用以反映社会经济现象的强度、密度和普遍程度。其计算公式为:

$$强度相对指标 = \frac{某一总量指标数值}{与之有联系的另一性质不同的总量指标数值}$$

例如,2003年年末我国固定和移动电话总户数达到53 200万部,2003年年末我国总人口为129 227万人,则:

$$我国电话普及率 = \frac{53\,200}{129\,227} = 41.2(部/百人)$$

强度相对指标的对比结果有两种形式:一种是有名数;另一种是无名数。有名数表示的强度相对数,一般用双重单位表示,如电话普及率用"部/百人",人口密度用"人/平方公里",人均国内生产总值用"千元/人"等。无名数表示的强度相对数一般用百分数、千分数表示,如资金利润率、资产负债率等。

强度相对指标有正指标与逆指标之分。如:

$$每千人拥有零售商业机构数 = \frac{某地零售商业机构数(个)}{该地人口数(千人)}$$

$$每个零售商业机构服务的人口数 = \frac{某地人口数(千人)}{该地零售商业机构数(个)}$$

一般来说,正指标数值越大表明现象越密集,逆指标则相反。显然,上述两个强度相对指标前者为正指标,后者为逆指标。

强度相对指标能说明社会经济现象的强弱程度,因此被广泛用于反映一个国家、地区、部门的经济实力和服务能力的高低,以便于不同空间的比较。

(六)计划完成程度相对指标

计划完成程度相对指标也称计划完成百分数,是一定时期现象指标实际完成数与计划数之比,用以表明计划完成的程度。该指标通常用百分数表示。其计算公式为:

$$计划完成程度相对指标 = \frac{某项指标本期实际完成数}{该项指标本期计划任务数} \times 100\%$$

计划完成程度相对指标是对某一经济现象进行计划管理的特有指标,它可以用于年度计划、长期计划完成情况的检查,还可用于计划期中执行进度的检查分析。运用该指标时,要求分子、分母不能互换并在指标含义、计算口径、计算方法、计量单位和空间范围等方面保持一致。

1. 计划完成程度相对指标的计算

该指标一般用于计划期已经结束时的计算分析。在实际应用上,因计划指标可能是总量指标,也可能是相对指标或平均指标,所以在具体计算时,应根据情况采取不同的方法。

【例4-2】 2003年某企业计划生产某种产品1 500万件,计划单位成本800元,实际产量为1 550万件,单位成本为760元。则产量和单位成本计划完成程度相对指标计算为:

$$产量计划完成程度相对指标 = \frac{1\,550}{1\,500} \times 100\% = 103.33\%$$

超额完成计划3.33%,实际比计划增加产量50万件。

$$单位成本计划完成程度相对指标 = \frac{760}{800} \times 100\% = 95\%$$

超额完成计划5%,实际比计划单位成本降低40元。

在[例4-2]中,产量是总量指标,单位成本是平均指标。

【例4-3】 某企业某年净资产收益率计划要求达到12%,经年终核算实际达到15%,则:

$$计划完成程度相对指标 = \frac{15\%}{12\%} \times 100\% = 125\%$$

超额完成计划25%。

在[例4-3]中,净资产收益率是相对指标。

【例4-4】 某企业劳动生产率计划规定2003年比2002年提高5%,实际提高8.5%,则:

$$劳动生产率计划完成程度相对指标 = \frac{1+8.5\%}{1+5\%} \times 100\% = 103.33\%$$

该企业劳动生产率超额完成计划3.33%。

在[例4-4]中计划规定的是相对指标提高或降低的程度,则计划完成程度相对指标应采用以下计算方法:

$$计划完成程度相对指标 = \frac{1+(-)实际提高(降低)百分数}{1+(-)计划提高(降低)百分数} \times 100\%$$

当计划指标为相对数时,在实际工作中也有采用相减的方法,但用百分点表示。如在[例4-4]中,用8.5%-5%=3.5%,说明劳动生产率实际比计划多提高3.5个百分点。

2. 计划执行进度检查

该指标用于计划期中途的计算分析,即实际完成数所包括的时期是计划期内的一部分,一般是为了观察计划执行的均衡性和进度。其计算公式为:

$$计划执行进度 = \frac{累计完成数}{全期计划数} \times 100\%$$

以检查年度计划为例,上式中累计完成数是从年初至报告期止的逐日、逐月、逐季实际完成的累计数,全期计划数是指全年的计划任务数。

【例4-5】 某工厂某年计划销售4 600万元,其中一季度完成960万元,二季度完成

1 200万元，三季度完成 1 340 万元。则：

$$至三季度计划执行进度=\frac{960+1\,200+1\,340}{4\,600}\times100\%=76\%$$

计算结果表明，该厂截至第三季度，完成全年计划的 76%，总的情况是好的。但分季度观察，其计划执行进度不均衡，有前松后紧的现象。

3. 长期计划的检查

三年以上的计划为长期计划，我国国民经济的五年发展计划就是长期计划。由于计划指标有两种不同的制定方法，在计算其计划完成程度相对指标时也有两种不同方法：水平法和累计法。下面以五年计划为例，分别说明两种方法。

(1) 水平法。水平法是在五年计划中只规定最后一年应达到的水平，如钢产量、社会商品零售额等可采用水平法计算长期计划完成程度相对指标。用水平法检查五年计划完成情况的计算公式为：

$$五年计划完成程度相对指标=\frac{五年计划最后一年实际达到的水平}{五年计划规定最后一年应达到的水平}\times100\%$$

提前完成五年计划的时间可以在 5 年中，从前往后考察，只要有连续一年时间（不论是否在一个日历年度），实际完成的水平达到计划规定的最后一年的水平，就算完成了五年计划，所余时间即为提前完成五年计划的时间。

【例 4-6】 某企业某种产品五年计划规定年产能力应达到 45 万吨，实际产量各年完成情况如表 4-2 所示。

表 4-2

5 年内各年产量完成情况表

单位：万吨

时间	第1年	第2年	第 3 年		第 4 年				第 5 年			
			上半年	下半年	一季度	二季度	三季度	四季度	一季度	二季度	三季度	四季度
产量	33	35	18	20	9	10	10	11	12	12	13	13

由表 4-2 可计算出：

$$五年计划完成程度相对指标=\frac{12+12+13+13}{45}\times100\%=111.11\%$$

从第 4 年三季度至第 5 年二季度，连续四个季度产量合计 45 万吨，这说明提前两个季度完成该五年计划。

(2) 累计法。累计法是在五年计划中规定五年累计完成量应达到的水平，如基本建设投资额、新增生产能力等可采用累计法计算长期计划完成相对指标。用累计法检查五年计划完成情况的计算公式为：

$$五年计划完成程度相对指标 = \frac{五年计划累计实际完成数}{五年计划规定累计数} \times 100\%$$

【例 4-7】 如采用[例 4-6]的资料,若某企业生产某种产品五年计划规定累计产量应为 183 万吨,实际完成情况如表 4-2 所示,则：

$$五年计划完成程度相对指标 = \frac{196}{183} \times 100\% = 107.10\%$$

而截至第 5 年第三季度,累计产量恰好为 183 万吨,这表明,提前一个季度完成五年计划。

下面将六种相对指标列表比较,如表 4-3 所示。

表 4-3

六种相对指标比较表

比较基础	不同时期比较	同一时期比较				
		不同现象比较	同一现象比较			
			不同总体比较	同一总体中		
				部分与总体比较	部分与部分比较	实际与计划比较
指标名称	动态相对指标	强度相对指标	比较相对指标	结构相对指标	比例相对指标	计划完成相对指标

三、运用相对指标时应注意的问题

(1) 两个对比的指标要具有可比性。这是指相对比的两个指标在经济内容上要具有内在的联系,在总体范围及指标口径上要求一致;此外,还要注意计算方法、计算价格的可比性。只有这样,计算结果才能符合统计分析研究的要求,避免得出错误的结论。例如,我国按同一不变价格计算的不同时期国民收入是可比的,它能够反映我国经济发展的变化情况。但是这个指标不能直接和其他国家的国民收入对比,因为两者之间的经济内容、计算方法、货币价值不同,因此,它们是不可比的。

(2) 相对指标应与总量指标结合起来运用。要对社会经济现象之间的差异进行比较,只用总量指标不易看清现象之间的差别程度,而只用相对指标也看不出这种差别的实际意义。例如,甲、乙两银行 2003 年的存款余额分别为 1 500 亿元和 4 000 亿元,且 2004 年的增长速度分别为 10% 和 5%,从相对指标看甲银行比乙银行增长速度快 5 个百分点。但当与总量指标结合起来分析时,乙银行增长的绝对数是 200 亿元,甲银行仅为 150 亿元,乙银行反比甲银行多增长50亿元。由此可见,只有将两者结合起来分析问题,才能避免片面性。

(3) 各种相对指标要结合运用。一种相对指标只能说明现象数量关系一方面的情况,把各种相对指标联系起来研究问题,就能比较全面地分析研究对象的特征及其发展变化规律。例如,对一个工厂生产情况进行评价,不但要考察其产品销售、成本、利润等计划完成情况,还要将它们与以前年度、同行业、国内外先进水平进行对比,才能作出切合实际的评价。

第三节 平 均 指 标

一、平均指标的概念、作用和体系

(一) 平均指标的概念

平均指标也称平均数,是统计中十分重要的综合指标。它是同质总体各单位某一数量标志在具体时间、地点、条件下的一般水平。平均指标通过将总体各单位数量标志表现的差异抽象化,用一个数值说明总体的一般水平,因此,平均指标反映的是总体的代表性水平。如职工的平均工资、商品的平均价格等。

平均指标有以下特点:

(1) 将数量差异抽象化。平均指标反映总体的共性特征,说明总体的一般水平。如某班学生某学科考试平均成绩为72.5分,这反映该班的学生成绩的总体水平,这时我们不去考虑各人成绩的差异。

(2) 只能用于同类现象的计算。计算平均指标的各总体单位必须具有相同的性质,即属于同一个总体。这是计算平均指标的前提,也是与强度相对指标的主要区别。

(3) 反映总体变量的集中趋势。平均指标可以用来测定变量数列中各变量值的集中趋势。社会经济现象总体中各单位某一数量标志值表现可能不同,但一般为正态分布,即靠近平均数的次数较多,这说明总体分布是从两边向中间集中,中间是平均数。因此,平均数是可以说明总体的集中趋势的代表值。

(二) 平均指标的作用

平均指标在反映社会经济现象总体数量特征方面应用广泛,有重要的作用。

(1) 可用于同类现象在不同空间条件下的对比。可以用于在不同单位、不同地区,进行同类现象某项指标的对比,以便找到差距。

(2) 可用于同一总体在不同时间的对比。即可以利用平均指标对比同一现象在不同时期的一般水平,以便了解现象发展变化的趋势及其规律。

(3) 可用于分析现象之间的依存关系。例如，对学生按学习时间分组，通过计算各组学生的平均成绩，就可以分析学习时间和成绩间的依存关系。

(4) 可用于进行数量上的估计推算。在统计估计推算中，有时可以利用部分单位标志值的平均数来推算总体平均数，或是以总体平均数推算总体标志总量。

（三）平均指标的体系

平均指标种类较多而又错综复杂，从形式上可以分为数值平均数和位置平均数；从变化态势上可分为静态平均数和动态平均数；从计算方法上可分为简单平均数和加权平均数；等等。图 4-1 将各种平均指标组成一个平均指标体系，以使读者一目了然。

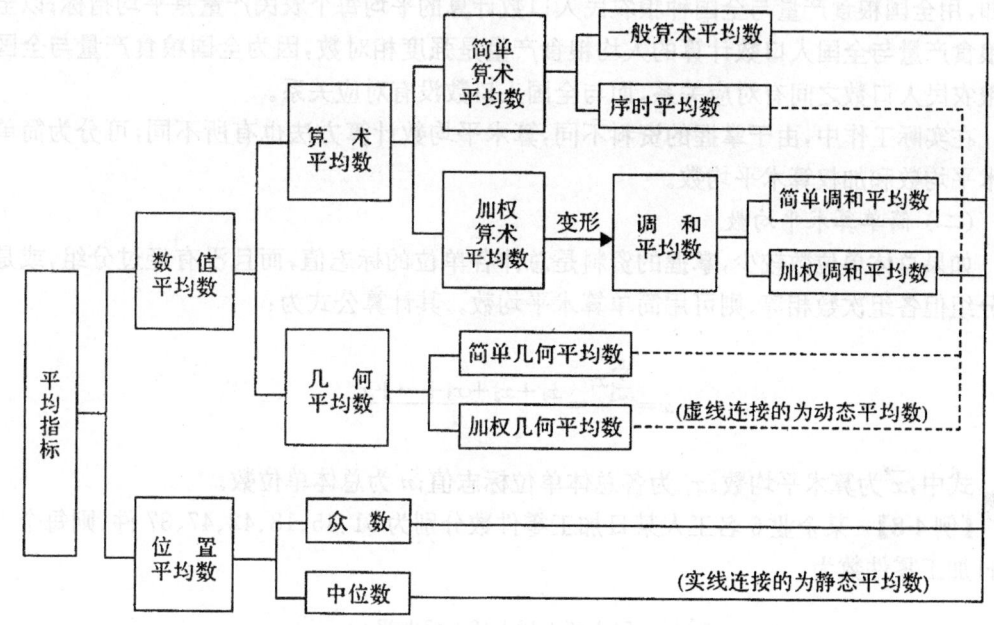

图 4-1　平均指标体系

从图 4-1 中可以看出，在社会经济统计中常用的平均指标有算术平均数、调和平均数、几何平均数、众数、中位数。前三种是根据分配数列中各标志值计算求得的，称为数值平均数；而后两种是根据分配数列中某些标志值所处的位置来确定的，称为位置平均数。

二、算术平均数

（一）算术平均数的基本公式

算术平均数是分析社会经济现象一般水平和典型特征的最基本指标，它由同一总体的总体标志总量除以总体单位总数求得。其基本计算公式为：

$$算术平均数=\frac{总体标志总量}{总体单位总数}$$

例如,平均价格$=\frac{销售总额}{销售总量}$;产量单位成本$=\frac{总成本}{总产量}$;等等。

以上公式中,分子与分母在经济内容上有从属关系,即分子数值是各分母单位特征的总和,两者在总体范围上是一致的,分子、分母具有对应关系,这也是算术平均数和强度相对数的区别。

强度相对数虽然也是两个有联系的总量指标之比,但分子、分母并不存在对应关系。例如,用全国粮食产量与全国种粮农民人口数计算的平均每个农民产量是平均指标;以全国粮食产量与全国人口数计算的人均粮食产量是强度相对数,因为全国粮食产量与全国种粮农民人口数之间有对应关系,而与全国人口数没有对应关系。

在实际工作中,由于掌握的资料不同,算术平均数计算方法也有所不同,可分为简单算术平均数和加权算术平均数。

(二) 简单算术平均数

如果总体单位数较少,掌握的资料是总体各单位的标志值,而且没有经过分组,或是虽分组但各组次数相等,则可用简单算术平均数。其计算公式为:

$$\bar{x}=\frac{\sum_{i=1}^{n} x_i}{n}=\frac{x_1+x_2+x_3+\cdots+x_n}{n}$$

式中,$\bar{x}$为算术平均数;x_i为各总体单位标志值;n为总体单位数。

【例 4-8】 某企业 6 名工人某日加工零件数分别为 51、45、18、42、47、37 件,则每个工人日加工零件数为:

$$\bar{x}=\frac{\sum x}{n}=\frac{51+45+18+42+47+37}{6}=40(件)$$

(三) 加权算术平均数

如果总体单位数较多,掌握的资料是经过分组整理的分配数列,则可用加权算术平均数来计算。但当分配数列分别为单项变量数列和组距变量数列时,计算方法则有所差别。

1. 单项变量数列计算加权算术平均数

将各组标志值乘以相应的单位数,并加总得到各组标志值的总和,再除以总体范围总数,即为加权算术平均数。其计算公式为:

$$\bar{x}=\frac{\sum xf}{\sum f}=\frac{x_1 f_1+x_2 f_2+\cdots+x_n f_n}{f_1+f_2+\cdots+f_n}$$

式中,f 为权数,也即各组总体单位数。

【例 4-9】 某车间 180 名工人某日加工零件数资料如表 4-4 所示。

表 4-4

某车间某日工人加工零件数资料统计表

工人按加工零件数分组(件)	工 人 数	每组加工零件数
20	10	200
22	20	440
23	30	690
25	50	1 250
26	40	1 040
28	30	840
合　　计	180	4 460

则该车间每个工人日加工零件数为:

$$\bar{x}=\frac{\sum xf}{\sum f}=\frac{20\times10+22\times20+23\times30+25\times50+26\times40+28\times30}{180}$$
$$=24.78(件)$$

从上述计算可看出,平均日加工量($\bar{x}$)的大小,不仅取决于各组变量值(x)的大小,同时也取决于各组单位数(f),即各变量的个数多少。某组变量值出现的次数多,平均数受该组影响就较大。变量值次数对平均数的大小起着权衡轻重的作用,所以称为权数。利用权数计算的算术平均数,就称为加权算术平均数。

变量数列的权数有两种形式:一种是以绝对数表示,称为次数或频数;另一种是以相对数表示,称为比率或频率。同一总体,用两种权数计算的结果完全相同。从权数的实质来讲,以相对数表现的权数更能体现权数对平均数的影响作用。

采用相对权数计算加权算术平均数的公式为:

$$\bar{x}=\Sigma\left(x\cdot\frac{f}{\Sigma f}\right)$$

式中,$\frac{f}{\Sigma f}$ 即为相对数权数。

【例 4-10】 仍采用表 4-4 的资料,用相对数权数来计算加权算术平均数,初步计算如表 4-5 所示。

表 4-5

某车间某日工人加工零件量计算表

工人按日加工零件分组 （件）	工 人 人 数		加工零件数 乘以权数
	绝对数（人）	相对数（%）	
x	f	$\dfrac{f}{\sum f}$	$x \cdot \dfrac{f}{\sum f}$
20	10	5.56	1.12
22	20	11.11	2.44
23	30	16.67	3.83
25	50	27.78	6.95
26	40	22.22	5.78
28	30	16.67	4.67
合　　计	180	100.00	24.79

则该车间每个工人日加工零件量为：

$$\bar{x} = \sum\left(x \cdot \dfrac{f}{\sum f}\right) = 24.79（件）$$

计算结果与[例 4-9]采用绝对数权数计算的结果是相同的。

2. 组距变量数列计算加权算术平均数

如果变量数列不是单项数列，而是组距数列，则要先计算出组距数列各组的组中值，并将其作为各组变量值的代表值，计算加权算术平均数。

【例 4-11】 某企业职工月工资资料如表 4-6 所示。

表 4-6

某企业职工月工资资料计算表

职工按月工资分组 （元）	各组人数（人） f	组中值（元） x	各组工资额 xf
800 以下	10	700	7 000
800～1 000	25	900	22 500
1 000～1 200	50	1 100	55 000
1 200～1 500	75	1 350	101 250
1 500～2 000	30	1 750	52 500
2 000 以上	10	2 250	22 500
合　　计	200	—	260 750

则该企业职工月平均工资为：

$$\bar{x}=\frac{\sum xf}{\sum f}=\frac{260\ 750}{200}=1\ 303.75(元)$$

组距变量数列用组中值作为该组变量值的代表值进行计算，是假定各组变量值在组内均匀分布。因此，用组中值计算的算术平均数是一个近似值。但由此计算的平均数对总体仍然具有足够的代表性，在实际工作中得到广泛的应用。

显然，加权算术平均数与简单算术平均数的不同之处在于：简单算术平均数只受变量值大小一个因素的影响；而加权算术平均数受到变量值大小和权数两个因素的影响。如果各组总体单位的次数（f）相等，也即 $f_1=f_2=\cdots=f_n$，则加权算术平均数就转化为简单算术平均数，所以简单算术平均数是加权算术平均数在权数相等条件下的特例。

三、调和平均数

调和平均数是总体各单位标志值倒数的算术平均数的倒数，也称为倒数平均数。由于掌握的资料不同，调和平均数有简单调和平均数和加权调和平均数两种计算方法。

（一）简单调和平均数

简单调和平均数是在资料未分组的条件下，各标志值倒数的算术平均数的倒数，其计算公式为：

$$\bar{X}_H=\frac{n}{\sum_{i=1}^{n}\frac{1}{x_i}}=\frac{n}{\frac{1}{x_1}+\frac{1}{x_2}+\cdots+\frac{1}{x_n}}$$

式中，$\bar{X}_H$ 表示调和平均数。

【例 4-12】 集贸市场上某种蔬菜的价格有波动，早市每千克 2 元，午市每千克 1.5 元，晚市每千克 1.2 元。若早、中、晚市各购买 1 元的蔬菜，则蔬菜的平均价格为：

$$\bar{X}_H=\frac{1+1+1}{\frac{1}{2}+\frac{1}{1.5}+\frac{1}{1.2}}=1.5(元/千克)$$

（二）加权调和平均数

（1）在变量数列中，只掌握各组标志总量（m），而没有被平均的标志值的相应单位数（f）的资料，则不能采用加权算术平均数计算，而应采用加权调和平均数，其计算公式为：

$$\bar{X}_H=\frac{\sum m}{\sum \frac{m}{x}}$$

式中，m 为权数，是各组的标志总量。

在[例 4-12]中，若早市买 2 元的蔬菜，中市买 3 元，晚市买 2.4 元，则蔬菜的平均价格为：

$$\bar{X}_H = \frac{2+3+2.4}{\frac{2}{2}+\frac{3}{1.5}+\frac{2.4}{1.2}} = 1.48(元/千克)$$

在社会经济现象中，调和平均数经常作为算术平均数的变形使用，它们的关系是：若令 $m=xf$，则：

$$\bar{X}_H = \frac{\sum m}{\sum \frac{m}{x}} = \frac{\sum xf}{\sum \frac{xf}{x}} = \frac{\sum xf}{\sum f} = \bar{x}$$

（2）当被平均的标志表现为平均数或相对数，且掌握的资料是被平均的标志值（x）和其分子（m）时，则应采用加权调和平均数来计算平均数。如掌握的资料是被平均的标志值（x）和其分母（f）时，就应采用加权算术平均数来计算平均数。

【例 4-13】 某商品不同等级的价格及销售量资料如表 4-7 所示。

表 4-7

某商品平均价格计算表

等级	价格(元/千克) x	销售额(元) m	销售量(千克) $\frac{m}{x}$
一级	3.00	90 000	30 000
二级	2.50	100 000	40 000
三级	2.00	40 000	20 000
合计	—	230 000	90 000

则该商品平均价格为：

$$\bar{X}_H = \frac{\sum m}{\sum \frac{m}{x}} = \frac{230\,000}{90\,000} = 2.56(元/千克)$$

在[例 4-13]中，价格实际是平均数，总平均价格是由平均数求平均数，采用的是加权调和平均数的方法。假设[例 4-13]中已知条件改变一下，如表 4-8 所示。

表 4-8

某商品平均价格计算表

等级	价格(元/千克) x	销售量(千克) f	销售额(元) xf
一级	3.00	30 000	90 000
二级	2.50	40 000	100 000
三级	3.00	20 000	40 000
合计	—	90 000	230 000

则该商品的平均价格为：

$$\bar{x} = \frac{\sum xf}{\sum f} = \frac{230\,000}{90\,000} = 2.56(元/千克)$$

已知条件变动后，我们采用加权算术平均数方法计算。

【例 4-14】 某公司三个下属企业 2004 年年末资金利润率资料如表 4-9 所示，计算该公司的资金利润率。

表 4-9

某公司三个下属企业资金利润资料
2004 年 12 月 31 日

企业	资金利润率(%) x	利润额(万元) m	资金额(万元) $\frac{m}{x}$
甲	12	6 000	50 000
乙	15	7 500	50 000
丙	11	6 600	60 000
合计	—	20 100	160 000

在[例 4-14]中资金利润率是强度相对指标，求公司资金利润率就是由相对指标求平均数。则公司资金利润率为：

$$\bar{X}_H = \frac{\sum m}{\sum \frac{m}{x}} = \frac{6\,000 + 7\,500 + 6\,600}{\frac{6\,000}{12\%} + \frac{7\,500}{15\%} + \frac{6\,600}{11\%}} = 12.56\%$$

在[例 4-14]中如果已知的资料是资金额而不是利润额，则采用加权算术平均数计算。

从[例 4-13]和[例 4-14]可以看出，由相对数、平均数计算平均数，如掌握指标计算式的分母项资料时，可将其作权数，采用加权算术平均法；如掌握指标计算式的分子项资料，可将其作权数，采用加权调和平均法。

四、几何平均数

几何平均数是 n 个变量值的乘积的 n 次方根。在社会经济统计中，当各项变量的连乘积等于总速度或者总比率时，适合用几何平均数计算平均比率和平均速度。几何平均数也有简单几何平均数和加权几何平均数两种。

简单几何平均数的计算公式为：

$$X_G = \sqrt[n]{\prod x_i} = \sqrt[n]{x_1 \cdot x_2 \cdot \cdots \cdot x_n}$$

加权几何平均数的计算公式为：

$$\overline{X}_G = \sqrt[\Sigma f]{\prod x^{f_i}} = {}^{(f_1+f_2+\cdots+f_n)}\!\!\sqrt{x_1^{f_1} \cdot x_2^{f_2} \cdot \cdots \cdot x_n^{f_n}}$$

式中，$\overline{X}_G$ 表示几何平均数；x 表示变量值；$\prod$ 表示连乘符号。

关于几何平均数的计算及应用在第五章平均发展速度部分讲述。

五、众数和中位数

算术平均数、调和平均数、几何平均数是根据总体全部单位的标志值计算的，而众数和中位数是依据标志值在总体中出现的次数或所处的位置确定的，故称为位置平均数。众数和中位数本身不是平均值，而只是总体一般水平的代表值。

（一）众数

1. 众数的概念

众数是现象总体中出现次数最多的标志值，用字母 M_0 表示，它能直接说明客观现象分布中的集中趋势。众数是由标志值出现次数多少决定的，因此不受资料极端数值的影响。

但当总体分布没有明显的集中趋势，而趋于均匀分布时，则没有众数。如果变量数列中有两个标志值出现次数最多，称为复众数，复众数的出现可能由于总体的同质性差。

2. 众数的确定

由于资料及变量数列有不同类型，确定众数可采用不同的方法。

（1）变量未分组或单项数列。这种类型比较简单，只要根据概念找出次数最多的标志值即为众数。如表 4-10 资料所示。

表 4-10

某车间工人日产零件统计表

工人按日产零件分组（件）	人　数（人）
18	2
19	10
20	19
22	32
23	8
28	1
合　　计	72

从表 4-9 资料中可判断，日产零件 22 件的工人共有 32 人，次数最多，所以 $M_0=22$ 件，其代表工人劳动生产率的一般水平，可以作为制定生产定额的依据。

（2）组距数列。组距数列确定众数，首先要根据出现次数多少确定众数所在组，然后利用公式计算众数的近似值。其计算公式为：

下限公式：

$$M_0 = L + \frac{\Delta_1}{\Delta_1 + \Delta_2} \cdot d$$

上限公式：

$$M_0 = U - \frac{\Delta_2}{\Delta_1 + \Delta_2} \cdot d$$

式中，L 表示众数所在组的下限；U 表示众数所在组的上限；Δ_1 表示众数所在组的次数与其前一组次数之差；Δ_2 表示众数所在组的次数与其后一组次数之差；d 表示众数所在组的组距。

【例 4-15】 某车间 50 个工人月产量统计资料如表 4-11 所示，试确定众数。

表 4-11
某车间 50 个工人月产量统计表

月产量(千克)	工人数(人)
200 以下	3
200～400	7
400～600	32
600～800	8
合　计	50

确定工人月产量众数，首先要找出众数所在组，显然，第 3 组人数为 32 人，次数最多，众数在第 3 组，然后代公式计算。

用下限公式计算：

$$M_0 = L + \frac{\Delta_1}{\Delta_1 + \Delta_2} \cdot d = 400 + \frac{32-7}{(32-7)+(32-8)} \times (600-400)$$
$$= 502(千克)$$

用上限公式计算：

$$M_0 = U - \frac{\Delta_2}{\Delta_1 + \Delta_2} \cdot d = 600 - \frac{32-8}{(32-7)+(32-8)} \times (600-400)$$
$$= 502(千克)$$

可以看到，两种公式计算结果是完全相同的。

众数是根据分配数列中出现次数最多的变量来确定的，所以，只有在总体单位数较多且有显著的集中趋势时，众数的测定才有可能和具有价值。如果分配数列有多个众数出现就应该重新分组，求得一个有明显集中趋势的分配数列，然后再确定众数。

（二）中位数

1. 中位数的概念

将总体各单位的标志值按大小顺序排列，处于中点位置的标志值为中位数，用 M_e 表示。可见,中位数把全部标志值分成两个部分:一半为标志值比它大;一半为标志值比它小。

中位数与众数一样,有时可代替算术平均数来反映现象的一般水平。例如,人口年龄中位数,可表示人口总体年龄的一般水平;集贸市场上某种商品价格的中位数,可代表商品价格的一般水平。

中位数的大小仅取决于它在数列中的位置,因此也不受极端值的影响。

2. 中位数的确定

(1) 资料未分组。对未分组资料确定中位数,可依据中位数的概念,先将标志值按大小顺序排列,根据 $O_n=\frac{n+1}{2}$ 确定中位数的位次,找出对应的标志值即为中位数。

【例 4-16】 某班组 9 个工人日产零件数分别为 15、12、12、14、15、16、17、15、20 件,试确定日产量的中位数。

可先按大小顺序排列,为 12、12、14、15、15、15、16、17、20;根据 $O_n=\frac{9+1}{2}=5$,第 5 位次的标志值,即 15 件为日产量中位数。

若资料为偶次项,如 $n=8$,则 $O_n=\frac{8+1}{2}=4.5$,可将第 4、第 5 两个位次的标志值取平均数作为中位数。

(2) 单项数列资料。单项数列确定中位数较简单,可按以下步骤:① 求中位数位置为 $\frac{\sum f}{2}$;② 计算向上累计次数(或向下累计次数),通过中位数位置与累计次数的比较找出中位数。

【例 4-17】 如仍以表 4-10 的资料为例,初步计算如表 4-12 所示。

$$中位数位置=\frac{\sum f}{2}=\frac{72}{2}=36$$

表 4-12

某车间工人日产零件中位数计算表

工人按日产量分组(件)	人数(人)	向上累计次数	向下累计次数
18	2	2	72
19	10	12	70
20	19	31	60
22	32	63	41
23	8	71	9
28	1	72	1
合 计	72	—	—

显然,按累计次数第 36 个位次,在第四组内,则中位数为 22 件。

(3) 组距数列资料。组距数列确定中位数,应先按 $\frac{\Sigma f}{2}$ 求出中位数所在组的位置,然后代入公式计算。其计算公式为:

下限公式(向上累计时用):

$$M_e = L + \frac{\frac{\Sigma f}{2} - S_{m-1}}{f_m} \cdot d$$

上限公式(向下累计时用):

$$M_e = U - \frac{\frac{\Sigma f}{2} - S_{m+1}}{f_m} \cdot d$$

式中,M_e 为中位数;L 为中位数所在组的下限;U 为中位数所在组的上限;f_m 为中位数所在组的次数;S_{m-1} 为中位数所在组以前各组的累计次数;S_{m+1} 为中位数所在组以后各组的累计次数;d 为中位数所在组的组距。

【例 4-18】 仍以表 4-11 资料为例,确定工人月产量中位数。

初步计算如表 4-13 所示。

表 4-13

某车间 50 个工人日产量中位数计算表

月产量(千克)	工人数(人)	向上累计次数	向下累计次数
200 以下	3	3	50
200~400	7	10	47
400~600	32	42	40
600~800	8	50	8
合 计	50	—	—

中位数位置 $=\frac{\Sigma f}{2}=\frac{50}{2}=25$,显然,根据次数,可确定中位数在第三组,中位数的数值在 400~600 千克之间,然后代入公式计算。

按下限公式:

$$M_e = L + \frac{\frac{\Sigma f}{2} - S_{m-1}}{f_m} \cdot d = 400 + \frac{\frac{50}{2} - 10}{32} \times 200$$

$$= 493.8(千克)$$

按上限公式：

$$M_e = U - \frac{\frac{\sum f}{2} - S_{m+1}}{f_m} \cdot d = 600 - \frac{\frac{50}{2} - 8}{32} \times 200$$
$$= 493.8（千克）$$

计算结果表明，日产量的中位数为493.8千克。

可见，用上限公式和下限公式计算，其结果是相同的。

六、算术平均数、众数和中位数的关系

算术平均数、众数和中位数三者的关系，与总体分布的特征有关。可以分为以下三种情况（在这里，只考虑存在明显集中趋势的钟形分布）：

(1) 当总体分布呈对称分布状态时，三者重合，即$M_0 = M_e = \bar{x}$，如图4-2(a)所示。

(2) 当总体分布呈右偏时，则$M_0 < M_e < \bar{x}$，如图4-2(b)所示。

(3) 当总体分布呈左偏时，则$M_0 > M_e > \bar{x}$，如图4-2(c)所示。

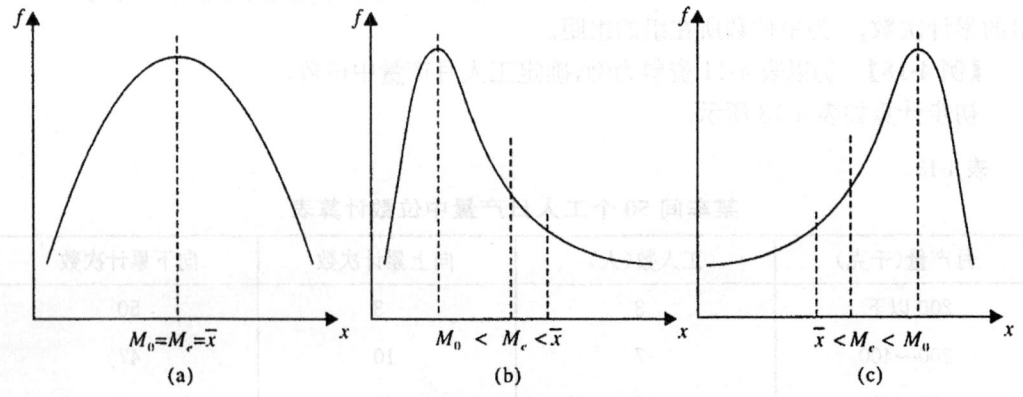

图4-2 算术平均数、众数和中位数的关系

以上后两种情况中，总体分布为非对称状态，三者之间存在一定的差别。非对称强度越大，差别也越大。英国统计学家卡尔·皮尔逊(Karl Pearson)提出三者的经验关系式：$|\bar{x} - M_0| = 3|\bar{x} - M_e|$。如果$(\bar{x} - M_0) > 0$，说明分布呈右偏，如图4-2(b)所示；如果$(\bar{x} - M_0) < 0$，则说明分布呈左偏，如图4-2(c)所示；如果$(\bar{x} - M_0) = 0$，则说明分布呈对称，如图4-2(a)所示。

根据皮尔逊经验公式，在钟形分布只存在适度或轻微偏斜的情况下，中位数一般介于众数与算术平均数之间，并且，中位数与算术平均数的距离是众数与算术平均数距离的1/3。据此，如果三者中已知两者，则可近似地估计出第三者，计算公式为：$M_0 = 3M_e - 2\bar{x}$，$M_e = \frac{1}{3}(M_0 + 2\bar{x})$，$\bar{x} = \frac{1}{2}(3M_e - M_0)$。

【例 4-19】 某企业工人月工资收入众数为 1 600 元,月工资收入的算术平均数为 2 200 元,则月工资收入的中位数近似值的计算为:

$$M_e = \frac{1}{3}(M_0 + 2\bar{x}) = \frac{1}{3}(1\,600 + 2 \times 2\,200)$$
$$= 2\,000(元)$$

因为 $M_0 < M_e < \bar{x}$,所以其分布为右偏。

第四节 标志变异指标

平均指标可以综合反映某一数量标志的一般水平(或称之为代表性水平),但它把总体各单位的差异抽象化了;然而同质总体内各单位的差异是客观存在的,因此平均指标有代表性好坏的问题。为了衡量平均指标的代表性,统计学中引入了标志变异指标。

一、标志变异指标的概念与作用

(一)标志变异指标的概念

标志变异指标又称为标志变动度,是反映总体各单位标志值之间差异程度大小的综合指标。标志变异指标是和平均指标相联系的一种分析指标。例如,为了全面认识被研究的现象总体,可以用平均指标来说明分配数列中变量值的集中趋势,而用标志变异指标说明变量的离中趋势。在统计研究中,经常把平均指标和标志变异指标结合起来运用。

(二)标志变异指标的作用

标志变异指标的作用主要有:

1. 是衡量平均指标代表性的尺度

平均指标作为某一数量标志值的代表值,其代表性的好坏,与总体各单位的差异离散程度有密切关系。一般来说,总体的标志变异指标愈大,总体分布愈分散,总体各单位差异程度愈大,平均指标的代表性愈小;反之,标志变异指标愈小,则总体分布愈集中,总体各单位差异程度愈小,平均指标代表性愈大。

【例 4-20】 现有两个班组各有五个职工,他们的月工资分别为(单位:元):

甲班组:800,900,1 000,1 100,1 200
乙班组:900,950,1 000,1 050,1 100

甲、乙两个班组平均工资均为 1 000 元,但对两班组的代表性是不同的。从各自工资额看,乙班组差异较小,甲班组差异较大,因此,平均工资 1 000 元在乙班组的代表性较好。

2. 可用来研究现象的稳定性和均衡性

任何一个企业或单位，都希望生产经营能稳定和均衡地进行，而不希望出现忽松忽紧，高低起伏的现象。例如，农科院培育甲、乙两种水稻良种，甲品种试种后平均亩产量为750千克，亩产量分布在680～800千克之间；乙品种试种后平均亩产量765千克，亩产量分布在500～850千克之间。应该推广哪一品种呢？显然应推广甲品种，虽然平均亩产量略低于乙品种，但它具有良好的稳定性，能够保证稳产、高产。

二、标志变异指标的种类与计算

标志变异指标一般有全距、平均差、标准差、离散系数等几种。全距、平均差、标准差的计量单位与平均数相同，是绝对数形式；而离散系数是标志变异指标的相对数形式。

（一）全距

全距又称极差，是总体各单位中变量的最大值与最小值之差，一般用 R 表示，其计算公式为：

$$R = X_{\max} - X_{\min}$$

【例 4-21】 承[例 4-20]，甲、乙两班组工人工资的全距分别计算为：

$$R_甲 = 1\,200 - 800 = 400(元)$$
$$R_乙 = 1\,100 - 900 = 200(元)$$

由 R 计算的结果，可知乙班组工人平均工资的代表性好于甲班组。全距越小，表明变量值越集中，平均数的代表性越好；反之，全距越大，表明变量值越分散，平均数的代表性越差。

全距计算简单，而且容易理解和掌握，但其计算只涉及最大、最小两个标志值，不是根据全部标志值计算的，所以容易受极端值的影响，不能充分地说明各个标志值的具体变动情况，应用时有局限性。

（二）平均差

平均差是总体各单位的标志值与其平均数的离差绝对值的算术平均数。它能反映总体各单位标志值的变动程度。平均差与全距不同之处在于，总体各单位标志值都参加计算，因此不易受极端值的影响。平均差一般用 $A \cdot D$ 表示，其计算也有两种形式，简单平均差和加权平均差。

简单平均差计算公式为：

$$A \cdot D = \frac{\sum |x - \bar{x}|}{n}$$

加权平均差计算公式为：

$$A \cdot D = \frac{\sum |x - \bar{x}| f}{\sum f}$$

【例 4-22】 仍采用[例 4-20]中职工工资的资料来计算甲、乙两班组工资的平均差，初步计算如表 4-14 所示。

表 4-14

甲、乙两班组平均差计算表

甲班组			乙班组		
分组 x	离差 $x-\bar{x}$	离差绝对值 $|x-\bar{x}|$	分组 x	离差 $x-\bar{x}$	离差绝对值 $|x-\bar{x}|$
800	−200	200	900	−100	100
900	−100	100	950	−50	50
1 000	0	0	1 000	0	0
1 100	100	100	1 050	50	50
1 200	200	200	1 100	100	100
合 计	—	600	合 计	—	300

根据表 4-13 中资料，计算如下：

$$甲班组工资平均差 A \cdot D_甲 = \frac{\sum|x-\bar{x}|}{n} = \frac{600}{5} = 120(元)$$

$$乙班组工资平均差 A \cdot D_乙 = \frac{\sum|x-\bar{x}|}{n} = \frac{300}{5} = 60(元)$$

计算表明，甲班组 5 个工人工资平均差别 120 元，乙班组 5 个工人工资平均差别 60 元，因为 $A \cdot D_乙 < A \cdot D_甲$，所以乙班组平均工资的代表性高于甲班组。

【例 4-23】 若某车间工人日产量资料如表 4-15 所示，计算该车间工人日产量的平均差。

表 4-15

某车间工人日产量平均差计算表

日产量（千克）	组中值（千克）x	人数（人）f	xf	$x-\bar{x}$	$|x-\bar{x}|$	$|x-\bar{x}|f$
20～30	25	10	250	−17	17	170
30～40	35	70	2 450	−7	7	490
40～50	45	90	4 050	3	3	270
50～60	55	30	2 650	13	13	390
合 计	—	200	8 400	—	—	1 320

根据表 4-14 中资料,计算如下:

$$\bar{x}=\frac{\sum xf}{\sum f}=\frac{8\,400}{200}=42(千克)$$

$$A\cdot D=\frac{\sum|x-\bar{x}|f}{\sum f}=\frac{1\,320}{200}=6.6(千克)$$

显然,在[例 4-23]中,因为是组距数列,所以要用组中值;因为各组人数不同,所以要用加权平均差。

(三) 标准差

标准差是总体各单位标志值与平均数离差平方的算术平均数的平方根。它是最常用、最重要的标志变异指标。它采用平方的方法消除正、负离差的影响;同时总体各单位的标志值均参加计算,不受极端值的影响,所以标准差是综合反映标志变动度最合理的指标,在实际工作中得到广泛的应用。标准差一般用 σ 表示。标准差的计算也有两种形式,简单标准差和加权标准差。

简单标准差计算公式为:

$$\sigma=\sqrt{\frac{\sum(x-\bar{x})^2}{n}}$$

加权标准差计算公式为:

$$\sigma=\sqrt{\frac{\sum(x-\bar{x})^2 f}{\sum f}}$$

【例 4-24】 仍采用[例 4-20]中职工工资的资料来计算甲、乙两班组工资的标准差,初步计算如表 4-16 所示。

表 4-16

甲、乙两班组工人工资标准差计算表

甲 班 组			乙 班 组		
分组 x	离差 $(x-\bar{x})$	离差平方 $(x-\bar{x})^2$	分组 x	离差 $(x-\bar{x})$	离差平方 $(x-\bar{x})^2$
800	−200	40 000	900	−100	10 000
900	−100	10 000	950	−50	2 500
1 000	0	0	1 000	0	0
1 100	100	10 000	1 050	50	2 500
1 200	200	40 000	1 100	100	10 000
合 计	—	100 000	合 计	—	25 000

根据表 4-15 中资料,计算如下:

甲班组工资标准差:

$$\sigma_{甲}=\sqrt{\frac{\sum(x-\bar{x})^2}{n}}=\sqrt{\frac{100\,000}{5}}=141.4(元)$$

乙班组工资标准差:

$$\sigma_{乙}=\sqrt{\frac{\sum(x-\bar{x})^2}{n}}=\sqrt{\frac{25\,000}{5}}=70.7(元)$$

计算结果同样表明,乙班组职工平均工资的代表性高于甲班组。

【例 4-25】 仍采用[例 4-23]生产工人日产量资料计算该车间工人日产量的标准差,计算如表 4-17 所示。

表 4-17

某车间工人日产量标准差计算表

日产量(千克)	组中值(千克) x	人数(人) f	xf	$x-\bar{x}$	$(x-\bar{x})^2$	$(x-\bar{x})^2 f$
20~30	25	10	250	−17	289	2 890
30~40	35	70	2 450	−7	49	3 430
40~50	45	90	4 050	3	9	810
50~60	55	30	2 650	13	169	5 070
合　　计	—	200	8 400	—		12 200

根据表 4-16 中资料,计算如下:

$$\bar{x}=\frac{\sum xf}{\sum f}=\frac{8\,400}{200}=42(千克)$$

$$\sigma=\sqrt{\frac{\sum(x-\bar{x})^2 f}{\sum f}}=\sqrt{\frac{12\,200}{200}}=7.8(千克)$$

在[例 4-25]计算中,用组中值作变量,采用加权标准差进行计算。

(四)离散系数

全距、平均差和标准差,都与平均指标有相同的计量单位,是反映标志变动度的绝对指标,其数值的大小不仅受标志值之间差异程度的影响,而且还受到标志值本身大小的影响。因此,在比较两个数列的标志变异程度,衡量其平均指标的代表性时,如果两个总体或数列的性质不同、计量单位不同或平均水平不同,就不能采用标志变异指标的绝对数形式直接比较两个数列变异程度的大小,而应采用标志变异指标的相对数形式,即离散系数。

离散系数是指全距、平均差和标准差与其算术平均数的比值,分别称为极差系数、平均差系数和标准差系数。其中,标准差系数是三种离散系数中应用最广的一种。标准差系数一般用 V_σ 表示,其计算公式为:

$$V_\sigma = \frac{\sigma}{\bar{x}} \times 100\%$$

【例 4-26】 甲、乙两班学生相同学科考试成绩为 $\bar{x}_甲 = 72.4$ 分,$\sigma_甲 = 8.95$ 分(百分制),$\bar{x}_乙 = 3.88$ 分,$\sigma_乙 = 0.96$ 分(五分制),试比较甲、乙两班考试平均成绩的代表性。

[例 4-26]中,甲、乙两班考试成绩标准差不同,$\sigma_甲 > \sigma_乙$,但因为甲、乙两班考试成绩的计量单位不同(百分制与五分制),因此不能直接断言乙班的平均成绩代表性高于甲班,必须计算标准差系数。计算如下:

$$V_{\sigma 甲} = \frac{\sigma_甲}{\bar{x}_甲} \times 100\% = \frac{8.95}{72.4} \times 100\% = 12.36\%$$

$$V_{\sigma 乙} = \frac{\sigma_乙}{\bar{x}_乙} \times 100\% = \frac{0.96}{3.88} \times 100\% = 24.74\%$$

从标准差系数计算的结果来看,应判定甲班学生考试平均成绩的代表性高于乙班。从[例 4-26]可以说明,离散系数越大,平均数的代表性越差;反之,则越好。

第五节 应用平均指标的基本原则

平均指标在统计分析中应用很广,但在具体应用时应注意以下几个基本原则:

一、平均指标只能运用于同质总体

平均指标是反映研究现象某一指标值的一般水平。必须在同质总体内计算平均数;否则,非但不能说明现象的性质及其规律性,反而会歪曲事实真相,掩盖现象的本质,成为虚构平均数。例如,研究居民的生活水平,计算其平均收入和平均生活费支出,应把城镇居民和农村居民分开研究。同质性对动态平均数来说,就是同质总体在各时期的变动方向上要一致,这样的平均数才有更强的代表性。

二、用组平均数补充说明总平均数

许多平均指标的计算,都是在科学分组的基础上进行的。应该重视影响总平均数的各个有关因素的作用。通过计算组平均数对总平均数作补充说明,来揭示现象内部结构组成的影响,从而克服片面性。

【例 4-27】 甲、乙两地的粮食产量资料如表 4-18 所示。

表 4-18

甲、乙两地粮食产量水平比较表

按土地种类分组	甲 地			乙 地		
	播种面积（亩）	总产量（千克）	平均亩产量（千克）	播种面积（亩）	总产量（千克）	平均亩产量（千克）
旱 田	180	64 800	360	180	57 600	320
水 田	80	49 600	620	350	196 000	580
合 计	260	114 400	440	530	253 600	478

从表 4-17 中可以看到，甲地平均亩产量 440 千克低于乙地平均亩产量 478 千克，但无论旱田还是水田的亩产量均比乙地高。这种总平均数与组平均数矛盾的现象，原因就在于水田的产量水平高于旱地，而甲、乙两地的旱田、水田结构不同，差异大。因此，为了客观地分析某一社会现象的一般水平，必须用组平均数补充说明总平均数。

三、用分配数列说明平均数

平均指标为了说明现象的共性，突出其一般水平，把总体中各单位的差异抽象化、平均化了，从而掩盖了总体各单位某个数量标志上的差异及其分配情况。为了深入对现象的研究，还要结合原来的分配数列具体分析总体内部结构变化，补充说明平均数。

【例 4-28】 某工厂有 240 个工人，其月均产量由 2003 年的 895 千克，提高到 2004 年的 920 千克，其工人结构变化情况如表 4-19 所示。

表 4-19

工人结构变化情况表

按月均产量分组（千克）	组 中 值	各 组 工 人 数（人）	
		2003 年	2004 年
780～820	800	30	10
820～860	840	50	20
860～900	880	60	40
900～940	920	40	50
940～980	960	30	60
980～1 020	1 000	20	40
1 020～1 060	1 040	10	20
合 计	—	240	240

由表 4-18 中资料可以看出,工人人数的分配结构状况发生了很大变化。月均产量在 900～1 060 千克之间的工人数都有了不同程度的增多,而在 780～900 千克之间的工人数都有不同程度的减少,所以可以得知,这是由于部分工人的生产率提高导致了全厂生产率的提高。因此,在分析人均产量提高时,用分配数列补充说明总平均数,就能更直观更具体地反映该厂劳动生产率提高的情况。

四、在计算和应用平均数时,应注意极端数值的影响

算术平均数受总体内极端数值的影响较大。为了正确反映总体的一般水平,总体中存在过大或过小的极端数值时,应先予以剔除,然后就其余数值计算平均数。

例如,从[例 4-8]的计算结果可以发现,由于 18 这个极端值的影响,导致 6 名工人加工零件的整体水平比较低,每人平均加工 40 件。而实际情况是,4 名工人加工零件数分别为 51、45、42、47 件,远超于 40 件,所以该平均数不能反映一般水平。但是如果把 18 这个极端数值去除,重新计算平均数,得到的结果是 44.4 件,此时的代表性就更强。

由此可见,算术平均数受极端值的影响较大,在统计分析和统计实践中,有时剔除个别极端数值,可以正确反映社会经济现象的一般水平。例如,在各种文艺、体育比赛的评比中,为了避免个别评委由于某种原因提高或压低评分影响公平性,常常采用"去掉一个最高分,去掉一个最低分"的方法计算平均数,以保证评分的客观、公正。

第六节 静态指标综合应用案例

【案例 1】 某空调厂 2003 年生产情况分析

一、案例资料

某空调厂 2003 年产量资料如表 4-20 所示。

表 4-20

某空调厂产量表

单位:万台

项 目	2002 年	2003 年		国家重点企业
		计 划	实 际	
窗 式	42	45	46	66
柜 式	10	15	20	30
合 计	52	60	66	96

此外,该厂 2003 年利润总额为 12 542 万元,占用资金为 6.96 亿元;2003 年空调生产的单位成本计划降低 5.2%,实际降低 6.4%。试运用各类相对指标对以上资料进行分析。

二、案例分析过程

根据以上资料,可以分别计算结构、比例、计划完成程度、比较、动态、强度相对指标,计算结果如表 4-21 所示。

表 4-21

相对指标计算表

项目	2002 年		2003 年					国家重点企业(万台)	比重(%)	2003年与国家重点企业比较(%)	2003年比2002年增长(%)
	实际(万台)	比重(%)	计划(万台)	比重(%)	实际(万台)	比重(%)	计划完成(%)				
窗式	42	80.8	45	75.0	46	69.7	102.2	66	68.7	69.7	9.5
柜式	10	19.2	15	25.0	20	30.3	133.3	30	31.3	66.7	100.0
合计	52	100.0	60	100.0	66	100.0	110.0	96	100.0	68.8	26.9

从表 4-21 可得到:

1. 结构相对数

结构相对数如表 4-20 内所示。

比例相对数为:

    2002 年 窗式:柜式＝42:10＝4.2:1
    2003 年 窗式:柜式＝46:20＝2.3:1

可见,随着人民生活水平的逐年提高,居住环境的改善,企业产品结构进行了调整,以满足市场需要,窗式空调比重由 2002 年 80.8% 下降为 69.7%,而柜式则由 19.2% 上升为 30.3%。

2. 计划完成相对指标

从表 4-21 中可见,2003 年空调产量不论窗式还是柜式,均超额完成计划,总体超额完成 10.0%,企业生产情况正常。同时,企业在降低成本方面也取得了明显效果,单位成本实际比计划多下降 1.2%(6.4%－5.2%),超额完成计划 1.3% $\left(1-\dfrac{1-6.4\%}{1-5.2\%}\right)$。

3. 比较相对指标

从表 4-21 中计算可见,与国家重点企业相比,整体才达到国家重点企业产量的 68.8%,从生产规模来看,还存在不小的差距,还需努力做大做强。

4. 动态相对指标

从表 4-21 中计算可见,企业的产量 2003 年较 2002 年有较大的增长,窗式空调增长 9.5%,柜式增长 100%,整体增长 26.9%,发展趋势良好。

5. 强度相对指标

企业 2003 年占用资金 6.96 亿元,取得利润 12 542 万元,资金利润率为 $\frac{12\,542\,万元}{6.96\,亿元}$ ×100%=18.02%,经济效益显著。

通过以上各类相对指标的计算分析,就可以对该企业 2003 年生产经营情况给予一个客观正确的初步评价。

【案例 2】 双休日对公司劳动生产率的影响分析

一、案例资料

某企业要实现增产挖潜的目标,其中有一项落实生产均衡性的措施,厂长要研究星期一的产量是否因双休日的原因而低于其他几天。

通过连续观察六个星期,所得星期一的产量为(单位:台):100、150、170、210、150、120,同期非星期一的产量整理后的资料如表 4-22 所示。

表 4-22

产 量 表

日 产 量(台)	天 数(天)
100~150	8
150~200	10
200~250	4
250 以上	2
合 计	24

二、案例分析过程

据此资料,可以进行如下分析:

1. 六个星期的周一生产情况(共 6 天)

算术平均数:

$$\bar{x}_{周一} = \frac{\sum x}{n} = \frac{100+150+170+210+150+120}{6} = 150(台)$$

标准差：

$$\sigma_{周一} = \sqrt{\frac{\sum(x-\bar{x})^2}{n}}$$

$$= \sqrt{\frac{(100-150)^2+(120-150)^2+(150-150)^2+(150-150)^2+(170-150)^2+(210-150)^2}{6}}$$

$$= 35.12(台)$$

平均差：

$$A \cdot D_{周一} = \frac{\sum|x-\bar{x}|}{n}$$

$$= \frac{|100-150|+|120-150|+|150-150|+|150-150|+|170-150|+|210-150|}{6}$$

$$= 26.67(台)$$

2. 六个星期非周一的生产情况（共 24 天）

算术平均数、标准差、平均差列表计算如表 4-23 所示。

表 4-23

算术平均数、标准差、平均差计算表

日产量（台）	天数（天）	x	xf	$(x-\bar{x})$	$\|x-\bar{x}\|$	$\|x-\bar{x}\|f$	$(x-\bar{x})^2$	$(x-\bar{x})^2 f$
100～150	8	125	1 000	−50	50	400	2 500	20 000
150～200	10	175	1 750	0	0	0	0	0
200～250	4	225	900	50	50	200	2 500	10 000
250 以上	2	275	550	100	100	200	10 000	20 000
合　　计	24	—	4 200	—		800		50 000

算术平均数：

$$\bar{x}_{非周一} = \frac{\sum xf}{\sum f} = \frac{4\,200}{24} = 175(台)$$

标准差：

$$\sigma_{非周一} = \sqrt{\frac{\sum(x-\bar{x})^2 f}{\sum f}} = \sqrt{\frac{50\,000}{24}} = 45.64(台)$$

平均差：

$$A \cdot D_{非周一} = \frac{\sum |x-\bar{x}|f}{\sum f} = \frac{800}{24} = 33.33(台)$$

3. 比较周一与非周一产量的离散程度

由于周一与非周一的平均水平不等，即 $\bar{x}_{周一} \neq \bar{x}_{非周一}$，不能直接通过标准差 σ 来比较离散程度，而应使用标准差系数来比较。

标准差系数：

$$V_{\sigma 周一} = \frac{\sigma_{周一}}{\bar{x}_{周一}} = \frac{35.12}{150} \times 100\% = 23.41\%$$

$$V_{\sigma 非周一} = \frac{\sigma_{非周一}}{\bar{x}_{非周一}} = \frac{45.64}{175} \times 100\% = 26.08\%$$

此外，也可通过平均差系数 V_{AD} 计算比较。

4. 从以上计算分析得到的结论

(1) 经过"双休日"两天休息，对周一的劳动生产率确有影响。因为 $\bar{x}_{周一} = 150$ 台，$\bar{x}_{非周一} = 175$ 台，平均水平周一低于非周一，从中位数也能得到此结论。

(2) "双休日"的影响是带有普遍意义的，因为 $V_{\sigma 周一} = 23.41\%$，$V_{\sigma 非周一} = 26.08\%$，$V_{\sigma 周一} < V_{\sigma 非周一}$，可见周一工人生产产量的差异程度比非周一要小。

5. 根据以上分析向企业提出的建议

(1) 从周一生产情况来看，尚有潜力可挖，建议企业领导加强对工人教育，双休日尽量不要疲劳过度，注意休息，使周一能有充沛的精力投入生产，争取周一平均产量达到与非周一相当的水平。

(2) 从 $V_{\sigma 周一} < V_{\sigma 非周一}$ 来看，职工中劳动技能有差异，差异程度较大，建议企业加强技能培训，开展技术练兵，提高整体劳动生产率。

本章习题

4.1 某企业统计分析报告中写道：

"我厂今年销售收入计划规定2500万元，实际完成2550万元，超额完成计划2%；销售利润率计划规定8%，实际为12%，超额完成计划4%；劳动生产率计划规定比去年提高5%，实际比去年提高5.5%，完成计划110%，产品单位成本计划规定比去年下降3%，实际比去年下降2.5%，实际比计划多下降0.5%。"

要求：请指出上述分析报告中哪些指标计算有错误，并将其改正。

4.2 某地区生产皮鞋的产量资料如表4-24所示。

表 4-24

某地区生产皮鞋的产量资料

单位：万双

产品名称	2003 年	2004 年		
		计划	实际	同类发达地区产量
男 鞋	36	38	40	42
女 鞋	46	52	58	62
合 计	82	90	98	104

另知，2004 年该地区所有皮鞋厂的职工总人数约为 350 人。

要求：试根据以上资料，计算所有可能计算的相对指标，并指出它属于哪一种相对指标。

4.3 某公司下属三个部门 2004 年商品销售额计划和实际资料如表 4-25 所示。

表 4-25

某公司下属三个部门 2004 年商品销售额计划和实际资料

部门	2004 年				2003 年实际销售额（万元）	2004 年比 2003 年增长（%）
	计 划		实 际			
	销售额（万元）	比重（%）	销售额（万元）	比重（%）		
A		30		28		
B	400		437			15
C					900	
合 计	2 000				1 840	25

要求：试计算并填列表中所缺数字。

4.4 某企业 360 名工人生产某种产品的资料如表 4-26 所示。

表 4-26

某企业 360 名工人生产某种产品的资料

工人按日产量分组（件）	工 人 数（人）	
	7 月份	8 月份
20 以下	30	18
20～30	78	30
30～40	108	72
40～50	90	120
50～60	42	90
60 以上	12	30
合　　计	360	360

要求：试分别计算7、8月份平均每人日产量，并简要说明8月份平均每人日产量变化的原因。

4.5 某农产品零售市场三种蔬菜的交易资料如表4-27所示。

表4-27

某农产品零售市场三种蔬菜的交易资料

品名	单价(元/千克)	交易量(千克)	交易额(元)
茄子	2.40	1 000	2 400
黄瓜	2.10	1 500	3 150
土豆	1.80	2 000	3 600

要求：按以下三种方法计算这三种蔬菜的平均交易价格：
(1) 不加权的平均数；
(2) 加权算术平均数；
(3) 加权调和平均数。

4.6 某次抽样调查中，通过在地铁站内随机调查426名旅客，得到他们的月交通费资料如表4-28所示。

表4-28

地铁站内对426名旅客月交通费的调查资料

按平均每人月交通费分组(元)	人数(人)
100～200	6
200～300	10
300～400	20
400～500	30
500～600	40
600～700	240
700～800	60
800～900	20

要求：试根据上述资料计算：
(1) 被调查者的人均月交通费；
(2) 依下限公式计算确定中位数和众数。

4.7 甲、乙两班同时参加统计学课程的测试,甲班平均成绩为 70 分,标准差为 9.0 分;乙班的成绩分组资料如表 4-29 所示。

表 4-29

乙班的成绩分组资料

按成绩分组(分)	60 以下	60～70	70～80	80～90	90～100	合 计
学生人数(人)	2	6	25	12	5	50

要求:试计算乙班学生的平均成绩,并比较甲、乙两班哪个班的平均成绩更有代表性?

4.8 我国人口和国土面积资料如表 4-30 所示。

表 4-30

我国人口和国土面积资料

指 标	根据第四次人口普查调整数	
	1982 年	1990 年
人口总数(万人)	101 654	114 333
男	52 352	58 904
女	49 302	55 429

我国国土面积为 960 万平方公里。

要求:试计算全部可能计算的相对指标,并指出它们属于哪一种相对指数。

4.9 某年 A 国和 B 国经济实力的有关资料如表 4-31 所示。

表 4-31

某年 A 国和 B 国经济实力的有关资料

项 目	单 位	A 国	B 国
人口数	万人	25 870	21 682
劳动力就业数	万人	11 884	8 749
国民生产总值	亿美元	9 370	16 920
国民收入	亿美元	6 220	9 350
谷物总产量	万吨	18 795	26 143
钢产量	万吨	14 700	11 600
军费开支	亿美元	1 270	1 027

要求:试根据以上资料,就总量指标和强度相对数指标进行对比,求出比较相对指标,并进行分析。

第五章 动态数列

任何一种社会经济现象都有一个产生、变化和发展的过程,这是世间万物的客观规律。要正确、全面、系统地认识社会经济现象,仅运用静态指标对现象在某一时点或时期内的状况进行静态分析是不够的,还必须运用动态指标和动态分析的方法研究现象发展变化的动态状况,认识现象发展的趋势和规律性。

动态分析就是利用发展水平、发展速度等动态指标对反映现象变化的动态数列进行分析。

第一节 动态数列的概念、种类和编制原则

一、动态数列的概念

所谓动态是指现象随着时间推移而发展变化的趋势。如果将反映某种现象的指标在不同时间上的数值,按照时间的先后顺序排列起来,就构成了一个动态数列,动态数列又称为时间数列。例如,表 5-1 是我国 1998~2003 年国民经济几个主要指标的时间数列。

表 5-1

我国 1998~2003 年国民经济主要指标

年 份	1998	1999	2000	2001	2002	2003
国内生产总值(亿元)	78 345	82 068	89 468	97 315	105 172	117 252
全国年末人口数(万人)	124 761	125 743	126 743	127 627	128 453	129 227
第三产业增加值占国内生产总值比重(%)	32.1	33.0	33.4	34.1	33.3	33.2
全国职工年平均工资(元)	7 479	8 346	9 371	10 870	12 422	14 040

资料来源:《中国统计年鉴(2004)》,北京:中国统计出版社。

从表 5-1 可以看出,动态数列是由两项基本要素构成的:一是现象所属的时间,即表

5-1中的各个年份；二是现象反映发展水平的统计指标数值，如表5-1中各年实际达到的国内生产总值、全国年末人口数、第三产业产值比重、全国职工年平均工资。

还应指出的是，在表5-1中，列出了1998～2003年国内生产总值、全国年末人口数、第三产业产值比重、全国职工年平均工资四项指标6年的具体数值，由此形成了四个动态数列。

动态数列在统计和经济分析中，有着相当重要的作用：

(1) 它可以描述社会经济现象发展变化的过程和结果；

(2) 通过对动态数列进行分析，可以研究社会经济现象发展变化的水平、速度和趋势；

(3) 通过对动态数列进行研究，可以探索社会经济现象发展变化的规律性，并可以对其发展进行预测；

(4) 将不同的但又有联系的时间数列结合起来，进行对比分析或相关分析，可以揭示现象之间的依存关系；

(5) 利用时间数列的编制，可以作为整理和积累历史资料的方法和手段。

二、动态数列的种类

动态数列按其指标表现形式的不同，分为绝对数动态数列、相对数动态数列和平均数动态数列三种。

(一) 绝对数动态数列

把一系列同类的总量指标按时间先后顺序排列而形成的动态数列，称为绝对数动态数列。它反映社会经济现象在各个不同时期达到的总规模、总水平及其发展过程和变化趋势。

按其所反映的社会经济现象性质不同，绝对数动态数列又可分为时期数列和时点数列两种。

1. 时期数列

在绝对数动态数列中，由时期指标构成的反映现象在一段时期内发展过程的总量的数列，称为时期数列。如表5-1中所列的我国1998～2003年国内生产总值就是时期数列。时期数列的特点与时期指标的特点相类似：

(1) 数列中各个指标的数值具有可加性，即相加后有一定的经济意义。由于时期数列中每个指标的数值都是表示一段时间内发展过程的总量，所以相加后就表示在更长一段时间内发展过程的总量。

(2) 数列中各个指标数值的大小与所属时期的长短有直接关系。一般来说，时期越长，指标数值越大；反之，就越小。

(3) 数列中各个指标数值通常是通过连续不断的登记而取得的。

2. 时点数列

在绝对数动态数列中,由时点指标形成的反映现象在某一时点上所达到的数量水平和状态的数列,称为时点数列。如表 5-1 中所列的我国 1998~2003 年全国年末人口数就是时点数列。时点数列的特点是:

(1) 数列中各个指标数值是不能相加的,即相加后没有实际意义。由于时点数列中每个指标的数值都是表明现象在某一时点(瞬间)上的数量,相加后的数值不能作为任何时点的指标。

(2) 数列中各个指标数值的大小与时间间隔长短没有直接的关系。由于时点数列各个指标数值只表明现象某一时点上的数量,年末数值可能大于某个月末数值,也可能小于或等于月末数值。

(3) 数列中各个指标数值通常是间隔一定时期登记一次而取得的。

(二) 相对数动态数列

把一系列同类的相对指标数值按时间先后顺序排列而形成的动态数列称为相对数动态数列。它可以用来说明社会经济现象间相互联系的发展变化情况。表 5-1 中所列第三产业增加值占国内生产总值的比重就是一个相对数动态数列。在相对数动态数列中,各个指标数值是不能相加的。

(三) 平均数动态数列

把一系列同类的平均指标数值按时间先后顺序排列而形成的动态数列称为平均数动态数列。它可以用来说明社会经济现象在不同时期的一般水平的发展变化情况。表 5-1 所列全国职工年平均工资就是一个平均数动态数列。在平均数动态数列中,各个指标数值一般也是不能相加的。

为了对社会经济现象发展过程进行全面分析,在实际工作中可把上述各类动态数列结合起来运用。

三、动态数列的编制原则

编制动态数列的目的是通过同一指标不同时间的数值对比来反映社会经济现象的发展过程及其规律性。因此,保证动态数列中各指标的可比性,是编制动态数列应遵循的基本原则,具体包括:

(一) 时期长短应该相等

在时期数列中,由于时期数列的指标数值具有可加性,所以指标数值的大小与时期长短直接有关。因此,时期数列中各指标间的时间长短应该相等,这样才能保证数列中各指标数值的可比性。

但是,上述原则在应用时也不能绝对化,有时为了特殊的研究目的,也可将时期长度不等的指标编成动态数列,如表 5-2 所示。

表 5-2

我国不同历史时期的钢产量

时 期	1900～1949 年	1953～1957 年	1981～1985 年	1998～2002 年
钢产量(万吨)	776	1 667	20 304	70 235

从表 5-2 资料可以看到,我国第一个五年计划时期的钢产量超过旧中国 50 年钢产量的 1 倍以上,1998～2002 年 5 年钢产量比改革开放初期 1981～1985 年增长了 2.5 倍。

在时点数列中,因为指标只反映一定时点的状况,其数值大小与时间间隔的长短并无直接关系,所以各指标数值间的间隔是否相等,可以视实际情况和需要而定。

需要指出的是,不论是时期数列还是时点数列,如果时间间隔相等,可以使指标在时间分布上更均匀,现象的基本发展趋势会更加明显,更便于对比分析。

(二)总体范围应该一致

时间数列中各个指标数值应是反映同一总体内某一标志值的变化,各项指标所包括的总体范围应前后一致,才能保证资料间具有可比性。如果总体范围有了变化,则指标数值须经过调整,使前后时间的数值能够进行比较。例如,在研究某地区经济发展情况时,如果该地区的行政区划有了变动,则变动前后指标数值就不能直接对比,必须将资料作适当调整,以求总体范围的统一。

(三)经济内容应该相同

在时间数列中各个指标的经济内容应该一致,以保证它们的同质性。指标的内容和涵义不同,不能混合编制成一个动态数列。例如,国内生产总值与工农业生产总值两个指标的内涵与外延均有区别,不能混合在一起编制动态数列。

(四)计算口径应该一致

指标的计算口径,主要是指计算方法、计算价格、计量单位等,在时间数列计算中必须保持计算口径的一致。如指标计算口径前后不一致,则难以进行比较。例如,我们在研究企业的劳动生产率变动时,产量用实物量还是价值量,人数用全部职工数还是用生产工人数,前后要统一。再如,进行不同时期工业增加值对比时,就应注意价格水平的变化。价格标准不同,就不能从指标的对比中正确反映工业生产的实际变化程度。要注意将计算口径调整一致后,再编制动态数列。

第二节 动态发展水平指标

在研究社会经济现象的发展趋势和变化规律时,我们常常需要面对两类问题:一类问题是在一个特定的时点或时期,现象的状态和一段时间内的平均状态如何,这类问题就是动态数列所研究的发展水平和平均发展水平问题;另一类问题是在两个特定时点内现象状态的变化快慢,以及一段时间内现象状态变化的平均快慢程度如何,这类问题就是动态数列所研究的发展速度和平均发展速度问题。因此,动态数列的分析指标主要有两类:水平指标和速度指标。本节介绍的是发展水平指标,它是用来分析现象在某一时期或时点上的发展变化情况,包括发展水平、平均发展水平、增长量与平均增长量四种。

一、发展水平

动态数列中各项指标的具体数值称为发展水平或动态数列水平。它反映社会经济现象在不同时期或时点上所达到的规模总量或总体水平,是计算其他动态分析指标的基础。发展水平一般是指总量指标,如国内生产总值、财政收入等;也可以是相对指标,如失业率、文盲率、废品率等;还可以是平均指标,如平均工资、工人劳动生产率等。表5-3为我国原煤产量的动态数列。

表 5-3

我国原煤产量

单位:亿吨

年　份	1998	1999	2000	2001	2002	2003
原煤产量	12.50	10.45	9.98	11.61	13.80	16.67

资料来源:《中国统计年鉴(2004)》,北京:中国统计出版社。

在研究动态数列的发展水平时,通常可以用 $a_1, a_2, \cdots, a_{n-1}, a_n$ 表示现象在不同时期或时点的状态,每一项 a_i 都为发展水平。为了对比分析的需要,通常根据各发展水平在动态数列中所处的地位和作用,将其分为:

(1) 最初水平:动态数列中第一项指标数值,用 a_1 表示,如表5-3中的数值12.50亿吨;

(2) 最末水平:动态数列中最后一项指标数值,用 a_n 表示,如表5-3中的数值16.67亿吨;

(3) 报告期水平:考察研究那一时期指标数值;

(4) 基期水平:用来进行比较的基础时期的指标数值。

二、平均发展水平

将不同时期的发展水平加以平均而得到的平均数称为平均发展水平,也可以称为序时平均数或动态平均数。

序时平均数与第四章所讲的一般平均数都是用来反映现象的一般水平,但是有着明显的区别,主要表现在:

(1) 平均发展水平是同一现象在不同时间上发展水平的平均,从动态上说明其在某一段时间内发展的一般水平,是根据动态数列来计算的。而一般平均数是同质总体内同一时间各单位标志值的平均,从静态上说明其在具体条件下的一般水平,是根据变量数列来计算的。

(2) 平均发展水平是对同一现象不同时间上的数值差异的抽象化,而一般平均数是对同一时间总体各单位某一数量标志值差异的抽象化。前者是对指标数值的平均,而后者是对某一数量标志值的平均。

序时平均数可依据绝对数动态数列来计算,也可根据相对数动态数列或平均数动态数列来计算。从计算方法上看,根据绝对数动态数列序时平均数的计算方法是最基本的方法。

(一) 绝对数动态数列序时平均数的计算

由于绝对数动态数列分为时期数列和时点数列,它们具有不同的特点,因而计算序时平均数的方法也不同。

1. 时期数列

由于数列中各项指标数值相加等于全部时期的总量,因此,可直接将数列中各时期指标数值之和除以时期项数,得到序时平均数,其计算公式为:

$$\bar{a} = \frac{\sum_{i=1}^{n} a_i}{n} = \frac{a_1 + a_2 + \cdots + a_{n-1} + a_n}{n}$$

式中,$\bar{a}$ 为序时平均数;$a_1, a_2, \cdots, a_{n-1}, a_n$ 为各期的发展水平;n 为时期数列的项数。

【例 5-1】 上海市 1999~2003 年外贸出口资料如表 5-4 所示。

表 5-4

上海口岸出口商品总额

单位:亿美元

年 份	1999	2000	2001	2002	2003
出口总额	443	616	680	818	1 123

资料来源:《上海统计年鉴(2004)》,中国统计出版社。

根据表 5-4 的数据,计算上海市 1999~2003 年外贸出口商品平均总额为:

$$\bar{a} = \frac{\sum a}{n} = \frac{443 + 616 + 680 + 818 + 1\,123}{5} = 736 (亿美元)$$

2. 时点数列

由于不可能连续地登记现象发展过程中每一时点上的数值,时点数列的序时平均数只能根据间隔一段时间登记一次的时点资料来进行计算。

时点数列按掌握的资料不同,可分为连续时点数列和间断时点数列:按日登记的时点资料组成的时点数列,统计上称为连续时点数列;而按月初、月末、年初、年末登记的时点资料组成的时点数列,统计上称为间断时点数列。同时,按各项资料登记的时间间隔是否相等又可分为间隔相等和间隔不等两种类型。因此时点数列序时平均数的计算分为四种情况。

(1) 间隔相等的连续时点数列。间隔相等的连续时点数列计算序时平均数,只需采用简单算术平均法,其计算公式为:

$$\bar{a}=\frac{\sum a}{n}$$

【例 5-2】 某企业 4 月份职工人数资料如表 5-5 所示。

表 5-5

某企业 4 月份职工人数资料

时间	4月1日	4月6日	4月11日	4月16日	4月21日	4月26日
职工人数(人)	500	502	505	502	505	515

据表 5-5 资料,计算该企业 4 月份职工平均人数为(人数采用向上取整法):

$$\bar{a}=\frac{500+502+505+502+505+515}{6}=505(人)$$

(2) 间隔不等的连续时点数列。间隔不等的连续时点数列计算序时平均数,应采用以时间间隔为权数的加权算术平均法,其计算公式为:

$$\bar{a}=\frac{\sum af}{\sum f}$$

式中,f 代表时间间隔。

【例 5-3】 某企业 6 月 1 日有职工 500 人,6 月 8 日新进 10 人,6 月 20 日新进 5 人,6 月 27 日调离 8 人。

则:企业 6 月份职工平均人数为:

$$\bar{a}=\frac{500\times7+(500+10)\times12+(500+10+5)\times7+(500+10+5-8)\times4}{7+12+7+4}$$

$$=508(人)$$

(3) 间隔相等的间断时点数列。间隔相等的间断时点数列计算序时平均数的公式为:

$$\bar{a}=\frac{\frac{a_1+a_2}{2}+\frac{a_2+a_3}{2}+\cdots+\frac{a_{n-1}+a_n}{2}}{n-1}$$

整理后,即为:

$$\bar{a} = \frac{\frac{a_1}{2} + a_2 + a_3 + \cdots + a_{n-1} + \frac{a_n}{2}}{n-1}$$

上式称为"首尾折半取平均法",利用这种计算方法计算的序时平均数具有一定的假定性,即假定现象在相邻两时点之间的发展变动是均匀的。因为社会现象经常不断地变化着,要随时登记其变动情况有困难,往往是每隔一定时间登记一次。以相邻两时点上数值的平均值代表该时段的平均水平,然后对各时段的平均水平再进行简单算术平均,得到整个数列的序时平均数。

【例 5-4】 某企业第二季度原材料库存资料如表 5-6 所示。

表 5-6

某企业第二季度原材料库存统计表

单位:万元

时　　间	4月1日	5月1日	6月1日	7月1日
库存额	365	387	402	373

根据表 5-6 的资料,计算该企业第二季度原材料库存额为:

$$\bar{a} = \frac{\frac{365}{2} + 387 + 402 + \frac{373}{2}}{4-1} = 386(万元)$$

在[例 5-4]的计算中,$\frac{365+387}{2}$ 为 4 月份的平均库存额,同理,$\frac{387+402}{2}$、$\frac{402+373}{2}$ 分别为 5、6 月份的平均库存额。

(4)间隔不等的间断时点数列。间隔不等的间断时点数列序时平均数的计算公式为:

$$\bar{a} = \frac{\frac{a_1+a_2}{2} \cdot f_1 + \frac{a_2+a_3}{2} \cdot f_2 + \cdots + \frac{a_{n-1}+a_n}{2} \cdot f_{n-1}}{f_1 + f_2 + \cdots + f_{n-1}}$$

式中,$f_i(i=1,2,3,\cdots,n-1)$ 代表各相邻两时点的间隔长度。

时点数列序时平均数的计算法是以相邻两时点的平均值代表该时段的平均水平,然后以相应的时间间隔长度为权数,用加权算术平均法计算序时平均数。

【例 5-5】 某街道 2004 年个体商业户资料如表 5-7 所示。

表 5-7

某街道 2004 年个体商业户统计表

时　　间	1月1日	4月1日	8月1日	10月1日	12月31日
个体商业户(户)	1 340	1 386	1 422	1 420	1 436

根据表 5-7 资料,计算该街道 2004 年平均个体商业户数为:

$$\bar{a} = \frac{\frac{1\ 340+1\ 386}{2}\times 3 + \frac{1\ 386+1\ 422}{2}\times 4 + \frac{1\ 422+1\ 420}{2}\times 2 + \frac{1\ 420+1\ 436}{2}\times 3}{3+4+2+3}$$

$$= 1\ 395(户)$$

这种方法计算的序时平均数,是假定被研究现象在相邻两个时点之间的变动是均匀的,所计算的结果是一个近似值。而且,时间间隔越大,其假设性越大、准确程度越差。

(二)相对数或平均数动态数列序时平均数的计算

由于相对指标或平均指标是由互相有联系的两个总量指标对比而得到的,因此,由相对数或平均数动态数列计算序时平均数,只要按计算绝对数动态数列的序时平均数的方法,分别求出这两个总量指标动态数列的序时平均数,然后进行对比,就可以求得相对数或平均数动态数列的序时平均数。其计算公式为:

$$\bar{c} = \frac{\bar{a}}{\bar{b}}$$

式中,$\bar{c}$ 表示相对数或平均数动态数列的序时平均数;$\bar{a}$ 表示分子的绝对数动态数列的序时平均数;$\bar{b}$ 表示分母的绝对数动态数列的序时平均数。

根据这个公式计算相对数动态数列序时平均数时,应当分清分子、分母的数列是时期数列还是时点数列;间隔期相等还是不相等,然后根据不同情况运用不同方法进行计算。具体计算分以下三种情况:

1. 根据两个时期数列对比而成的相对数或平均数动态数列计算序时平均数

在此情况下,应先分别求出分子、分母两个时期数列的序时平均数,然后对比求得相对数或平均数动态数列的序时平均数,其计算公式为:

$$\bar{c} = \frac{\bar{a}}{\bar{b}} = \frac{\sum a/n}{\sum b/n} = \frac{\sum a}{\sum b}$$

【例 5-6】 某企业 4~6 月份生产计划完成情况如表 5-8 所示,现要求计算其第二季度的月平均生产计划完成程度。

表 5-8

某企业 4~6 月份生产计划完成情况

月 份	4 月	5 月	6 月
实际产量(吨)(a)	1 080	1 126	1 364
计划产量(吨)(b)	1 000	1 100	1 200
产量计划完成数(%)(c)	108.0	102.4	113.7

根据表 5-8 中资料,计算企业第二季度月平均生产计划完成程度,计划完成程度动态数列是相对数动态数列,它由实际销售额与计划销售额对比而来。由于其分子、分母数列均为时期数列,因此该企业第二季度月平均生产计划完成程度为:

$$\bar{c} = \frac{1\,080 + 1\,126 + 1\,364}{1\,000 + 1\,100 + 1\,200} \times 100\% = \frac{3\,570}{3\,300} \times 100\% = 108.2\%$$

2. 根据两个时点数列对比而成的相对数或平均数动态数列计算序时平均数

时点数列序时平均数的计算公式有四种,实际工作中常见的是间隔相等的间断时点数列,其对比形成的相对数或平均数动态数列的序时平均数计算公式为:

$$\bar{c} = \frac{\bar{a}}{\bar{b}} = \frac{\left(\frac{a_1}{2} + a_2 + a_3 + \cdots + a_{n-1} + \frac{a_n}{2}\right) \div (n-1)}{\left(\frac{b_1}{2} + b_2 + b_3 + \cdots + b_{n-1} + \frac{b_n}{2}\right) \div (n-1)}$$

经整理,简化为:

$$\bar{c} = \frac{\frac{a_1}{2} + a_2 + a_3 + \cdots + a_{n-1} + \frac{a_n}{2}}{\frac{b_1}{2} + b_2 + b_3 + \cdots + b_{n-1} + \frac{b_n}{2}}$$

【例 5-7】 某企业某年第三季度各月末职工资料如表 5-9 所示,试计算该企业第三季度生产工人占全部职工的平均比重。

表 5-9

某企业某年第三季度各月末职工人数统计表

时间	6月30日	7月31日	8月31日	9月30日
生产工人数(人)(a)	725	754	760	780
全体职工人数(人)(b)	860	863	865	868
生产工人占全体职工比重(%)(c)	84.3	87.4	87.9	89.9

由于比重是结构相对数,比重动态数列是结构相对数动态数列。因此要通过分子、分母两个间隔相等的间断时点数列的序时平均数对比来求得其序时平均数。故该企业第三季度生产工人占全部职工的平均比重为:

$$\bar{c} = \frac{\left(\frac{725}{2} + 754 + 760 + \frac{780}{2}\right) \div (4-1)}{\left(\frac{860}{2} + 863 + 865 + \frac{868}{2}\right) \div (4-1)} \times 100\% = 87.4\%$$

3. 根据一个时期数列和一个时点数列对比而成的相对数或平均数动态数列序时平均数的计算

这时计算应根据分子、分母的动态数列中哪个是时期数列、哪个是时点数列以及间隔是否相等而定。但基本方法仍是先求构成动态数列的分子数列和分母数列的序时平均数,然后将两个序时平均数对比,即可求得平均数或相对数动态数列的序时平均数。

但应注意的是,时期数列要用时期数列计算序时平均数的方法,时点数列要用时点数列计算序时平均数的方法计算。

【例 5-8】 某商场某年第四季度商品销售、库存和商品流转次数资料如表 5-10 所示,试计算该商场第四季度商品流转次数的序时平均数。

表 5-10

某商场某年第四季度商品流转统计表

月 份	9月	10月	11月	12月
商品销售额(万元)	—	2 800	3 080	3 466
月末库存额(万元)	981	1 173	1 393	1 175
商品流转次数(次)	—	2.6	2.4	2.7

商品流转次数是强度相对指标,是商品销售额除以同期平均商品库存额的结果。对这个相对数动态数列序时平均数的计算,分子数列是时期数列,分母数列是间隔相等的间断时点数列,其计算式为:

$$\bar{c}=\frac{\bar{a}}{\bar{b}}=\frac{(a_1+a_2+\cdots+a_{n-1}+a_n)\div n}{\left(\dfrac{b_1}{2}+b_2+\cdots+b_{n'-1}+\dfrac{b_{n'}}{2}\right)\div(n'-1)}$$

式中,n 为时期数列的时期项数,n' 为时点数列的时点项数。

因此,该商场该年第四季度月平均商品流转次数为:

$$\bar{c}=\frac{(2\,800+3\,080+3\,566)\div 3}{\left(\dfrac{981}{2}+1\,173+1\,393+\dfrac{1\,175}{2}\right)\div(4-1)}=2.56(次)$$

三、增长量和平均增长量

(一)增长量

增长量是说明社会经济现象在一定时期内增长的绝对数量。它是报告期水平与基期水平之差,反映报告期比基期增长(或减少)的数量。其计算公式为:

增长量=报告期水平-基期水平

由于采用的基期不同,增长量可以分为逐期增长量和累计增长量。逐期增长量是报告期水平与其前一期水平之差,表明本期比上一期增长的绝对数量;累计增长量是报告期水平与某一固定基期水平之差,表明本期比某一固定基期增长的绝对数量,也即说明在某一段较长时期内总的增长量。若以年作为计量单位时,前者称为"年增长",后者称为"总增长"。当报告期水平小于基期水平,增长量为负值,即负增长。

若动态数列表示为 $a_0, a_1, a_2, \cdots, a_{n-1}, a_n$,则两种增长量表示如下:

逐期增长量: $a_1-a_0, a_2-a_1, a_3-a_2, \cdots, a_n-a_{n-1}$

累计增长量: $a_1-a_0, a_2-a_0, a_3-a_0, \cdots, a_n-a_0$

逐期增长量与累计增长量的关系是:

(1) 逐期增长量之和等于相应的累计增长量,即:

$$(a_1-a_0)+(a_2-a_1)+\cdots+(a_n-a_{n-1})=a_n-a_0$$

(2) 相邻两期累计增长量之差等于相应的逐期增长量,即:

$$(a_n-a_0)-(a_{n-1}-a_0)=a_n-a_{n-1}$$

表 5-11 是我国 1998~2003 年汽车产量的资料及增长量的计算。

表 5-11

我国 1998~2003 年汽车产量表

年 份	产 量（万辆）	增长量(万辆)		发展速度(%)		增长速度(%)		增长1%的绝对值
		逐 期	累 计	环 比	定 基	环 比	定 基	
1998	163	—	—	—	100	—	—	—
1999	183	20	20	112.3	112.3	12.3	12.3	1.63
2000	207	24	44	113.1	127.0	13.1	27.0	1.83
2001	234	27	71	113.0	143.6	13.0	43.6	2.07
2002	325	91	162	138.9	199.4	38.9	99.4	2.34
2003	444	119	281	136.6	272.4	36.6	172.4	3.25

从表 5-11 中,也能发现逐期增长量和累计增长量的关系:

$$20+24+27+91+119=281(万辆)$$
$$20+24+27=71(万辆)$$
$$281-162=119(万辆)$$
$$162-71=91(万辆)$$

在实际工作中,常计算年距增长量指标,它是报告期水平与上年同期水平之差,其计算公式为:

$$年距增长量 = 报告期发展水平 - 上年同期发展水平$$

计算年距增长量可以消除季节变动的影响,表明报告期水平比上年同期水平增加(或减少)的绝对数量。

【例 5-9】 某企业 2004 年第一季度利润总额为 3 600 万元,2003 年第一季度利润总额为 3 150 万元,则:

$$年距增长量 = 3\,600 - 3\,150 = 450(万元)$$

这表明,2004 年第一季度利润总额比去年同期增加 450 万元。

(二)平均增长量

用来说明社会经济现象在一段时间内平均增长(或减少)的数量就是平均增长量。从广义来说,它也是一种序时平均数,是逐期增长量动态数列的序时平均数。其计算公式为:

$$平均增长量(\overline{\Delta}) = \frac{逐期增长量之和}{逐期增长量个数} = \frac{累计增长量}{动态数列项数 - 1}$$

以表 5-11 的资料为例,1999~2003 年五年的平均增长量为:

$$平均增长量 = \frac{20 + 24 + 27 + 91 + 119}{5} = \frac{444 - 163}{6 - 1} = 56.2(万辆)$$

用这种方法计算的平均增长量称为水平法平均增长量。它能保证以基期水平 a_0 为基础,每期按平均增长量增长,n 期之后计算的理论水平与 n 期的实际水平完全相等。但是,水平法平均增长量只与最末水平(a_n)和最初水平(a_0)有关,而同中间各期水平无关。因此,用它所计算的平均增长量来推算各期水平,与实际水平可能有很大的差别。

平均增长量也可以用总和法计算,用平均增长量来推算的各期理论水平之和等于各期实际水平之和。可以利用 $(a_0 + \overline{\Delta}) + (a_0 + 2\overline{\Delta}) + \cdots + (a_0 + n\overline{\Delta}) = \sum a$,推导得到总和法的计算公式为:

$$平均增长量(\overline{\Delta}) = \frac{2(\sum a - na_0)}{n(n+1)}$$

以表 5-11 的资料为例,以总和法计算 1999~2003 年五年的平均增长量为:

$$平均增长量(\overline{\Delta}) = \frac{2 \times (183 + 207 + 234 + 325 + 444 - 5 \times 163)}{5 \times (5+1)} = 38.5(万辆)$$

表 5-12 是根据水平法与总和法所计算得到的平均增长量,反推得到的各期理论水平。可以看出,按水平法反推得到的最末期水平和实际的数值是一致的,但 1999~2003 年的总产量与实际相去甚远;而按总和法计算得到的最末期水平和实际的数值是不同的,但 1999~2003 年的总产量与实际一致(表中误差是由于计算时四舍五入产生的)。

表 5-12

水平法与总和法计算结果对比

单位：万辆

年　　份	1998	1999	2000	2001	2002	2003	1999～2003 合　　计
汽车实际产量	163	183	207	234	325	444	1 393
按水平法计算	—	219.2	275.4	331.6	387.8	444	1 658
按总和法计算	—	201.5	240	278.5	317	355.5	1 392.5

在实际工作中，用哪种方法来计算平均增长量，要根据具体情况来选择。

第三节　动态发展速度指标

动态发展速度指标是相对指标，它们是在发展水平指标基础上加工整理得来的，用以分析发展水平变化的快慢程度，是统计中广泛应用的动态分析指标。

动态分析中的速度指标主要有发展速度、平均发展速度、增长速度、平均增长速度和增长 1‰的绝对值五种。

一、发展速度与增长速度

（一）发展速度

发展速度是反映社会经济现象发展变化快慢程度的动态相对指标。它由两个不同时期发展水平对比求得的，一般用百分数（或倍数）表示。其计算公式为：

$$发展速度 = \frac{报告期水平}{基期水平} \times 100\%$$

由于采用的基期不同，发展速度可分为环比发展速度和定基发展速度。环比发展速度以报告期水平与其前一期水平之比求得，用来说明报告期水平相对于其前一期水平发展的百分比（或多少倍），表明现象逐期发展变化的程度。如以年作为计算单位，也称"年速度"。定基发展速度是以报告期水平与某一固定的基期水平之比求得，用来说明报告期水平发展到了固定基期水平的百分比（或多少倍），表明现象在较长时期内总的发展速度，有时也称"总速度"。

两种发展速度可表示为：

环比发展速度：$\frac{a_1}{a_0}, \frac{a_2}{a_1}, \frac{a_3}{a_2}, \cdots, \frac{a_n}{a_{n-1}}$

定基发展速度：$\frac{a_1}{a_0}, \frac{a_2}{a_0}, \frac{a_3}{a_0}, \cdots, \frac{a_n}{a_0}$

两种发展速度的计算如表 5-11 所示。

定基发展速度与环比发展速度之间的关系是：

(1) 定基发展速度等于相应的环比发展速度的连乘积，即：

$$\frac{a_n}{a_0} = \frac{a_1}{a_0} \times \frac{a_2}{a_1} \times \frac{a_3}{a_2} \times \cdots \times \frac{a_n}{a_{n-1}}$$

(2) 两个相邻时期的定基发展速度之商，等于相应的环比发展速度，即：

$$\frac{a_n}{a_0} \div \frac{a_{n-1}}{a_0} = \frac{a_n}{a_{n-1}}$$

利用以上两项关系，可以进行相互推算。以表 5-11 的资料为例，表中两种发展速度的关系是：

$272.4\% = 112.3\% \times 113.1\% \times 113.0\% \times 138.9\% \times 136.6\%$

$127.0\% = 112.3\% \times 113.1\%$

$272.4\% \div 199.4\% = 136.6\%$

$143.6\% \div 127.0\% = 113.0\%$

在实际工作中，还常常计算一种年距发展速度指标。它是报告期发展水平与上年同期发展水平之比，其计算公式为：

$$年距发展速度 = \frac{报告期发展水平}{上年同期发展水平} \times 100\%$$

计算年距发展速度，可以消除季节变动的影响，表明本期比上年同期的相对发展程度。

【例 5-10】 某钢厂 2004 年第一季度钢产量为 450 万吨，2003 年第一季度钢产量为 390 万吨，则：

$$年距发展速度 = \frac{450}{390} \times 100\% = 115\%$$

计算表明，2004 年第一季度钢产量已达到上年同期产量水平的 115%。

(二) 增长速度

增长速度是反映社会经济现象增长程度的动态相对指标，它是增长量与基期水平对比求得。一般用百分数(或倍数)表示。其计算公式为：

$$增长速度 = \frac{增长量}{基期水平} \times 100\%$$

增长速度与发展速度的关系是：

$$增长速度 = 发展速度 - 1(或 100\%)$$

增长速度由于采用的基期不同，也可分为环比增长速度和定基增长速度两种。环比增长速度是逐期增长量与前一期发展水平之比，表明社会经济现象相对前一期的增长程度。定基增长速度是累计增长量与某一固定基期水平之比，表明社会经济现象在较长时期内的增长程度。

应该注意的是，定基增长速度与环比增长速度不能直接换算。若要换算，须将增长速度转换为发展速度。

$$定基增长速度 = \frac{累计增长量}{固定基期水平} = 定基发展速度 - 1(或100\%)$$

$$环比增长速度 = \frac{逐期增长量}{前一期水平} = 环比发展速度 - 1(或100\%)$$

两种增长速度的计算如表 5-11 所示。

【例 5-11】 假设连续四年的环比增长速度为 3.1%、4.4%、5.3%、6.9%，试计算定基增长速度。

$$定基增长速度 = [(1+3.1\%) \times (1+4.4\%) \times (1+5.3\%) \times (1+6.9\%)] - 1(或100\%)$$
$$= 21.2\%$$

很显然，当报告期水平大于基期水平时，增长量>0，发展速度>100%，增长速度>0，现象为正增长；当报告期水平小于基期水平时，增长量<0，发展速度<100%，增长速度<0，为负增长。

在实际工作中，有时也计算年距增长速度，表明年距增长量与上年同期发展水平对比得到的相对增长速度。其计算公式为：

$$年距增长速度 = \frac{年距增长量}{上年同期发展水平} = 年距发展速度 - 1(100\%)$$

(三) 增长 1% 的绝对值

发展水平和增长量是绝对数，说明现象发展所达到的和所增长的绝对数量；而发展速度和增长速度是相对数，说明现象发展和增长的程度，把现象之间的差异抽象化了，在一定程度上掩盖了发展水平的差异。

因此，低水平基础上的增长速度与高水平基础上的增长速度是不可比的，而环比增长速度具有不同的经济意义。由此可知，在动态分析时，不仅要看各期增长的百分数，还要看每增长 1% 所包含的绝对值，这是一个由相对数和绝对数相结合运用的指标。

增长 1% 的绝对值的计算公式为：

$$增长1\%的绝对值 = \frac{a_n - a_{n-1}}{\left(\frac{a_n}{a_{n-1}} - 1\right) \times 100} = \frac{a_n - a_{n-1}}{\frac{a_n - a_{n-1}}{a_{n-1}} \times 100} = \frac{a_{n-1}}{100}$$

可以发现，每增长 1% 的绝对值是前一期水平的 1%。通常，基期水平越高，则发展速度提高 1% 所包含的增长量越大；反之，则越小。增长 1% 的绝对值的计算如表 5-11 所示。

二、平均发展速度和平均增长速度

平均发展速度是动态数列中各期环比发展速度或各期定基发展速度中的环比发展速

度的序时平均数,它说明在一定时期内发展速度的一般水平。通常,平均发展速度的计算方法有几何平均法和方程法两种。

(一) 几何平均法

几何平均法,又称水平法。平均发展速度是各期环比发展速度的序时平均数,而总速度等于各期环比发展速度的连乘积,所以不能应用算术平均数,而要用几何平均数,其计算公式为:

$$\bar{x}=\sqrt[n]{x_1 \cdot x_2 \cdot x_3 \cdot \cdots \cdot x_n}=\sqrt[n]{\prod x}$$

式中,$\bar{x}$ 表示平均发展速度;x_i 表示各个环比发展速度;n 表示环比发展速度的项数,$\prod$ 表示连乘符号。

由于各个环比发展速度的连乘积等于定基发展速度,因此上式计算可表示为三个算式:

$$\bar{x}=\sqrt[n]{\frac{a_1}{a_0} \times \frac{a_2}{a_1} \times \cdots \times \frac{a_n}{a_{n-1}}} \tag{1}$$

$$=\sqrt[n]{\frac{a_n}{a_0}} \tag{2}$$

$$=\sqrt[n]{R} \tag{3}$$

根据所掌握资料的不同,可以选择上述不同的计算式。如已知各期的环比发展速度,可用(1)式;如掌握最末期水平 a_n 和最初期水平 a_0,可用(2)式;如已知定基发展速度,则应用(3)式;三个计算式的计算结果是相同的。

仍采用表 5-11 资料,计算如下:

$$平均发展速度 = \sqrt[5]{112.3\% \times 113.1\% \times 113.0\% \times 138.9\% \times 136.6\%}$$

$$= \sqrt[5]{\frac{444}{163}}$$

$$= \sqrt[5]{272.4\%} = 122.2\%$$

上述计算可直接用电子计算器开 n 次方根计算。

(二) 方程法

方程法,又称累计法,是将间隔期内各年发展水平相加的总和与基期对比,先计算出总发展速度,然后再求其平均发展速度。方程法是对所列方程求解而求得平均发展速度。

设 $\bar{x}$ 为平均发展速度,按平均发展速度计算的各期水平的假定值为:

$$a_1 = a_0 \cdot \bar{x}$$
$$a_2 = a_0 \cdot \bar{x} \cdot \bar{x} = a_0 \cdot \bar{x}^2$$
$$a_3 = a_0 \cdot \bar{x} \cdot \bar{x} \cdot \bar{x} = a_0 \cdot \bar{x}^3$$
$$\vdots$$
$$a_n = a_0 \cdot \bar{x} \cdot \bar{x} \cdot \cdots \cdot \bar{x} = a_0 \cdot \bar{x}^n$$

方程法的实质是要求根据 $\bar{x}$ 计算所达到的各年发展水平的总和与各年实际达到的水平总和相一致,即:

$$a_0\bar{x}+a_0\bar{x}^2+a_0\bar{x}^3+\cdots+a_0\bar{x}^{n-1}+a_0\bar{x}^n=a_1+a_2+a_3+\cdots+a_{n-1}+a_n$$

$$a_0(\bar{x}+\bar{x}^2+\bar{x}^3+\cdots+\bar{x}^{n-1}+\bar{x}^n)=\sum a_i \quad (i=1,2,3,\cdots,n)$$

$$\bar{x}^n+\bar{x}^{n-1}+\cdots+\bar{x}^3+\bar{x}^2+\bar{x}=\frac{\sum a_i}{a_0} \quad (i=1,2,3,\cdots,n)$$

解此方程所得的正根就是平均发展速度。以方程法求平均发展速度,在实际工作中可以通过查《平均速度查对表》来求得。

【例 5-12】 某企业 1999～2004 年的净利润总额如表 5-13 所示。试根据表中的资料,求其平均发展速度。

表 5-13

某企业 1999～2004 年的净利润总额

单位:万元

年　份	净 利 润 总 额
1999	1 074.17
2000	1 176.11
2001	1 343.10
2002	1 574.31
2003	1 551.74
2004	1 702.60

计算分三步进行:

第一步,计算判断增长速度的方向。

当 $\dfrac{a_1+a_2+\cdots+a_n}{n}>a_0$ 时,现象发展方向为递增型;

当 $\dfrac{a_1+a_2+\cdots+a_n}{n}<a_0$ 时,现象发展方向为递减型。

[例 5-12]中:

$$\frac{a_1+a_2+\cdots+a_n}{n}=\frac{1\,176.11+1\,343.10+1\,574.31+1\,551.74+1\,702.60}{5}$$

$$=1\,469.57(万元)>1\,074.17(万元)$$

因此,该企业 1999～2004 年的净利润为递增型的。

第二步,计算总发展速度。

$$\frac{a_1+a_2+\cdots+a_n}{a_0}\times 100\%=\frac{7\,347.86}{1\,074.17}\times 100\%=684.05\%$$

第三步,查表。

表 5-14 为累计法查对表(部分):

表 5-14

累计法查对表(间隔期 1~5 年)

平均每年增长(%)	各年发展水平总为基期的%				
	第 1 年	第 2 年	第 3 年	第 4 年	第 5 年
⋮	⋮	⋮	⋮	⋮	⋮
10.6	110.60	232.92	368.21	517.84	683.34
10.7	110.70	233.24	368.90	519.07	685.32
10.8	110.80	233.57	369.59	520.31	687.30
10.9	110.90	233.89	370.28	521.54	689.29
11.0	111.00	234.21	370.97	522.78	691.29
⋮	⋮	⋮	⋮	⋮	⋮

在累计法查对表中,$n=5$ 的栏内找到接近 684.05% 的数字是 683.34%,再查到该数所在行左边第一栏内百分数为 10.60%,即为所求的平均发展速度。以上计算为近似数,如要求精确数,可用插值法计算。

(三) 几何平均法和方程法的比较

几何平均法和方程法是两种不同特点的计算方法:

(1) 从计算目的和结果来看,几何平均法侧重于考察最末一期的发展水平,按所确定的平均发展速度,使最末一期的发展水平等于其实际水平,且最末一年的定基发展速度也和实际的定基发展速度相近似;而方程法侧重于考察全期发展水平总和等于全期实际水平,且各年定基发展速度的总和等于实际的各年定基发展速度总和。

(2) 从计算过程看,几何平均法不反映中间各期水平的变化,平均速度大小、方向取决于最末期水平和最初期水平的比值;而方程法考虑了中间各期水平的变化,平均发展速度大小、方向取决于整个阶段各水平之和与基期水平的比值。

(3) 从计算条件看,几何平均法求得的平均发展速度是各期环比发展速度的平均数,它掩盖了某一段时期内各个环比发展速度的数量差异,因此各个环比发展速度必须是同增或同减,如果是有增有减则计算的平均发展速度就失去实际意义;方程法计算的平均发展速度掩盖了各期发展水平的数量差异,当各期发展水平相差悬殊,同样也失去现实意义。

(4) 从计算范围看，几何平均法可用于时期数列和时点数列的计算；而方程法只能用于时期数列的计算。

对于工资总额、人口增长等着重考察最末一期所达到的水平，用几何平均法计算为佳；而固定资产投资额、基本建设投资额、学生毕业人数等着重考察全期计划完成情况的，用方程法计算为宜。

方程法保证了各期累计总量符合实际要求；而几何平均法保证了最末期发展水平符合实际情况。因此，在实际工作中，应根据两种方法的各自特点，结合社会经济现象的性质，正确选用。

(四) 平均增长速度

平均增长速度是指现象在各个时期的环比增长速度的平均数，是用来说明某类现象在一段较长时间内逐期平均增长速度的一般水平。因为平均增长速度并不等于全期各环比增长速度的连乘积，故它不能根据各环比增长速度进行直接计算，但可以利用平均发展速度减1(或100%)进行间接计算。其计算公式为：

$$\text{平均增长速度} = \text{平均发展速度} - 1$$

$$\text{平均增长速度} = \Delta \bar{x} = \sqrt[n]{x_1 \cdot x_2 \cdot x_3 \cdots x_n} - 1 = \sqrt[n]{\frac{a_n}{a_0}} - 1 (\text{或} 100\%)$$

其计算结果若为正值，表明被研究现象在一段时间内逐期递增的程度；若计算结果为负值，则表明其在一段时间内逐期递减的程度。

仍采用表5-11资料，计算公式为：

$$\text{平均增长速度} = \text{平均发展速度} - 1 = 122.2\% - 1 = 22.2\%$$

公式 $\Delta \bar{x} = \sqrt[n]{\frac{a_n}{a_0}} - 1$ 可以变型为 $a_n = a_0 \times (1 + \Delta \bar{x})^n$，式中4个变量，若知道其中3个，便可求出另一个。

【例5-13】 某企业1999年销售收入为756.45万元，2004年为2 462.57万元，试计算销售收入的平均增长速度。如果按此增速发展到2010年，销售收入可达到什么水平？假定要在2004年的基础上翻两番，按此增速需要多少时间？

(1) 1999~2004年的平均增长速度为：

$$\Delta \bar{x} = \sqrt[n]{\frac{a_n}{a_0}} - 100\% = \sqrt[n]{\frac{2\ 462.57}{756.45}} - 100\% = 26.63\%$$

(2) 按此增速，2010年的销售收入将为：

$$a_n = a_0 \times (1 + \Delta \bar{x})^n = 2\ 462.57 \times (1 + 26.63\%)^6 = 10\ 153.32(\text{万元})$$

(3) 根据公式 $a_n = a_0 \times (1 + \Delta \bar{x})^n$，有：

$$2\,462.57\times2\times2=2\,462.57\times(1+26.63\%)^n$$

解得：$n=5.87$(年)

即仅需要 5.87 年，就能在 2004 年的基础上翻两番。

三、计算和应用速度指标时应注意的问题

(1) 平均发展速度与平均增长速度指标，也是属于统计平均数的范畴。前面在讨论统计平均数的计算时，曾强调计算平均数时，要注意平均数的同质性，否则所计算平均数便是没有什么意义的数字游戏。平均发展速度和平均增长速度也同样应该遵循同质性的原则。不过这里指的同质性是另一种意义的同质性，即发展方向的同一性。如果被研究对象在一定时期内发展方向不一致，那就缺乏计算平均发展速度和平均增长速度的基本条件，所计算出来的平均发展速度和平均增长速度也就缺乏代表性了。

(2) 如果现象在发展过程中，出现剧烈波动、大起大落现象，从平均的观点看，这种现象的离散程度很大，所计算的平均速度指标，代表性也就很低。

(3) 平均发展速度是根据基期和报告期的水平指标计算的，所以选择基期显得特别重要。必须注意选择正常的时间，即未受影响的时间和有意义的时间，作为基期。

(4) 将速度指标与水平指标相结合。速度指标与水平指标相结合，指的是两方面的结合：一方面是速度指标要与增长1%的绝对值相结合，有时对比两个现象的发展速度，如果只看速度指标，可能会得出错误的结论，所以必须结合增长1%的绝对值，具体分析现象的发展情况；另一方面是定基增长量与定基增长速度、环比增长量与环比增长速度相结合，互相补充。

(5) 将总平均速度指标要与分期速度、分段速度指标相结合。总平均发展速度，一般反映一段较长时间现象发展的情况，但往往掩盖各期发展的情况，只有将其与分期速度结合起来，这样既反映现象发展的情况又能发现现象发展的实际过程。有时现象发展呈阶段性，各阶段发展不是很平衡，需要分阶段计算平均发展速度，这时就要将总平均发展速度与分阶段平均发展速度结合起来，才能很好地反映现象的具体发展状况。

(6) 将有联系的几个不同现象的发展速度进行对比，更能分析现象的发展规律。例如，将产量、职工人数和劳动生产率的发展速度对比分析，可以发现三者之间发展速度的关系。若产量的速度虽然快，但主要是由职工人数发展更快造成的，那么劳动生产率的发展速度反而受到影响，不符合产量正常发展的规律。

(7) 若发展水平出现负的基数时，则不能计算速度指标。例如，某企业由于改善了经营管理，由亏转盈。该企业由基年亏损10万元，经过3年后盈利3万元，这时反映该企业的利润发展情况，只能用绝对数表示，则3年之间利润增加了13万元(10+3)，若用发展速度表示，则不能计算。统计界曾就此问题进行过探索，提出过不少的计算方法，但都很难成立，以致不了了之。

第四节 动态数列的变动分析

一切社会经济现象总是按照其自身固有的规律处于不断发展变化的状态,因此反映社会经济现象发展变化的动态指标也是变动的,对动态数列的变动分析主要有长期趋势分析、季节变动分析等。

一、长期趋势分析

长期趋势就是研究某种现象在一个相当长的时期内,由于普遍的、持续的、决定性的基本因素的作用,持续向上或向下发展变动的趋势。

测定长期趋势的主要目的是:首先,在于把握现象的趋势变化;其次,从数量方面来研究现象发展的规律性,确定合适的趋势线,为进行统计预测提供必要条件;最后,测定长期趋势,可以消除原有动态数列中长期趋势的影响,以便更好地显示和测定季节变动。

测定长期趋势的主要方法有时距扩大法、移动平均法、最小平方法。

(一)时距扩大法

时距扩大法是测定直线趋势的一种简单方法。当原始数列中各指标数值不规则波动、现象规律不明显时,可以通过扩大数列时间间隔,对原始资料加以重新整理,以消除原动态数列中因偶然性和短暂性因素的影响所引起的波动,从而清楚地显示现象发展的趋势和方向。时距扩大法是对长期动态数列进行统计修匀的一种简便方法。

时距扩大法把较小时间跨度转化为较大时间跨度,如昼夜转化为星期或旬,由旬转化为月,由月转化为季或年,由一年转化为多年。如果动态数列的水平有一定的周期性,扩大的时距应注意与各次摆动的周期相同,如果动态数列看不出有什么周期性,那么就要逐步扩大时距,直到发展趋势变得足够清晰为止。

【例 5-14】 某化肥厂某年各月生产化肥产量资料如表 5-15 所示。

表 5-15

某化肥厂某年各月化肥产量统计表

单位:万吨

月 份	1	2	3	4	5	6	7	8	9	10	11	12
化肥产量	350	360	460	370	392	450	470	440	450	430	500	480

从表 5-15 中可以看出,数列变化不均匀,各月化肥产量起伏波动大,用月产量动态数列不能清楚地反映该厂生产量变动的趋势。现将月产量资料整理成季产量资料,整理结果如表 5-16 所示。

表 5-16

某化肥厂某年各季度产量统计表

单位：万吨

季度	一季度	二季度	三季度	四季度
化肥产量	1 170	1 212	1 360	1 410

时距扩大后的资料，清晰地显示了化肥产量显现逐渐增加的变化趋势。

但在应用时距扩大法时，应注意：① 同一数列前后时间间隔应当一致，以便于比较；② 时间间隔的长短，应根据具体现象的性质和特点而定，以能显示现象变化趋势为宜。

（二）移动平均法

移动平均法是一种测定长期趋势较为简单的方法，它采用逐项递推移动，计算出一系列序时平均数，形成一个新的派生的序时平均数动态数列，在新的动态数列中，短期的偶然因素影响引起的变动被削弱了，从而显现出明显的长期趋势。

现仍按表 5-15 的资料为例，分别采用三项和四项移动平均数进行修匀，计算方法如表 5-17 所示。

表 5-17

某化肥厂某年产量移动平均数表

单位：万吨

月份	化肥产量	三项移动平均数	四项移动平均数	
			第一次移动	第二次移动
1	350	—	—	—
2	360	390.0	385.0	—
3	460	396.7	395.5	390.25
4	370	407.3	418.0	406.75
5	392	404.0	420.5	419.25
6	450	437.3	438.0	429.25
7	470	453.3	452.5	445.25
8	440	453.3	447.5	450.00
9	450	440.0	455.0	451.25
10	430	460.0	465.0	460.00
11	500	470.0	—	—
12	480	—	—	—

表5-17中,第3栏是采用三项为时距逐项平移而形成的时间数列,第4、第5栏是采用四项为时距逐项移动2次平均而形成的时间数列。这样形成的新时间数列基本上消除了偶然因素的影响,呈现出化肥产量的发展趋势是向上增长的。

应用移动平均法分析现象的长期趋势时,应注意以下几点:

(1) 应用移动平均法对时间数列修匀,关键在于确定移动平均的项数,即移动时间的长度,这直接影响修匀的程度,通常应根据研究对象的特点来确定。从表5-17可以看出,用四项移动平均比三项移动平均修匀程度更大些。就是说,修匀的次数越多,效果越好,即趋势线越平滑。一般地,当原数列中存在自然周期,则以周期数作为移动平均的项数,这样更有效地消除了周期变动的影响。

(2) 移动平均后的新数列项数少于原数列。移动平均时采用的项数越多,时距越大,能取得越好的修匀效果,使趋势线更平滑,但所得趋势值项数越少;反之,采用的项数越少,将会影响现象波动的消除,不利于分析长期趋势。如表5-17中三项移动平均后的新数列为10项,四项移动平均后的新数列为8项。一般地,移动平均后的结果是使原数列缩短,如2年、3年移动平均,使原数列两端各减少一项;4年、5年移动平均使数列两端各减少两项。设移动期数为N,当N为偶数,有$N/2$项数从数列两端失去;当N为奇数,有$(N-1)/2$项从数列两端失去。

(3) 奇数项与偶数项移动平均有所差别:① 当原数列中无明显周期变动时,一般采用奇数项移动平均比较简便。它能使每项移动平均值都可以对准各期的原值,只需移动一次就可得趋势值,如表5-17中第3栏是三项移动平均值,第一个移动平均值为390.0万吨,是第1、第2、第3三个月产量的平均值,正对准第2个月,其他以此类推。② 若采用偶数项移动平均,其平均数只能填在原数列的两项之间的平行位置,即第一项移动平均值在第二期和第三期的中间,因此要对第一次的平均值再进行第二次移动平均。如表5-17中,第4、第5栏是四项移动平均数,第一次移动所得值为385.0万吨,是第1、第2、第3、第4四个月产量的平均值,位于第2、第3个月之间,所以要再作一次两项移动,即$(385.0+395.5)\div 2=390.25$万吨,使之对准第3个月原值,其余以此类推。

(4) 移动平均法应用的是算术平均法,属等差平均,适用于现象发展趋势为直线型数列的修匀,但不适用于曲线型发展趋势的数列。

(三) 最小平方法

最小平方法又称最小二乘法,是用一定的数学模型对原有的动态数列配合一条适当的趋势线来进行修匀,据以计算各期的趋势值。长期趋势的类型很多,有直线型,也有曲线型,而最小平方法均可适应,所以它是分析长期趋势较为普遍和理想的方法。下面仅介绍直线趋势的测定。

如果动态数列逐期增长量相对稳定,即现象发展水平按相当固定的绝对速度变化,则可考虑拟合直线趋势模型进行分析,预测前景。直线趋势的一般数学模型为:

$$y_c = a + bt$$

式中，a、b 为两待定参数；a 为直线模型的截距；b 为直线的斜率。

最小平方法的基本原理是：当数列实际值与数列的趋势值的离差平方和达到一个最小值，就能使求出的趋势线与原数列达到最佳的配合。

根据最小平方法的原理，这条趋势线必须满足以下条件：

(1) $\sum(y-\hat{y})=0$

(2) $\sum(y-\hat{y})^2$ 最小值

式中，$\hat{y}$ 为趋势线的估计数值；y 为原数列的实际数值。

根据最小平方法两个要求，可用求偏导数的方法，导出以下联列方程组：

$$\begin{cases} \sum y = na + bt \\ \sum ty = a\sum t + b\sum t^2 \end{cases}$$

式中，t 为动态数列的时间单位；y 为动态数列各期实际水平；n 为动态数列的项数。

解联列方程组可得：

$$\begin{cases} b = \dfrac{n\sum ty - \sum t \cdot \sum y}{n\sum t^2 - (\sum t)^2} \\ a = \dfrac{\sum y}{n} - b\dfrac{\sum t}{n} \end{cases}$$

求得 a、b 两个参数，代入直线趋势模型，即可得直线趋势线，并得到与实际观察值对应的趋势值。

【例 5-15】 某地各年粮食产量资料如表 5-18 所示。

表 5-18

1998～2003 年某地粮食产量资料统计表

单位：万吨

年 份	粮 食 产 量	逐 期 增 长 量
1998	85.6	—
1999	91.0	5.4
2000	96.1	5.1
2001	101.2	5.1
2002	107.0	5.8
2003	112.2	5.2

从表 5-18 可以看出，该地粮食产量是逐年增长的，且增长量大致相等，所以可以配合一个直线趋势方程。现列表计算如表 5-19 所示。

表 5-19

某地粮食产量直线趋势方程计算表

单位：万吨

年 份	时间代码 t	粮食产量 y	t^2	ty	$y_c=85.55+5.32t$
1998	0	85.6	0	0	85.6
1999	1	91.0	1	91.0	90.9
2000	2	96.1	4	192.2	96.2
2001	3	101.2	9	303.6	101.5
2002	4	107.0	16	428.0	106.8
2003	5	112.2	25	561.0	112.1
合 计	15	593.1	55	1 575.8	593.1

根据表 5-19 中的数据，计算得：

$$b=\frac{n\sum ty-\sum t\cdot\sum y}{n\sum t^2-(\sum t)^2}=\frac{6\times 1\,575.8-15\times 593.1}{6\times 55-(15)^2}=5.32(万吨/年)$$

$$a=\frac{\sum y}{n}-b\cdot\frac{\sum t}{n}=\frac{593.1}{6}-5.32\times\frac{15}{6}=85.55(万吨)$$

则所配合的趋势方程为：

$$y_c=85.55+5.32t$$

将各年代码依次代入上面的方程，推算各年的趋势值，见表 5-19 中最后一列。

此外，利用趋势方程，也可以对粮食产量进行预测。如要预测 2006 年该地粮食产量将达到多少，可将 $t=8$ 代入趋势方程，则：

$$y_{2006}=85.55+5.32\times 8=128.1(万吨)$$

为使计算简便，可以将 a、b 两个参数求解过程简化。在直线数学模型中，t 为时间序号，在不改变数列顺序的前提下，若使 $\sum t=0$，其计算就可简化为：

$$\begin{cases} a=\dfrac{\sum y}{n} \\ b=\dfrac{\sum yt}{\sum t^2} \end{cases}$$

一般地，当数列为奇数项时，可设中间项 t 值为 0，时间数列代码依顺序设为…，-3，-2，-1，0，1，2，3，…；当数列为偶数项时，应不设 $t=0$，而将时间数列代码依顺序设为…，-5，-3，-1，1，3，5，…。

仍以表 5-18 资料为例，用简捷法计算，计算过程如表 5-20 所示。

表 5-20

某地粮食产量直线趋势方程计算表

单位：万吨

年　份	时间代码 t	粮食产量 y	t^2	ty	$y_c=98.85+2.66t$
1998	−5	85.6	25	−428.0	85.6
1999	−3	91.0	9	−273.0	90.9
2000	−1	96.1	1	−96.1	96.2
2001	1	101.2	1	101.2	101.5
2002	3	107.0	9	321.0	106.8
2003	5	112.1	25	561.0	112.1
合　计	0	593.1	70	186.1	593.1

根据表 5-20 中的数据，计算得：

$$b=\frac{\sum ty}{\sum t^2}=\frac{186.1}{70}=2.66（万吨/年）$$

$$a=\frac{\sum y}{n}=\frac{593.1}{6}=98.85（万吨）$$

则所配合的趋势方程为：

$$y_c=98.85+2.66t$$

根据此方程计算各年趋势值，见表 5-20 最后一列。同理可以预测 2006 年产量为：

$$y_{2006}=98.85+2.66\times 11=128.1（万吨）$$

可见，两种方法计算的结果是相同的。

二、季节变动分析

季节变动是指某些社会经济现象，随着季节的变换而呈现出比较有规律性的变动，它是由于受自然与社会因素的影响而发生的具有周期性、规律性的重复变化。例如，农业生产呈现明显的季节变化影响，四季气候变化引起的对春夏秋冬不同服装、食品的需求变化和价格变化等。分析季节变动的目的，就是要掌握和利用季节变动的规律，消除季节变动的不利影响，合理地、有序地组织生产经营活动，适应和满足社会的需要。

分析和测定季节变动的方法很多，最常用的有按月（季）平均法、趋势剔除法、图解法、环比法等。在这里仅介绍按月（季）平均法。

按月（季）平均法，是通过对若干年（至少 3 年）的各月或各季资料，求出同月份（季）的平均水平和全部数据总平均月份（季）水平，然后对比得出各月份（季）的季节比率。季节比率是进行季节变动分析的重要指标，可用以说明季节变动的程度。其计算公式为：

$$季节比率(\%)=\frac{同月份平均水平}{总平均月份水平}\times100\%$$

这种方法具体步骤是:

第一步:搜集历年各月(或各季)的时间数列资料,一般要有 3 年以上的历史资料;

第二步:求出历年的同月(或季)的算术平均数,即把历年同月(或季)资料之和除以年份数;

第三步:求历年月(或季)的总算术平均数,即将历年各月(或季)的资料之和除以历年的月份(季度)总数;

第四步:将第三步求出的历年月(或季)的总算术平均数除以第二步求出的历年同月(或季)的算术平均数,即得到相应的月(或季)的季节比率。

【例 5-16】 某地 2002~2004 年汗衫背心销售情况资料如表 5-21 所示。

表 5-21

某地 2002~2004 年汗衫背心销售资料统计表

单位:万元

年份 月份	2002	2003	2004	3 年合计	同月 平均数	季节比率 (%)
1	80	120	180	380	126	11.7
2	120	200	250	570	190	17.5
3	200	350	550	1 100	367	33.8
4	500	850	1 100	2 450	817	75.3
5	800	1 500	2 400	4 700	1 567	144.3
6	2 500	3 500	5 000	11 000	3 667	337.7
7	2 400	4 400	6 500	13 300	4 433	408.2
8	600	900	1 500	3 000	1 000	92.1
9	200	400	700	1 300	433	39.9
10	100	250	360	710	237	21.9
11	60	100	180	340	113	10.5
12	40	80	100	230	77	7.1
合计(或平均)	7 600	12 650	18 830	39 080	1 086	100.0

表 5-21 中数据的计算如下:

(1)计算各年同月份的平均数。如 1 月份为:

$$1月份平均数=\frac{80+120+180}{3}=126(万件)$$

其他各月以此类推。

(2)将 3 年全部销量相加,求出 3 年各月总平均数。即总平均数为:

$$总平均数 = \frac{7\,600 + 12\,650 + 18\,830}{36} = 1\,086(万件)$$

(3) 求各月季节比率。如1月份为：

$$1月份季节比率(\%) = \frac{1月份平均销售量}{总平均月销量} \times 100\% = \frac{126}{1\,086} \times 100\% = 11.7\%$$

根据表5-21中数据，绘制季节变动曲线如图5-1所示，可以很明显看出季节变动的情况，汗衫背心销售情况呈季节性变动趋势，5、6、7月份增长比较大，7份达到最高，8月份就开始降低。

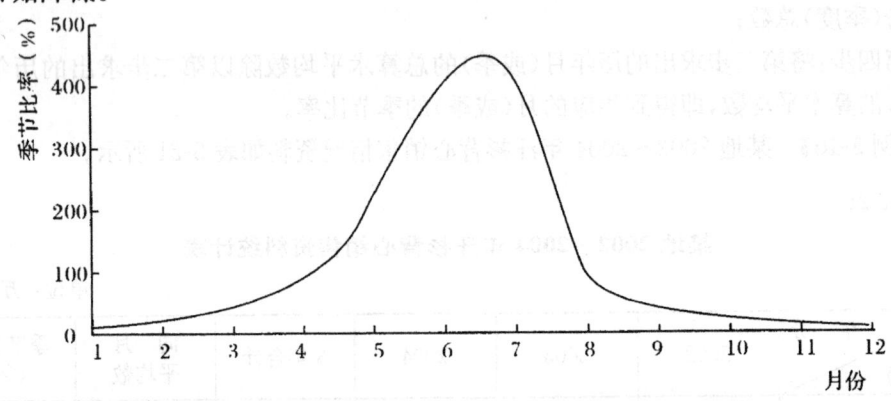

图5-1　某地2002~2004年汗衫背心销售季节变动曲线图

上述采用按月（季）平均法计算的季度比率，计算方便，容易理解，但是该法无法消除长期趋势因素的影响。

在一般的历年时间数列资料中，不仅仅包含有规律的季节变动，而且还有明显的趋势变化，因此必须先剔除数列中的增长趋势，然后才能测定季节变动，计算出不包含增长趋势的季节比率。如果季节因素影响很大，而长期趋势不明显，则用按月（季）平均法仍能反映季节因素影响的趋势。

第五节　动态数列综合应用案例

某公司领导任期经营业绩分析

一、案例资料

上海市某中型企业总经理通过竞聘上岗，任期4年（2001~2004年），企业新任领导团结一致，励精图治，积极开发新产品，开拓市场，4年来，取得了丰硕的成果。2004年年底,该任领导根据近 4 年经营的业绩,向企业职工作述职报告,现汇总部分资料如表 5-22 ~表 5-24 所示。

表 5-22

企业 2000~2004 年利润资料

单位：万元

年 份	2000	2001	2002	2003	2004
利润总额	2 020	2 700	3 500	4 800	6 000

表 5-23

企业 2000~2004 年末职工人数资料

单位：人

年 份	2000	2001	2002	2003	2004
职工人数	550	480	456	450	472
一线职工人数	374	360	356	360	396

表 5-24

企业主要产品 2000~2004 年销售收入资料

单位：亿元

年 份	2000	2001	2002	2003	2004
销售收入	1.12	1.40	1.65	1.95	2.32

二、案例分析过程

根据以上资料,可作以下方面的动态分析：

(1) 新一任领导,通过努力,成绩显著,主要经济指标利润总额逐年递增,4 年内利润总额平均增长额为 995 万元,平均发展速度为 131.3%,平均增长速度为 31.3%,达到该企业历史最高水平。具体计算如表 5-25 所示。

表 5-25

企业利润资料动态分析计算表

年 份	利润（万元）	增长量(万元)		发展速度(%)		增长速度(%)	
		逐 期	累 计	环 比	定 基	环 比	定 基
2000	2 020	—	—	—	100	—	—
2001	2 700	680	680	133.7	133.7	33.7	33.7
2002	3 500	800	1 480	129.6	173.3	29.6	73.3
2003	4 800	1 300	2 780	137.1	237.6	37.1	137.6
2004	6 000	1 200	3 980	125.0	297.0	28.0	197.0

$$4\text{年内年平均增长量} = \frac{3\,980}{4} = \frac{680+800+1\,300+1\,200}{4}$$

$$= 995(\text{万元})$$

$$4\text{年内平均发展速度} = \sqrt[4]{133.7\% \times 129.6\% \times 137.1\% \times 125.0\%}$$

$$= \sqrt[4]{\frac{6\,000}{2\,020}} = \sqrt[4]{297.0\%}$$

$$= 131.3\%$$

$$\text{平均增长速度} = 131.3\% - 100\% = 31.3\%$$

(2) 企业努力克服人浮于事、机构臃肿的弊端,精简机构,一线职工的比率逐年提高,职工劳动积极性得到激励,劳动生产率提高显著。计算分析如表 5-26 所示。

表 5-26

企业年末职工人数与比率计算表

年 份	2000	2001	2002	2003	2004	平均
职工人数(人)	550	480	456	450	472	475
一线职工人数(人)	374	360	356	360	396	366
一线职工比率(%)	68.0	75.0	78.1	80.0	83.9	77.0
全员劳动生产率(万元/人)	—	5.24	7.48	10.60	13.02	8.95
一线劳动生产率(万元/人)	—	7.36	9.78	13.41	15.87	11.61

注:劳动生产率按表 5-22 利润资料计算。

$$4\text{年内年平均一线职工比率} = \frac{\left(\frac{374}{2}+360+356+360+\frac{396}{2}\right) \div 4}{\left(\frac{550}{2}+480+456+450+\frac{472}{2}\right) \div 4} \times 100\%$$

$$= \frac{366}{475} \times 100\% = 77.0\%$$

$$\text{全员职工年平均劳动生产率} = \frac{(2\,700+3\,500+4\,800+6\,000) \div 4}{\left(\frac{550}{2}+480+456+450+\frac{472}{2}\right) \div 4}$$

$$= 8.95(\text{万元}/\text{人})$$

$$\text{一线职工年平均劳动生产率} = \frac{(2\,700+3\,500+4\,800+6\,000) \div 4}{\left(\frac{374}{2}+360+356+360+\frac{396}{2}\right) \div 4}$$

$$= 11.61(\text{万元}/\text{人})$$

(3) 企业实施的各项政策得人心,职工劳动积极性得到充分调动,企业上下团结一致,群策群力,积极开拓市场,生产经营逐年增长,发展趋势良好,预计在今后几年内企业仍将稳步发展。计算分析如表 5-27 所示。

表 5-27

企业销售收入资料长期趋势计算表

年 份	销售收入(亿元)	逐期增长	t	t^2	ty	t	t^2	ty
2000	1.12	—	0	0	0	−2	4	−2.24
2001	1.40	0.28	1	1	1.40	−1	1	−1.40
2002	1.65	0.25	2	4	3.30	0	0	0
2003	1.95	0.30	3	9	5.85	1	1	1.95
2004	2.32	0.37	4	16	9.28	2	4	4.64
合 计	8.44	—	10	30	19.83	0	10	2.95

该企业近年来主要产品销售收入逐年递增,显示出良好的发展态势,因逐年增长量基本相近,可配合直线趋势方程进行分析和预测。

设直线趋势方程为:

$$y_c = a + bt$$

根据表 5-27 计算:

$$b = \frac{5 \times 19.83 - 8.44 \times 10}{5 \times 30 - 10^2} = 0.295$$

$$a = \frac{8.44}{5} - 0.295 \times \frac{10}{5} = 1.10$$

因此,

$$y_c = 1.10 + 0.295x$$

按此趋势发展,至 2008 年年末,企业销售收入将有望达到:

$$y_{2008} = 1.10 + 0.295 \times 8 = 3.46(亿元)$$

也可用简易法,用表 5-27 中右边资料计算:

$$b = \frac{\sum ty}{\sum t^2} = \frac{2.95}{10} = 0.295$$

$$a = \frac{\sum y}{n} = \frac{8.44}{5} = 1.69$$

因此,

$$y_c = 1.69 + 0.295x$$

$$y_{2008} = 1.69 + 0.295 \times 6 = 3.46(亿元)$$

由于考核企业可以通过各种不同指标从不同方面进行，本案例中仅从利润、职工、销售三方面进行分析，其他指标暂未考虑。

从以上动态分析可以得出结论，该任领导任内成绩显著，应理直气壮，充满信心地向职工述职，相信企业职工一定会全力支持该任领导继续新一任期的工作，带领企业继续向前发展。

本章习题

5.1 某厂职工人数8月份发生如下增减变动：1日，职工总数为1 000人，其中非直接生产人员200人；15日，有20名职工离厂，其中有10名为企业管理人员；22日，有10名工人新来报到。

要求：试根据上述资料，分别计算8月份该厂非直接生产人员及全部职工的平均人数。

5.2 某商店2004年各月末商品库存额资料如表5-28所示。

表5-28

某商店2004年各月末商品库存额资料

月 份	1	2	3	4	5	6	8	11	12
库存额（万元）	120	110	96	86	80	100	90	120	136

又知2003年末的商品库存额为126万元。

要求：试计算上半年、下半年和全年的平均商品库存额。

5.3 某企业1999～2004年某种产品的销售量资料如表5-29所示。

表5-29

某企业1999～2004年某种产品的销售量资料

年 份	1999	2000	2001	2002	2003	2004
产量（万吨）	353	368	385	413	428	450

要求：试根据上述资料，

(1) 列表计算以下指标：逐期增长量、累计增长量，环比发展速度、定基发展速度、环比增长速度、定基增长速度，增长1%的绝对值；

(2) 计算2000～2004年期间的平均增长量与平均发展速度（几何平均法）；

(3) 若在2005～2010年6年间企业计划将年平均增长速度提高2个百分点，按此速度发展,则 2010 年产量将达到多少?

5.4 某企业 1999~2004 年总产值和环比动态指标资料如表 5-30 所示。

表 5-30

某企业 1999~2004 年总产值和环比动态指标资料

年 份	总产值（万元）	环比动态指标			
		增长量	发展速度（%）	增长速度（%）	增长1%的绝对值
1999	741	—	—	—	—
2000		59			
2001			115.63	15.63	
2002					
2003			112.65		9.96
2004		116			

要求：根据已有的数据资料,运用动态指标的相互关系,

(1) 确定动态数列的发展水平和表中所缺的环比动态指标；

(2) 计算 2000~2004 年这 5 年期间年平均增长量和年平均增长速度。

5.5 某地区 2004 年人口数为 1 200 万人,假定以后每年以 9‰ 的增长率增长,又假定该地区 2004 年粮食产量为 45 亿千克,要求到 2010 年平均每人粮食达到 450 千克。

要求：试计算 2010 年粮食产量应达到多少？粮食产量每年平均增长速度如何？

5.6 某工厂 2001~2004 年各季度的销售资料如表 5-31 所示。

表 5-31

某工厂 2001~2004 年各季度的销售资料

单位：万元

项 目	2001 年	2002 年	2003 年	2004 年
第 1 季度	650	700	800	950
第 2 季度	900	900	1 100	1 250
第 3 季度	250	300	400	750
第 4 季度	400	500	600	850

要求：试根据以上资料,

(1) 分别应用三项、四项、五项移动平均法编制动态数列；

(2) 按季平均法计算季节比率。

第六章 统 计 指 数

统计指数是一种表明客观现象变动的相对数,其应用相当广泛,例如,利用统计指数作为分析和预测经济发展变化的工具,可以综合评价社会经济效益、人民生活质量水平等。本章主要介绍统计指数的概念、作用和分类,各种指数的编制和计算方法、指数的因素分析方法。

第一节 统计指数的概念、作用和分类

一、统计指数的概念

统计指数从 18 世纪中叶物价指数的产生开始,迄今已有三百多年的历史了。随着历史的推移,统计指数的应用不断推广到社会经济领域的各个方面。有些指数,如消费品价格指数、居民生活费用价格指数,同人们的日常生活息息相关;有些指数,如生产资料价格指数、股票价格指数,则直接影响人们的投资活动,成为社会经济的晴雨表。

社会经济统计理论认为,统计指数是描述和研究社会经济现象在数量方面的时间变动状况和空间对比关系的一种常用方法。统计指数有广义和狭义之分。从广义上来讲,凡是用来反映所研究社会经济现象时间变动和空间对比状况的相对数,如第四章所讲的动态相对数、比较相对数和计划完成程度相对数,都可以称为指数。但从狭义上来讲,统计指数则是一种特殊的相对数,专门用来综合反映所研究社会经济现象中复杂总体在数量方面的时间变动和空间对比状况。如用以反映所有零售商品价格总变动的零售物价指数,用以表现证券市场股票价格水平的股价指数等,就是属于这种特殊的相对数。所谓复杂总体,是指那些由不同度量单位或性质各异的若干事物所组成的、数量不能直接加总或直接对比的总体。本章中所讨论的统计指数,是指狭义的指数。

二、统计指数的作用

统计指数在社会经济领域内有着非常广泛的应用,其基本作用表现在以下几个方面:

1. 综合反映复杂社会经济现象总体的变动方向和程度

这是统计指数的主要作用。统计在研究社会经济变动时,除了说明个别现象外,还要说明总体现象的变动状况。例如,我们不仅要研究个别产品产量、成本、价格等在不同时期的变动情况,还要综合研究多种产品产量、价格总的变动情况。但是,首先,不同的产品,其计量单位不同,因此它们不能直接相加,更无法综合对比;其次,不同种类产品的单价(或单位成本)虽然都可以用货币表示,但其使用价值不同,同样不能简单对比;第三,复杂总体中单个产品在数量上的变动方向和程度往往也是不一致的。因此,我们需要通过编制统计指数,将这些不能直接相加和对比的现象,通过统计指数的应用转化到能够相加并综合对比,以反映其总的变动情况。

2. 分析和测定社会经济现象变动中,各构成因素的影响程度和效果

许多社会经济现象是复杂的,一般包含数量因素和质量因素,通过编制数量因素指数和质量因素指数,可以分析和测定各因素变动对总体变动的影响。例如,商品销售额是由商品销售量和销售价格两个因素组成,即商品销售额＝商品销售量×商品销售价格,所以商品销售额的多少,取决于商品销售量的多少和销售价格的高低。

统计指数分析的任务之一,就是要根据影响现象的各因素的内在联系,分别编制相应的指数进行综合分析。例如,通过编制商品销售量指数和商品价格指数,就可以分析其对商品销售额变动的影响,揭示出现象总变动的原因。

运用统计指数描述总体和各因素的变动,可以从相对的影响程度和绝对影响额两个方面,分析各因素对现象总体变动的影响。

3. 分析和测定平均指标变动中,水平因素和结构因素的影响程度和效果

在对现象总体进行分组的条件下,平均指标中包含水平因素和结构因素,即平均水平数值大小,既受现象水平的影响,又受现象结构的影响。如职工平均工资的变化,既受各组平均工资的影响,又受各组工人人数在全体职工中所占比重的影响。因此,可以编制可变构成指数、固定构成指数和结构影响指数,来研究各因素变动对平均指标变动的影响程度和影响的绝对额。

三、统计指数的分类

根据划分标准的不同,对统计指数可作如下分类:

（一）个体指数和总指数

按统计指数所反映的对象范围不同,可以将其分为个体指数和总指数。

1. 个体指数

个体指数,也称为单项指数,是用以说明个别现象变动情况的相对数。其计算方法比较简单。

（1）用以反映某种商品价格变动的指数,即个体价格指数。其计算公式为:

$$K_p = \frac{p_1}{p_0} \times 100\%$$

式中，K_p 为价格个体指数；p 为商品或产品的价格；下标 1 和 0 分别表示报告期和基期（下同）。

（2）用以反映某种产品产量（商品销量）变动的指数，即个体产品产量（商品销量）指数。其计算公式为：

$$K_q = \frac{q_1}{q_0} \times 100\%$$

式中，K_q 为产品产量（商品销量）的个体指数；q 为商品销售量或产品产量。

（3）用以反映某种产品生产成本变动的指数，即个体成本指数。其计算公式为：

$$K_z = \frac{z_1}{z_0} \times 100\%$$

式中，K_z 为成本的个体指数；z 为产品单位成本；下标 1 和 0 分别表示报告期和基期。

2. 总指数

总指数是指用以说明某种社会经济现象中各因素综合变动情况的相对数。如反映多种产品产量综合变动的物量总指数、说明多种产品价格综合变动的价格总指数等。

有时为了研究需要，还编制一种介于个体指数与总指数之间的指数——类指数，它反映总体中某一组或某一类现象变动的相对数，其计算方法与总指数相同。

（二）数量指标指数和质量指标指数

按统计指数所研究对象的性质不同，可以将其分为数量指标指数和质量指标指数。

1. 数量指标指数

数量指标指数（数量指数）是反映现象总体规模变动状况的相对数，它可以用来反映生产经营或经济工作中的数量变动，如产品产量指数、商品销量指数、职工人数指数等。

2. 质量指标指数

质量指标指数（质量指数）则是反映现象总体内涵质量变动状况的相对数，它可以用来表明生产经营或经济工作中质量好坏、管理水平高低方面的变动程度，如价格指数、平均工资指数、劳动生产率指数等。

在研究现象总体各构成因素的数量关系时，我们通常把这些因素分解成数量指标因素和质量指标因素，即：总指数＝数量指数×质量指数。可见，总指数是由数量指数和质量指数相互联系、相互结合构成的。

在统计指数的编制和应用中，必须十分重视数量指数与质量指数的区分，它们各自采用不同的编制方法，要针对不同情况分别进行分析判断。

（三）定基指数和环比指数

按统计指数计算中所采用的基期不同,可以将其分为定基指数和环比指数。

统计指数通常是连续编制的。一般按时间的先后顺序,将各时期的某种指标排列起来,所形成的数列就是指数数列。在同一指数数列中,如果各个指数都是以某一固定时期作为对比基期,就是定基指数;如果各个指数都是以报告期的前一时期作为对比基期,则是环比指数。

（四）动态指数和静态指数

按统计指数编制中对比内容的时间不同,可以将其分为动态指数和静态指数。

动态指数是由两个不同时期的变量值对比形成的相对数,说明现象在不同时间上的变化情况。而静态指数是指在同一时间条件下不同单位、不同地区间,将同一现象不同数值进行横向对比所形成的指数;或是同一单位、同一地区计划指标与实际指标进行对比所形成的指数。

（五）综合指数和平均数指数

按统计指数表现形式和编制方法的不同,可以将其分为综合指数和平均数指数。有关这方面的内容,下面将作专门介绍。

第二节 综 合 指 数

综合指数是总指数的一种基本形式,在计算时,将不能直接相加的各种经济变量通过乘以同度量因素而转换成可以相加的总量指标,而后求出的相对数即为综合指数,该指数可以用来说明复杂经济现象总量的综合变动。

从综合指数的定义可以知道同度量因素是一种媒介因素,就是使原来不能直接相加的现象过渡到可以相加的那些因素。在编制数量指标指数时,把相应的质量指标作为同度量因素;而在编制质量指标指数时,则把相应的数量指标作为同度量因素。另外,同度量因素在指数的计算中还起着权衡轻重的作用。例如,以销售价格作为同度量因素时,某种商品销售价格越高,则其销售额就越大,对指数的影响越大;反之,则越小。因此,在统计中也称同度量因素为"权数"。

一、综合指数编制的一般原则

（一）划分数量因素和质量因素

由于构成现象的各种因素之间存在着相互联系,因此,首先要对现象总体进行分析,判断其中的数量因素和质量因素,从而确定所要编制的指数是数量指数,还是质量指数。例如,表6-1所列示的构成甲、乙、丙三种商品销售额中,销售量是数量因素,而销售价格是质量因素。

表 6-1

某企业商品销售情况表

商品名称	计量单位	销售量		单价(元)		销售额(万元)		假定销售额(万元)	
		基期	报告期	基期	报告期	基期	报告期		
—	—	q_0	q_1	p_0	p_1	$q_0 p_0$	$q_1 p_1$	$q_1 p_0$	$q_0 p_1$
甲	套	20 000	30 000	48	44	96.0	132.0	144.0	88.0
乙	千克	25 000	28 000	24	20	60.0	56.0	67.2	50.0
丙	米²	5 000	4 000	120	110	60.0	44.0	48.0	55.0
合计	—	—	—	—	—	216.0	232.0	259.2	193.0

(二) 选择同度量因素

从表 6-1 中可以看出,甲、乙、丙三种不同商品,它们的使用价值和计量单位不同,不能直接相加,因而也不能直接进行对比来反映它们的销售量或是销售价格的总变动。为此,需要先从现象的内在联系出发,确定与研究现象相联系的因素,使其成为同度量因素,以此作为媒介,将不能直接加总的指标过渡到能够相加和对比的指标,然后进行对比。例如,当需要分析甲、乙、丙三种商品销售量的总变动时,就要借助于三种商品各自的销售价格,把不同商品的销售量乘以相应的销售价格后统一到商品销售额,而销售额是价值指标,具有广泛的综合性,可以相加和对比,由此计算出商品销售量总指数,这里就利用了"价格"这一同度量因素;同样,分析三种商品销售价格的总变动时,三种商品的销售价格也不能简单相加,要通过"产量"这一同度量因素转化后才能相加,以计算价格总指数。

(三) 选择同度量因素所属的时期

在编制总指数时,为了分析和测定所要研究因素的变动情况,就必须假设其他的因素不变。即把相对比的分子和分母所乘上的那些同度量因素固定在某一时期不变。在复杂现象总体中,各个不同时期的同度量因素不同:有基期的,也有报告期的;有实际的,也有计划的。那么,到底同度量因素应如何选择呢?这是统计中一个重要的理论问题,在理论界有着不同的观点。

根据实践中的应用情况,确定统计指数同度量因素所属时期的一般原则是:① 编制数量指标指数时,以基期的质量因素作为同度量因素;② 编制质量指标指数时,以报告期的数量因素作为同度量因素。例如,如果研究两个时期产品销售总额中各类产品销售量的变动情况,就需要将作为同度量因素的产品价格固定在基期,以测定两个时期各类产品销售量的变动情况;要研究商品销售价格变动情况时,就应将销售量固定在报告期。

二、数量指标综合指数的编制方法

数量指标指数用来反映总体规模综合变动情况,如商品销售量指数、工业产品生产量指数、职工人数指数、货物运输量指数、股票交易量指数等。

【例 6-1】 仍以表 6-1 的资料为例,通过计算三种商品的销售量个体指数和总指数来说明数量指标指数的编制和计算方法。

首先,甲、乙两种商品的销售量报告期比基期有所增加,而丙商品却减少了。它们各自的变动情况,可用个体销售量指数表示:

$$甲商品销售量指数\ K_{q甲}=\frac{q_1}{q_0}\times100\%=\frac{30\,000}{20\,000}\times100\%=150\%$$

$$乙商品销售量指数\ K_{q乙}=\frac{q_1}{q_0}\times100\%=\frac{28\,000}{25\,000}\times100\%=112\%$$

$$丙商品销售量指数\ K_{q丙}=\frac{q_1}{q_0}\times100\%=\frac{4\,000}{5\,000}\times100\%=80\%$$

式中,K_q 为个体数量指数;q_1、q_0 分别为报告期和基期的商品销售量。

计算结果表明,甲商品的销售量增加了 50%,乙商品增加了 12%,丙商品减少了 20%。

然而,商品销售量指数并非某种具体商品的个体指数,而是反映多种商品销售量综合变动情况的总指数。由于这三种商品的计量单位不同,其销售量不能直接加总。因此,为了反映三种商品销售量总变动情况,就要编制销售量综合指数。这时,首先按照前面所讲的一般原则,把同度量因素——"价格"固定在基期;然后去乘以各自的销售量得到销售额,从而将它们过渡到价值形态,于是就能得到三种商品基期销售额的总量和按基期价格与报告期销售量计算所得的假定销售额总量,最后将这两个总量指标对比,得到三种商品销售量总指数。

数量指标综合指数的计算公式为:

$$\overline{K}_q=\frac{\sum q_1 p_0}{\sum q_0 p_0}\times100\%$$

式中,$\overline{K}_q$ 为数量指标综合指数;q_1、q_0 分别为报告期与基期的数量指标;p_1、p_0 分别为报告期与基期的质量指标。

一般如产量指数、职工人数指数、商品销售量指数等数量指数,都用这个公式计算。

可以看出,当该公式应用到编制商品销售量总指数时,分子 $\sum q_1 p_0$ 表示报告期销售量按基期的价格计算所得的销售额,分母 $\sum q_0 p_0$ 则是基期的销售额。因此,该指数反映了两个时期在相同销售价格基础上的销售量的增长速度,其分子、分母的差额 $\sum q_1 p_0 - \sum q_0 p_0$ 则表示由于销售量增加而增加的销售额。而且,该公式将同度量因素固定在基期,即价格因素维持不变,所反映的仅仅是销售量的变动情况,不包含价格变动的影响。

按表 6-1 资料计算:

$$商品销售量总指数\ \overline{K}_q = \frac{\sum q_1 p_0}{\sum q_0 q_0} \times 100\% = \frac{259.2}{216.0} \times 100\% = 120\%$$

该计算结果表明,总的来说,三种商品销售量报告期比基期增长了20%。

$$公式中的分子和分母之差 = \sum q_1 p_0 - \sum q_0 p_0 = 259.2 - 216.0 = 43.2(万元)$$

该计算结果说明,由于三种商品销售量平均增长了20%,从而使销售额增加了43.2万元。这是在假定价格不变的情况下,由于报告期的销售量比基期增加从而增加的销售额,其经济意义很明确。在我国的实际工作中,计算数量指标综合指数时,常用基期的质量指标为同度量因素。

三、质量指标综合指数的编制方法

质量指标指数用来反映现象内涵质量综合变动的情况。如价格指数、工资水平指数、成本指数、股票价格指数等。

【例6-2】 仍以表6-1中的资料为例,说明质量指标综合指数的编制和计算方法。

首先,甲、乙、丙三种商品销售价格报告期比基期都有所下降,根据它们各自的变动情况,可以编制个体价格指数:

$$甲商品价格指数\ K_{p甲} = \frac{p_1}{p_0} \times 100\% = \frac{44}{48} \times 100\% = 91.67\%$$

$$乙商品价格指数\ K_{p乙} = \frac{p_1}{p_0} \times 100\% = \frac{20}{24} \times 100\% = 83.33\%$$

$$丙商品价格指数\ K_{p丙} = \frac{p_1}{p_0} \times 100\% = \frac{110}{120} \times 100\% = 91.67\%$$

式中,K_p为个体数量指数;p_1、p_0分别为报告期和基期的商品销售价格。

计算结果表明,甲商品的销售价格降低了8.33%,乙商品降低了16.67%,丙商品降低了8.33%。

同样,商品价格指数也不是某种具体商品的个体指数,而是反映多种商品销售价格综合变动情况的总指数。与数量指标指数的编制方法相似,为了反映三种商品销售价格总的变动情况,必须编制价格综合指数。前面已经讲到,三种商品的销售价格虽然都是以货币为计量单位,但也不能简单相加,因为它们是不同度量的:甲商品是每套的价格,乙商品是每千克的价格,丙商品是每平方米的价格,将它们相加是没有意义的。因此也要将各自的销售量作为同度量因素,使之转化为可以相加的价值指标。按照编制综合指数的一般原则,把同度量因素——"销售量"固定在报告期,然后去乘以各自的价格,使它们转化到价值形态,这样就能得到三种商品报告期的销售额总量和按基期的价格与报告期销售量计算所得的假定销售额总量;再将这两个总量指标对比,得到三种商品的价格指数。质量

指标综合指数的计算公式为:

$$\overline{K}_p = \frac{\sum p_1 q_1}{\sum p_0 q_1} \times 100\%$$

式中,$\overline{K}_p$ 为质量指标综合指数;p_1,p_0 分别为报告期与基期的质量指标;q_1,q_0 分别为报告期与基期的数量指标。

如物价指数、劳动生产率指数、单位成本指数,一般都用这个公式编制和计算。

以表 6-1 资料为例:

商品价格总指数 $\overline{K}_p = \dfrac{\sum p_1 q_1}{\sum p_0 q_1} \times 100\% = \dfrac{232.0}{259.2} \times 100\% = 89.51\%$

计算结果表明,三种商品的价格报告期比基期平均下降了 10.49%。

公式中的分子与分母之差 $= \sum p_1 q_1 - \sum p_0 q_1 = 232 - 259.2 = -27.2$(万元)

计算结果说明,由于三种商品的价格平均下降了 10.49%,使销售额减少了 27.2 万元。这是在假定同度量因素销售量不变,并把它固定在报告期的情况下,由于销售价格报告期比基期下降而减少的销售额。该计算结果有现实的经济意义,但却同时包含了销售量变化的因素在内。

第三节 平均指数

平均指数是编制总指数的另一种形式,它是以个体指数为基础,采用加权平均法编制的总指数,用来分析和测定现象总体的平均变动情况。其编制方法是:先计算所研究现象的个体指数(或类指数),然后进行加权算术平均或加权调和平均,求出总指数。

综合指数是编制总指数的基本形式,它能较准确地反映被研究现象总体动态变动的实际内容。但在实际统计工作中,有时由于受统计资料的限制,往往不能直接利用综合指数公式编制总指数。此时,可以通过对公式进行变形,根据综合指数公式推导出平均指标形式来编制总指数。

平均指数与综合指数相比,只是计算时所依据的资料和所采用的计算方法不同而已,其计算结果与经济意义是一样的,平均指数实质上是综合指数的变形。平均指数可以分为加权算术平均数指数和加权调和平均数指数两种基本形式。

一、平均指数编制的一般原则

如前所述,根据综合指数编制的一般原则确定的数量指标综合指数和质量指标综合指数的计算公式为:

$$\overline{K}_q = \frac{\sum q_1 p_0}{\sum q_0 p_0} \times 100\%$$

$$\overline{K}_p = \frac{\sum p_1 q_1}{\sum p_0 q_1} \times 100\%$$

式中，$\overline{K}_q$ 为数量指标综合指数；$\overline{K}_p$ 为质量指标综合指数；q_1、q_0 分别为报告期与基期的数量指标；p_1、p_0 分别为报告期与基期的质量指标。

可以证明，与上述两类综合指数相对应的平均指数形式有四种，按其对应关系，列示如表 6-2。

表 6-2

平均指数的四种基本形式

计算公式 指数名称	综合指数公式	加权算术平均数指数公式	加权调和平均数指数公式
数量指标总指数	$\overline{K}_q = \dfrac{\sum q_1 p_0}{\sum q_0 p_0}$	$\overline{K}_q = \dfrac{\sum K_q q_0 p_0}{\sum q_0 p_0}$	$\overline{K}_q = \dfrac{\sum q_1 p_0}{\sum \dfrac{1}{K_q} q_1 p_0}$
质量指标总指数	$\overline{K}_p = \dfrac{\sum p_1 q_1}{\sum p_0 q_1}$	$\overline{K}_p = \dfrac{\sum K_p p_0 q_1}{\sum p_0 q_1}$	$\overline{K}_p = \dfrac{\sum p_1 q_1}{\sum \dfrac{1}{K_p} p_1 q_1}$

注：K_q 为个体数量指数；K_p 为个体质量指数。

从理论上讲，表 6-2 中所列的四种平均指数均可以作为相应的综合指数的变形形式应用。但在实际工作中，从资料的可获得性看，能真正应用的只有两种公式，即数量指标总指数的加权算术平均数指数公式和质量指标总指数的加权调和平均数指数公式。因为只有这两种公式的权数是某一时期的实际的总量指标，而这种指标比较容易取得，而其他两种公式的计算则分别需要掌握不同时期的数量指标和质量指标才能计算，而这在实际工作中常常难以做到。

综上所述，可得出平均指数应用的一般原则：计算数量指标指数时，应采用以基期的总量指标（$q_0 p_0$）为权数的加权算术平均数指数公式；计算质量指标指数应采用以报告期的总量指标（$p_1 q_1$）为权数的加权调和平均数指数公式。以下对这两种公式作详细介绍。

二、加权算术平均数指数

加权算术平均数指数，是指对个体指数采用加权算术平均方法计算的总指数。一般情况下，在编制数量指标指数时，如果掌握的资料只是个体数量指数和综合指数的分母，即掌握的是基期的实际资料时，可以采用这种形式来编制数量总指数。其计算公式为：

$$\overline{K}_q = \frac{\sum K_q q_0 p_0}{\sum q_0 p_0} \times 100\% = \sum \left(K_q \cdot \frac{q_0 p_0}{\sum q_0 p_0} \right) \times 100\%$$

式中，$\overline{K}_q$ 为数量指标加权算术平均数指数；K_q 为个体数量指数，其值等于 $\frac{q_1}{q_0}$；其他符号同前。

【例 6-3】 仍以表 6-1 所示资料为例，编制某企业商品销售情况表，如表 6-3 所示。

表 6-3

某企业商品销售情况表

商品名称	计量单位	销售量		基期销售额（万元）	销售量个体指数(%)	假定销售额（万元）
		基期	报告期			
—	—	q_0	q_1	$q_0 p_0$	$K_q = q_1/q_0$	$K_q \cdot q_0 p_0 = q_1 p_0$
甲	套	20 000	30 000	96.0	150	144.0
乙	千克	25 000	28 000	60.0	112	67.2
丙	米^2	5 000	4 000	60.0	80	48.0
合 计	—	—	—	216.0		259.2

在表 6-3 中，由于已知三种商品的个体销售量指数 K_q，即 $K_q = q_1/q_0$，因而 $q_1 = K_q \cdot q_0$，将其代入数量指标总指数的公式中，即可得到：

$$\overline{K}_q = \frac{\sum q_1 p_0}{\sum q_0 p_0} \times 100\% = \frac{\sum K_q q_0 p_0}{\sum q_0 p_0} \times 100\% = \frac{259.2}{216.0} \times 100\% = 120\%$$

$$\sum K_q q_0 p_0 - \sum q_0 p_0 = 259.2 - 216.0 = 43.2（万元）$$

该计算结果表明，三种商品的销售量报告期比基期平均增长了 20.0%，由于销售量增长而增加的销售额为 43.2 万元。

上式中，个体销售量指数 K_q 是变量，以基期商品销售额 $q_0 p_0$ 为权数，将销售量综合指数 $\frac{\sum q_1 p_0}{\sum q_0 p_0}$ 变形为加权算术平均数指数 $\frac{\sum K_q q_0 p_0}{\sum q_0 p_0}$，即：

$$\frac{\sum q_1 p_0}{\sum q_0 p_0} = \sum \left(\frac{q_1}{q_0} \cdot \frac{q_0 p_0}{\sum q_0 p_0} \right) = \frac{\sum K_q q_0 p_0}{\sum q_0 p_0}$$

从上面的计算结果也可以看出，在资料完全相同的情况下，以基期价值总量指标为权数的加权算术平均数指数与前面所讲的数量指标综合指数是完全一致的。

三、加权调和平均数指数

加权调和平均数指数，是指对个体指数用加权调和平均方法计算的总指数。一般情况下，编制质量指标指数时，如果掌握的资料只是个体质量指数和综合指数的分子，即只掌握报告期的实际资料时，可以用这种方法编制质量指标总指数。其计算公式为：

$$\overline{K}_p = \frac{\sum p_1 q_1}{\sum \frac{1}{K_p} p_1 q_1} \times 100\%$$

式中,$\overline{K}_p$ 为质量指标加权调和平均数指数;K_p 为个体质量指数,其值等于 $\frac{p_1}{p_0}$;其他符号同前。

【例 6-4】 仍以表 6-1 所列示资料为例,编制某企业商品销售情况表,如表 6-4 所示。

表 6-4

某企业商品销售情况表

商品名称	计量单位	价格		报告期销售额(万元)	销售价格个体指数(%)	假定销售额(万元)
		基期	报告期			
—	—	p_0	p_1	$q_1 p_1$	$K_p = p_1/p_0$	$\frac{1}{K_q} \cdot p_1 q_1 = p_0 q_1$
甲	套	48	44	132.0	91.67	144.0
乙	千克	24	20	56.0	83.33	67.2
丙	米²	120	110	44.0	91.67	48.0
合 计	—	—	—	232.0		259.2

从表 6-4 中,由于已知三种商品的个体销售价格指数 K_p,即 $K_p = p_1/p_0$,因而 $p_0 = \frac{1}{K_p} \cdot p_1$,将其代入质量指标总指数的公式中,即可得到:

$$\overline{K}_p = \frac{\sum p_1 q_1}{\sum p_0 q_1} \times 100\% = \frac{\sum p_1 q_1}{\sum \frac{1}{K_p} p_1 q_1} \times 100\% = \frac{232.0}{259.2} \times 100\% = 89.51\%$$

$$\sum q_1 p_1 - \sum \frac{1}{K_p} \cdot q_1 p_1 = 232.0 - 259.2 = -27.2 (\text{万元})$$

该计算结果表明,三种商品的销售价格报告期比基期平均下降了 10.49%,由于销售价格下降而减少的商品销售额为 27.2 万元。

上式中,个体价格指数 K_p 是变量,以报告期商品销售额 $p_1 q_1$ 为权数,将商品销售价格综合指数 $\frac{\sum p_1 q_1}{\sum p_0 q_1}$ 变形为加权调和平均数指数 $\frac{\sum p_1 q_1}{\sum \frac{1}{K_p} p_1 q_1}$,即:

$$\frac{\sum p_1 q_1}{\sum p_0 q_1} = \frac{\sum p_1 q_1}{\sum \frac{p_0}{p_1} p_1 q_1} = \frac{\sum p_1 q_1}{\sum \frac{1}{K_p} p_1 q_1}$$

从上面的计算结果也可以看出,在资料相同的情况下,以报告期价值总量指标为权数的加权调和平均数指数与前面所讨论的质量指标综合指数是完全一致的。

四、固定权数加权平均数指数

编制加权平均数指数时,其权数也有变动权数和固定权数两种。权数随报告期而经常变动的称为变动权数;权数确定后在较长时间内不变的称为固定权数。

在统计工作中,有时由于报告期权数的资料不易取得,往往选择经济发展比较稳定的某一时期的价值总量结构作为固定权数 W 来计算平均数指数。这种固定权数使总指数计算比较简便、迅速,有较大的灵活性。如我国的零售物价指数就是采用固定权数的平均数指数。

固定权数为比重形式,即 $\frac{qp}{\sum qp}$,如以 W 表示 qp,则加权算术平均数指数和加权调和平均数指数的计算公式分别为:

$$\overline{K}=\frac{\sum KW}{\sum W}, \quad \overline{K}=\frac{\sum W}{\sum \frac{W}{K}}$$

式中,$\overline{K}$ 为总指数;K 为个体指数或类指数;W 为用相对数表示的固定权数。

一般来说,在实际统计工作中,加权调和平均数指数公式极少采用,大多运用加权算术平均数指数公式。现以下例来说明零售商品物价指数的编制过程。

【例 6-5】 某地区 2004 年零售商品价格的类指数及其相应的固定权数资料如表 6-5 所示。

表 6-5

某地区 2004 年零售商品物价指数表

商品类别	类指数 $K_p=p_1/p_0$	固定权数 W	$K_p \cdot W$
食品类	108.52%	45%	48.83%
衣着类	96.33%	22%	21.19%
日用品类	104.25%	14%	14.60%
文化娱乐类	112.52%	10%	11.25%
医药类	95.20%	4%	3.81%
燃料类	120.50%	5%	6.03%
合　计	—	100%	105.71%

根据表 6-5 的资料,将它们代入加权算术平均数指数的计算公式,就可得到该地区

2004年零售商品价格总指数：

$$\overline{K} = \frac{\sum KW}{\sum W} = \frac{105.71\%}{100\%} = 105.71\%$$

计算结果表明，2004年该地区的零售商品物价整体上升了5.71%。

需要注意的是，[例6-5]中的固定权数 W 是各类商品的零售额比重权数。一般地，它是在实际资料的基础上，通过考察每年市场上销售构成的变化加以具体确定，每年确定一次，年内各月及各季的权数保持不变。

五、平均指数与综合指数的区别与联系

平均指数和综合指数是计算总指数的两种形式，它们之间既有区别，又有联系：

（一）两者的区别

(1) 计算总指数的思路不同。综合指数是先通过引入同度量因素，将不能直接加总的现象转化到可以相加，计算出现象总体的总量，然后将两个不同时期的价值指标进行对比，即"先综合，后对比"。而平均指数是在现象各项目个体指数计算的基础上，对其进行加权得到个体指数的平均数，然后得到所要计算的总指数，即"先对比，后综合"。两种方法各有其独立的意义。

(2) 所应用的权数不同。综合指数的权数（即同度量因素）是不同时期的物量（产量、销售量）或价格。平均指数应用的则是不同时期的价值（产值或销售额）。

(3) 所依据的资料不同。综合指数需要研究现象总体的全面资料，对其中起综合作用的同度量因素的资料要求也比较严格，一般应采用与指数化指标有明确经济联系的指标，且应有一一对应的全面实际资料。如在计算商品销售量总指数时，必须获得各种商品的实际价格资料。而平均指数对资料的要求则比较灵活，可以依据全面或是非全面的资料计算，只要在正确评价各因素重要性的前提下，不一定非用全面资料不可。例如，可以仅根据一部分代表商品的价格资料，便可以用平均指数形式计算价格总指数，不过在这种情况下，平均指数与综合指数在计算结果上不会完全一致。

(4) 在经济分析中的作用不同。综合指数的资料是现象总体有明确经济内涵的总量指标，因此，它除了可以表明复杂总体的变动方向和程度外，还可以从指标变动的绝对效果上进行因素分析。而平均指数除了作为综合指数的变形加以应用的情况外，一般只能通过总指数表明复杂总体的变动方向和程度，而不能对现象进行因素分析。

（二）两者的联系

(1) 两者都是总指数的编制方法，其计算的最后结果都是总指数。

(2) 在一定的权数条件下，两者之间存在着变形关系。具体讲，只有在用 $q_0 p_0$ 这一特定权数时，加权算术平均数指数才可以变成综合指数；只有在用 $q_1 p_1$ 这一特定权数时，加权调和平均数指数才可以变成综合指数；其他任何情况下，这种变形关系均不存在。正

是由于这种变形关系的存在,当掌握的资料不能直接用综合指数形式计算时,就可用其变形的平均指数进行计算。

第四节 指数体系和因素分析法

一、指数体系

在综合指数的原理与方法基础上,产生了一种重要的统计分析方法——指数因素分析法,简称因素分析法,其方法论基础是指数体系。

(一)指数体系的概念

客观经济现象是错综复杂的,各种因素对其影响不是孤立的,而是相互联系、相互制约和相互影响的。社会经济现象的数量表现往往为总量指标,而在总量指标的内部或现象之间,常存在着某种固有的数量关系,可以用数学表达式说明,例如:

$$商品销售额=商品单价\times商品销售量$$

$$利润总额=销售量\times产品价格\times销售利润率$$

如果把上述两个等式中等号左边的指标称为"对象指标",把等号右边的指标称为"因素指标",则可以将其概括为:对象指标等于各因素指标的连乘积。这些经济联系在动态上同样存在,表现为相互密切联系的指数联系:

$$商品销售额指数=商品价格指数\times商品销售量指数$$

$$利润总额指数=销售量指数\times产品价格指数\times销售利润率指数$$

如果将前面"对象"和"因素"的概念引入到上面两个指数等式中,就可以把这些指数的联系概括为:对象指数等于各因素指数的连乘积。

统计中将这种经济上具有密切联系,且在数量上具有一定的对等关系的三个或三个以上的指数所构成的整体,称为指数体系。它利用指数间存在的上述数量的关联,来反映对象现象与因素现象在变动中的联系。

(二)指数体系的意义

指数体系在经济分析中具有重要意义,具体表现在以下三个方面:

(1)指数体系是因素分析的基础。利用指数体系,可以从相对数和绝对数两个方面对复杂社会经济现象的变动、各个构成因素对复杂总体的影响方向、程度和所带来的绝对效果等进行分析和研究。

(2)利用指数体系,可以进行指数之间的相互推算。例如,在三个指数形成的指数体系中,如果已知三个指数中的任意两个,就可以依据指数体系中的数量联系,推算出未知的第三个指数。

（3）指数体系对单个综合指数的编制具有指导意义。在应用综合指数形式编制总指数时，确定同度量因素所属的时期，应考虑指数体系的要求。例如，从现实的经济意义出发，在编制质量指标指数时，确定了以报告期数量指标为同度量因素，那么，考虑到利用指标体系进行因素分析的需要，编制数量指标指数时，就应该选取基期的质量指标为同度量因素。

二、因素分析法

（一）因素分析法的概念

因素分析法，是指利用指数体系，对复杂社会经济现象的综合变动，从数量上分析其受各个构成因素变动影响的一种分析方法，这一方法也被称为指数分析法或指数因素分析法。

社会经济现象是普遍联系和相互作用的。一种现象的变动往往会引起其他现象的变动，而其本身的变动，却又有可能是另一些现象变动的影响结果。现象间的这种普遍联系、相互作用的关系正是因素分析法的客观基础。

运用因素分析法，就是要分析和测定在受众多因素影响的复杂社会经济现象的总变动中，各个因素的变动程度、方向以及产生的绝对效果。在经济研究及经济管理中，这种分析对揭露现象发展变化中的矛盾和问题，挖掘进一步发展的潜力，分析现象发展变化的特点和规律等都有重要的意义。

因素分析法解决这样一些问题：例如，某企业的商品销售额增加了，那是什么原因呢？根据经济常识，也可能是商品的价格发生了变化，也可能是商品的销售量发生了变化，还可能是两者均发生变化。但价格和销售量变动常常是复杂的，它们可能同方向变化，也可能反方向变化，而且变化的程度可能比较接近或是相差很远。那么，销售额增加具体是什么原因引起的，这两个因素各自的影响方向如何，影响程度有多大呢？因素分析法就能切实地解决这一类的分析任务。

（二）因素分析法的种类

因素分析法可以从不同角度来进行分类：

（1）按分析对象特点的不同，可分为简单现象因素分析和复杂现象因素分析。前者如某种产品产量变动中，投入劳动量与劳动生产率变动影响的分析；后者如多种商品的总销售额变动中，价格与销售量变动影响的分析。

（2）按分析指标的表现形式不同，可分为总量指标变动因素分析和平均指标、相对指标变动因素分析。总量指标可以分解为水平型和数量型因素指标；平均指标和相对指标可以分解为水平型和结构型因素指标。其中，相对指标一般表现为无名数（强度相对指标除外），因素影响的含义比较抽象，因此，应用时要慎重，注意具体阐明影响的含义。

(3) 按影响因素的多少不同,可分为两因素分析和多因素分析。与两因素分析相对而言,多因素分析在方法上有一些特殊的问题要注意,下面的内容里将会有具体阐述。

需要指出的是,在本节中讨论的是总量指标变动因素分析,下节中将讨论平均指标变动的因素分析;而且在接下去的两因素分析和多因素分析中,将只讨论复杂现象因素分析,简单现象因素分析的内容可参照复杂现象因素分析进行。

(三) 因素分析法的基本步骤和方法

进行指数因素分析,大体上有如下步骤和方法:

(1) 在定性分析的基础上,确定要分析的对象及影响因素,这要从研究的目的和任务出发,并依据相关的理论知识来确定。很多情况下,因素的确定可以有多种不同的角度,如在对产品产量进行变动分析时,可以从劳动要素角度,确定劳动量和劳动生产率两个影响因素;也可从物的要素角度,确定设备投入量和设备利用效率两个影响因素。在确定影响因素的个数时,可以是两个,也可以是三个或者更多的因素。

(2) 按指标间的数量联系,确定分析所采用的对象指标和因素指标,并列出其关系式。对象和因素都可以有多种的指标表现形式。在具体选择各种指标时,还应注意的是,对象指标必须等于各因素指标的连乘积。其关系式为 $E=qmp\cdots$(式中,E 为对象指标,q、m、p 等为因素指标)。而在关系式的确定时,尤其是对多因素指标的排列时,应注意按"先数量标志,后质量标志"的顺序进行。

(3) 根据指标关系式建立分析指数体系及相应的绝对增减量关系式。

A. 两因素的指数体系及绝对增减量关系式的一般形式如下(设 q 为数量指标,p 为质量指标):

$$\frac{E_1}{E_0}=\frac{\sum q_1 p_1}{\sum q_0 p_0}=\frac{\sum q_1 p_0}{\sum q_0 p_0}\times\frac{\sum q_1 p_1}{\sum q_1 p_0}$$

$$E_1-E_0=\sum q_1 p_1-\sum q_0 p_0=(\sum q_1 p_0-\sum q_0 p_0)+(\sum q_1 p_1-\sum q_1 p_0)$$

B. 三因素的指数体系及绝对增减量关系式的一般形式如下(设 q 为数量指标,p 为质量指标):

$$\frac{E_1}{E_0}=\frac{\sum q_1 m_1 p_1}{\sum q_0 m_0 p_0}=\frac{\sum q_1 m_0 p_0}{\sum q_0 m_0 p_0}\times\frac{\sum q_1 m_1 p_0}{\sum q_1 m_0 p_0}\times\frac{\sum q_1 m_1 p_1}{\sum q_1 m_1 p_0}$$

$$E_1-E_0=\sum q_1 m_1 p_1-\sum q_0 m_0 p_0=(\sum q_1 m_0 p_0-\sum q_0 m_0 p_0)$$
$$+(\sum q_1 m_1 p_0-\sum q_1 m_0 p_0)+(\sum q_1 m_1 p_1-\sum q_1 m_1 p_0)$$

以上关系式是概括的表达式,既适用于简单现象的分析,又适用于复杂现象的分析。

(4) 应用实际资料,根据指数体系与绝对量关系式,依次分析每个因素指标变动对对象指数变动影响的相对程度和绝对数量。在上述两因素分析中,指数 $\frac{\sum q_1 p_0}{\sum q_0 p_0}$ 和差式

($\sum q_1 p_0 - \sum q_0 p_0$)是表明 q 因素影响的相对程度及绝对量,而指数 $\frac{\sum q_1 p_1}{\sum q_1 p_0}$ 和差式($\sum q_1 p_1 - \sum q_1 p_0$)是表明 p 因素影响的相对程度及绝对量。三因素分析中各因素指数与对应的差式可以类推。

以上指数因素分析法的基本步骤和方法,在实际工作中,需根据分析的目的、任务及具体条件的不同而灵活运用。

三、两因素分析

如果复杂社会经济现象是受到两个因素的影响,可以利用指数体系,进行两因素分析,以测定各个因素对现象总体的影响程度。如前所述,需要从相对数和绝对数两方面分析两个因素的变化方向和变动程度。

【例 6-6】 仍以表 6-1 中某企业销售甲、乙、丙三种不同商品的资料为例,按表 6-1 中已经计算出来的结果,计算商品销售量和价格变动对商品销售额的影响程度和影响的绝对值。

商品销售量和价格变动对商品销售额的影响程度为:

$$商品销售额指数 = 商品销售量指数 \times 商品销售价格指数$$

即:
$$\frac{\sum q_1 p_1}{\sum q_0 p_0} = \frac{\sum q_1 p_0}{\sum q_0 p_0} \times \frac{\sum q_1 p_1}{\sum q_1 p_0}$$

$$\frac{232.2}{216.0} = \frac{259.2}{216.0} \times \frac{232.0}{259.2}$$

$$107.41\% = 120\% \times 89.51\%$$

计算结果表明,该企业销售甲、乙、丙三种商品的销售额,报告期比基期上升了 7.41%,这是由于销售量报告期比基期上升了 20% 和销售价格报告期比基期下降了 10.49% 两个因素共同引起的。

商品销售量和价格变动对商品销售额影响的绝对值为:

$$商品销售额增减变动 = 因销售量变动而增减的销售额 + 因价格变动而增减的销售额$$

即:
$$\sum q_1 p_1 - \sum q_0 p_0 = (\sum q_1 p_0 - \sum q_0 p_0) + (\sum q_1 p_1 - \sum q_1 p_0)$$

$$232.0 - 216.0 = (259.2 - 216.0) + (232.0 - 259.2)$$

$$16(万元) = 43.2(万元) + (-27.2)(万元)$$

以上的计算表明,该企业销售甲、乙、丙三种商品的销售额,报告期比基期增加了 16 万元,这是由于商品销售量增加使销售额增加了 43.2 万元和商品销售价格下降使销售额减少 27.2 万元两个因素共同引起的。

通过指数体系,对影响商品销售额的两个因素——销售量和销售价格从相对数和绝对数两个方面进行分析,并测定了它们的影响程度和数额。同样,可以对生产总成本与产品产量、单位成本之间等社会经济现象从相对数和绝对数进行两因素分析。

四、多因素分析

复杂社会现象变动有时受三个或三个以上的多因素变动的影响,对此,可以利用指数体系,进行多因素分析,以测定各个因素变动对现象总体变动的影响程度。这种分析方法,从理论上讲可以推广到四个、五个甚至更多的因素分析。但实际工作中并非要精确得像会计核算一样,一分不差,统计研究中应分清主次,抓住主要矛盾,以便采取措施。因此,一般以三四个因素的分析可以满足其要求了。常见的多因素指数体系有:

$$\frac{总产值}{指\ 数} = \frac{职工人}{数指数} \times \frac{工人数占职工人}{数的比重指数} \times \frac{工人劳动}{生产率指数}$$

$$\frac{原材料支出}{总额指数} = \frac{产品产}{量指数} \times \frac{单位产品}{消耗量指数} \times \frac{原\ 材\ 料}{价格指数}$$

在对复杂现象进行多因素分析时,必须注意以下两点:

1. 各个因素的排序

在多因素分析中确定各个因素的排列顺序时,应该根据社会经济现象各个因素之间的相互联系的客观情况,尽量使相邻两个变量的乘积具有独立经济意义。一般地,各个因素的排列要求是:数量指标因素排列在前,质量指标因素排列在后;或者是将主要因素排列在前,次要因素排列在后。例如,企业原材料消耗总额是由产品产量、产品单耗、原材料单价三个因素的乘积求得,其排序也应是如此;或者可以倒转过来,即:原材料消耗总额=原材料单价×产品单耗×产品产量。上述两种排序,无论哪种方式,其相邻两个因素的乘积都有独立的经济意义:即原材料单价与产品单耗的乘积为单位产品原材料消耗总额;而单耗与产品产量的乘积为全部产品原材料消耗总量。这样排序,可以将三因素归并为二因素,或者说,三因素是二因素的展开。如果按照产品的原材料单耗、原材料单价、产品产量的乘积,就不符合指数分解逻辑,而且原材料单价与产品产量的乘积则没有现实意义。

2. 同度量因素固定时期的选择

在多因素分析中,为了分析某一个因素对复杂社会经济现象总体的变动影响时,必须将其他指标加以固定,固定的方法与综合指数编制的一般原则是一致的。即在分析数量指标因素的变动影响时,将质量指标作为同度量因素固定在基期;而在分析质量指标因素的变动影响时,将数量指标作为同度量因素固定在报告期。这样做的目的是要使各个因素指数的连乘积等于总量指标指数,各个因素指数变动而造成的差额之和等于总量指标实际发生的差额。

【例 6-7】 某企业生产的甲、乙两种产品的原材料支出情况表如表 6-6 所示,以其为例说明多因素分析方法。

表 6-6

某企业生产的甲、乙两种产品的原材料支出情况表

商品名称	计量单位	产品产量		原材料	计量单位	原材料单耗		原材料单价（元）		原材料支出总额（万元）			
		基期 q_0	报告期 q_1			基期 m_0	报告期 m_1	基期 p_0	报告期 p_1	基期 $q_0 m_0 p_0$	报告期 $q_1 m_1 p_1$	假 $q_1 m_0 p_0$	定 $q_1 m_1 p_0$
甲	万套	5	6	A	千克	5	4.5	28	30	700	810	840	756
乙	万件	4	3.5	B	千克	1.6	1.65	40	42	256	242.55	224	231
合计	—	—	—	—	—	—	—	—	—	956	1 052.55	1 064	987

根据表 6-6 中的资料，对原材料支出总额进行多因素分析，过程如下：

产品产量、原材料单耗和原材料单价对原材料支出总额的影响程度为：

$$\text{原材料支出总额指数} = \text{产品产量指数} \times \text{产品的原材料单耗指数} \times \text{原材料单价指数}$$

即：

$$\frac{\sum q_1 m_1 p_1}{\sum q_0 m_0 p_0} = \frac{\sum q_1 m_0 p_0}{\sum q_0 m_0 p_0} \times \frac{\sum q_1 m_1 p_0}{\sum q_1 m_0 p_0} \times \frac{\sum q_1 m_1 p_1}{\sum q_1 m_1 p_0}$$

$$\frac{1\,052.55}{956} = \frac{1\,064}{956} \times \frac{987}{1\,064} \times \frac{1\,052.55}{987}$$

$$110.10\% = 111.30\% \times 92.76\% \times 106.64\%$$

产品产量、原材料单耗和原材料单价对原材料支出总额影响的绝对值为：

原材料支出总额增减变动 = 因产品产量变动而增减的原材料支出总额 + 因产品单耗变动而增减的原材料支出总额 + 因原材料单价变动而增减的原材料支出总额

即：$\sum q_1 m_1 p_1 - \sum q_0 m_0 p_0 = (\sum q_1 m_0 p_0 - \sum q_0 m_0 p_0) + (\sum q_1 m_1 p_0 - \sum q_1 m_0 p_0)$
$$+ (\sum q_1 m_1 p_1 - \sum q_1 m_1 p_0)$$

$$1\,052.55 - 956 = (1\,064 - 956) + (987 - 1\,064) + (1\,052.55 - 987)$$

$$96.55(\text{万元}) = 108(\text{万元}) + (-77)(\text{万元}) + 65.55(\text{万元})$$

据此可以计算以下几个指数，并对各个因素进行分析如下：

A. 原材料支出总额指数分析：

$$\overline{K}_{qmp} = \frac{\sum q_1 m_1 p_1}{\sum q_0 m_0 p_0} \times 100\% = \frac{1\,052.55}{956} \times 100\% = 110.1\%$$

$$\sum q_1 m_1 p_1 - \sum q_0 m_0 p_0 = 1\,052.55 - 956 = 96.55(万元)$$

该计算结果表明,原材料支出总额报告期比基期上升了 10.1%,增加支出额为 96.55 万元。

B. 原材料支出总额因素分析:

a. 产品产量指数。分析产量因素变动时,将作为同度量因素的两个质量因素——产品的原材料单耗和原材料单价固定在基期。

$$\overline{K}_q = \frac{\sum q_1 m_0 p_0}{\sum q_0 m_0 p_0} \times 100\% = \frac{1\,064}{956} \times 100\% = 111.3\%$$

$$\sum q_1 m_0 p_0 - \sum q_0 m_0 p_0 = 1\,064 - 956 = 108(万元)$$

该计算结果表明,由于报告期的产品产量比基期增加,使原材料支出额上升 11.3%,增加支出额为 108 万元。

b. 产品的原材料单耗指数。分析产品单耗变动时,应将产量因素固定在报告期不变,而将原材料单价因素固定在基期。

$$\overline{K}_m = \frac{\sum q_1 m_1 p_0}{\sum q_1 m_0 p_0} \times 100\% = \frac{987}{1\,064} \times 100\% = 92.76\%$$

$$\sum q_1 m_1 p_0 - \sum q_1 m_0 p_0 = 987 - 1\,064 = -77(万元)$$

该计算结果表明,由于单位产品原材料消耗下降,使原材料费用支出额下降了 7.24%,减少原材料费用支出额 77 万元。

c. 原材料价格指数。分析原材料价格变动时,应将产品产量与产品原材料单耗的乘积作为数量因素,固定在报告期。

$$\overline{K}_p = \frac{\sum q_1 m_1 p_1}{\sum q_1 m_1 p_0} \times 100\% = \frac{1\,052.55}{987} \times 100\% = 106.64\%$$

$$\sum q_1 m_1 p_1 - \sum q_1 m_1 p_0 = 1\,052.55 - 987 = 65.55(万元)$$

该计算结果表明,由于原材料价格报告期比基期上涨,使原材料费用支出总额上升 6.64%,增加支出费用 65.55 万元。

至此,将原材料费用支出总额的变动情况及其影响因素逐个作了分析和测定,得出如下结论:该企业的原材料支出总额,报告期比基期上升 10.1%,增加支出费用 96.55 万元。这是由于以下三个因素共同影响的结果:① 由于产品产量增加,使原材料费用支出上升 11.3%,增加费用支出 108 万元;② 由于产品单耗下降,影响原材料支出下降 7.24%,减少原材料费用支出 77 万元;③ 由于原材料价格上涨,导致原材料费用支出上升 6.64%,使费用支出增加 65.55 万元。

第五节 平均指标变动的因素分析

指数因素分析法不仅应用于总量指标的对比分析,还可以应用于平均指标的对比分析。

一、平均指标指数的概念及特点

前面所讲的统计指数,是复杂社会经济现象在时间或空间的对比形成的特殊相对数,一般是用总量指标进行对比。

不同时期的平均指标相对比形成的指数称为平均指标指数,也称总平均指数。它是对总体平均指标变动程度的测定,如劳动生产率指数、平均工资指数、平均成本指数等。平均指标指数是将同一经济内容的平均指标在时间或空间上进行对比形成的另一种相对数。在总体分组的条件下,平均指标指数用公式表示为:

$$\text{平均指标指数} = \frac{\bar{x}_1}{\bar{x}_0} = \frac{\frac{\sum x_1 f_1}{\sum f_1}}{\frac{\sum x_0 f_0}{\sum f_0}} = \frac{\sum \left(x_1 \cdot \frac{f_1}{\sum f_1}\right)}{\sum \left(x_0 \cdot \frac{f_0}{\sum f_0}\right)}$$

式中,$\bar{x}_0$、$\bar{x}_1$ 为基期和报告期的总体平均指标;x_0、x_1 为基期和报告期的各组水平值;f_0、f_1 为基期和报告期的各组权数;$\frac{f_0}{\sum f_0}$、$\frac{f_1}{\sum f_1}$ 为基期和报告期各组单位数的比重,亦称权数系数。

从上式中可以看出,平均指标指数受两个因素变动的影响,即各变量值变动的影响和各变量结构变动的影响。因此,统计上将平均指标指数又称为可变构成指数。

平均指标指数具有如下两个特点:

(1)平均指标指数是利用分组资料计算的指数,它所测定的总体平均指标是对各组平均数的加权平均,其权数是各组单位数占总体单位总数的比重。它所综合的是可以同度量的变量,即不同地区、不同单位的同一指标,不需要另外采用同度量因素。

(2)平均指标指数除了测定总体平均指标变动程度以外,还可测定总体内部各组水平的平均变动和总体结构变动对总平均指标变动的影响,能适应统计研究的不同要求,计算三种形式的总平均数指数,即可变构成指数、固定构成指数和结构影响指数。

二、平均指标变动因素分析的一般原理

平均指标是表明社会经济现象总体一般水平的指标。在总体分组情况下,总体平均指标的计算公式为:

$$\bar{x} = \frac{\sum xf}{\sum f} = \sum \left(x \cdot \frac{f}{\sum f} \right)$$

可以看出,总体的水平决定于两个因素:一是总体各部分(组)的水平 x;另一个是总体的结构,即各部分(组)在总体中所占的比重 $\frac{f}{\sum f}$。总体平均指标的变动也无外乎是这两个因素变动的综合结果。平均指标变动的因素分析,就是利用指数因素分析方法,从数量上分析总体各部分水平与总体结构这两个因素变动对总体平均指标变动的影响。例如,一个企业的平均工资水平取决于企业内各组员工的工资水平和各组员工占员工总数的比重这两个因素。通过因素分析,就可以弄清楚这两个因素各自影响的方向、程度和绝对数量,从而能对工资水平变动有较深入的认识。

平均指标变动的因素分析是一种重要的统计分析方法,对经济管理和经济研究有着重要的意义。影响总体平均指标变动的上述两类因素具有不同的性质。总体各部分(组)的水平,主要决定于各部分(组)内部的状况,反映了各部分内部各种因素的作用;而总体结构则是一种与总体全局有关的因素,总体结构状况决定着总体的一些基本特征。经济管理的一项重要任务就是优化结构,使结构合理化,平均指标的因素分析,为这方面的深入研究提供了重要依据。

上述总体平均指标的计算公式,表明了总体平均指标与其他两个影响因素之间的联系。依据指数因素分析法的一般原理,一般将各部分(组)在总体中所占的比重 $\frac{f}{\sum f}$ 视为数量因素,将各部分(组)的水平 x 视为质量因素,进而可列出平均指标变动因素分析的指数体系。该指数体系按权数形式不同,有绝对权数和相对权数两种形式。

按绝对权数形式的指数体系为:

$$\frac{\sum x_1 f_1}{\sum f_1} \div \frac{\sum x_0 f_0}{\sum f_0} = \left(\frac{\sum x_0 f_1}{\sum f_1} \div \frac{\sum x_0 f_0}{\sum f_0} \right) \times \left(\frac{\sum x_1 f_1}{\sum f_1} \div \frac{\sum x_0 f_1}{\sum f_1} \right)$$

$$\frac{\sum x_1 f_1}{\sum f_1} - \frac{\sum x_0 f_0}{\sum f_0} = \left(\frac{\sum x_0 f_1}{\sum f_1} - \frac{\sum x_0 f_0}{\sum f_0} \right) + \left(\frac{\sum x_1 f_1}{\sum f_1} - \frac{\sum x_0 f_1}{\sum f_1} \right)$$

按相对权数形式的指数体系为:

$$\sum \left(x_1 \cdot \frac{f_1}{\sum f_1} \right) \div \sum \left(x_0 \cdot \frac{f_0}{\sum f_0} \right) = \left[\sum \left(x_0 \cdot \frac{f_1}{\sum f_1} \right) \div \sum \left(x_0 \cdot \frac{f_0}{\sum f_0} \right) \right]$$
$$\times \left[\sum \left(x_1 \cdot \frac{f_1}{\sum f_1} \right) \div \sum \left(x_0 \cdot \frac{f_1}{\sum f_1} \right) \right]$$

$$\sum \left(x_1 \cdot \frac{f_1}{\sum f_1} \right) - \sum \left(x_0 \cdot \frac{f_0}{\sum f_0} \right) = \left[\sum \left(x_0 \cdot \frac{f_1}{\sum f_1} \right) - \sum \left(x_0 \cdot \frac{f_0}{\sum f_0} \right) \right]$$

$$+\left[\Sigma\left(x_1\cdot\frac{f_1}{\Sigma f_1}\right)-\Sigma\left(x_0\cdot\frac{f_1}{\Sigma f_1}\right)\right]$$

上面列示的指标体系包括了三个指数，依次为可变构成指数 $\left(\frac{\Sigma x_1 f_1}{\Sigma f_1}\div\frac{\Sigma x_0 f_0}{\Sigma f_0}\right)$、结构影响指数 $\left(\frac{\Sigma x_0 f_1}{\Sigma f_1}\div\frac{\Sigma x_0 f_0}{\Sigma f_0}\right)$ 和固定构成指数 $\left(\frac{\Sigma x_1 f_1}{\Sigma f_1}\div\frac{\Sigma x_0 f_1}{\Sigma f_1}\right)$。如上所述，三个指数的关系为：

可变构成指数＝结构影响指数×固定构成指数

上述三个指数各自有不同的计算方法，其数值表现有不同的特点，而且各自具有不同的经济内容，在分析中有不同的作用。

三、平均指标变动因素分析的方法

【例 6-8】 以表 6-7 的资料为例，说明平均指标指数的编制及其应用；同时，根据这个指数之间的内在联系，分析总体平均指标变动中，各组的平均水平及其结构变动对它的影响方向、程度和绝对量。

表 6-7

某企业职工人数和产值统计表

工 厂	职 工 人 数		人均产值(万元/人)		总产值(万元)		
	基 期	报告期	基 期	报告期	基 期	报告期	假 定
	f_0	f_1	x_0	x_1	$x_0 f_0$	$x_1 f_1$	$x_0 f_1$
甲	50	150	50	55	2 500	8 250	7 500
乙	100	50	20	24	2 000	1 200	1 000
合 计	150	200	30	47.25	4 500	9 450	8 500

（一）可变构成指数

在进行平均数指标因素分析时，要与统计分组结合起来分析。从表 6-7 中可知，该企业有甲、乙两个工厂，职工人数、人均产值、总产值各不相同；基期甲厂职工人数仅为乙厂的一半，而劳动生产率（人均产值）却为乙厂的 2.5 倍。为了提高整个企业的劳动生产率，除了采取各种科学技术措施以外，调整两个厂的职工人数，改变职工人数的结构，也是一个重要的措施。从表 6-7 资料中可以看出，企业总产值报告期比基期的提高受两个因素共同影响：一是各厂人均产值均有所提高；二是两个厂职工人数在整个企业中所占比重发生了变化。表明现象总体的平均水平发生变动，这种由各组平均水平和总体结构两个因素变动相互作用结果的指数称为可变构成指数。

根据表 6-7 中的资料,计算该企业劳动生产率可变构成指数:

$$\frac{\sum x_1 f_1}{\sum f_1} \div \frac{\sum x_0 f_0}{\sum f_0} \times 100\% = \frac{9\,450}{200} \div \frac{4\,500}{150} \times 100\% = 157.5\%$$

总平均劳动生产率即人均产值变动为:

$$\frac{\sum x_1 f_1}{\sum f_1} - \frac{\sum x_0 f_0}{\sum f_0} = \frac{9\,450}{200} - \frac{4\,500}{150} = 17.25(万元/人)$$

计算结果表明,该企业劳动生产率报告期比基期上升了 57.5%,导致人均产值增加了 17.25 万元。这是受各厂人均产值变动和人均产值水平不同的两厂职工人数结构变动的共同影响所致。下面将分别分析这两个因素对整个企业劳动生产率的影响程度。

(二) 结构影响指数

下面将分析甲、乙两厂职工人数在企业职工人数中比重的变动对企业总平均劳动生产率的影响。同样,根据编制指数的原则,把各厂的劳动生产率固定在基期,以此作为权数。

根据表 6-7 中的资料,计算劳动生产率结构影响指数如下:

$$\frac{\sum x_0 f_1}{\sum f_1} \div \frac{\sum x_0 f_0}{\sum f_0} \times 100\% = \frac{8\,500}{200} \div \frac{4\,500}{150} \times 100\% = 141.7\%$$

两厂职工人数比重的变动导致人均产值变动为:

$$\frac{\sum x_0 f_1}{\sum f_1} - \frac{\sum x_0 f_0}{\sum f_0} = \frac{8\,500}{200} - \frac{4\,500}{150} = 12.5(万元/人)$$

计算结果表明,假定甲、乙两厂劳动生产率报告期保持和基期一样,由于劳动生产率水平较低的乙厂人数在企业人数的比重由基期的 66.7% 下降到报告期的 25%,而劳动生产率水平比较高的甲厂人数在企业人数的比重则由基期的 33.3% 上升到报告期的 75%,从而使整个企业平均劳动生产率提高了 41.7%,每个人平均增加产值 12.5 万元。

(三) 固定构成指数

下面分析甲、乙两厂劳动生产率变动对企业总平均劳动生产率变动的影响。按指数编制的原则,将各厂职工人数的比重固定在报告期,以此作权数。

根据表 6-7 中的资料,计算劳动生产率固定构成指数:

$$\frac{\sum x_1 f_1}{\sum f_1} \div \frac{\sum x_0 f_1}{\sum f_1} \times 100\% = \frac{9\,450}{200} \div \frac{8\,500}{200} \times 100\% = 111.2\%$$

各厂劳动生产率变动导致人均产值变动为:

$$\frac{\sum x_1 f_1}{\sum f_1} - \frac{\sum x_0 f_1}{\sum f_1} = \frac{9\,450}{200} - \frac{8\,500}{200} = 4.75(万元/人)$$

计算结果表明,假定甲、乙两厂报告期与基期的职工人数结构相同的情况下,由于各厂劳动生产率的提高使整个企业的平均劳动生产率提高了 11.2%,从而使企业人均产值增加了 4.75 万元。

上述分析表明:可变构成指数、结构影响指数和固定构成指数都是总指数。它们具有独立的意义,并且它们之间有着内在的联系,

即:
$$可变构成指数 = 结构影响指数 \times 固定构成指数$$

$$\frac{\sum x_1 f_1}{\sum f_1} \div \frac{\sum x_0 f_0}{\sum f_0} = \left(\frac{\sum x_0 f_1}{\sum f_1} \div \frac{\sum x_0 f_0}{\sum f_0} \right) \times \left(\frac{\sum x_1 f_1}{\sum f_1} \div \frac{\sum x_0 f_1}{\sum f_1} \right)$$

$$157.5\% = 141.7\% \times 111.2\%$$

各因素分子和分母之差的代数和表示总平均劳动生产率水平(人均产值)的差额,且存在着这样的联系:

$$\frac{\sum x_1 f_1}{\sum f_1} - \frac{\sum x_0 f_0}{\sum f_0} = \left(\frac{\sum x_0 f_1}{\sum f_1} - \frac{\sum x_0 f_0}{\sum f_0} \right) + \left(\frac{\sum x_1 f_1}{\sum f_1} - \frac{\sum x_0 f_1}{\sum f_1} \right)$$

$$17.25(万元/人) = 12.5(万元/人) + 4.75(万元/人)$$

四、综合指数与平均指数相结合的因素分析

平均指标指数与总量指标指数之间的关系,如同平均指标与总量指标之间一样,存在着一定的经济联系,同样可以进行两因素分析和多因素分析。

【例 6-9】 仍以表 6-7 中的资料为例,整理后得表 6-8。

表 6-8

某企业产值变动因素分析表

项目	职工人数 $\sum f$(人)	人均产值 $\bar{x}$(万元/人)	总产值 $\sum q$(万元)
基期	150	30	4 500
报告期	200	47.25	9 450

对表 6-8 中资料,依据总量指标因素分析的方法,可以计算如下:

$$总产值指数 = 职工人数指数 \times 劳动生产率指数$$

即:
$$\frac{\sum q_1}{\sum q_0} = \frac{\sum f_1}{\sum f_0} \times \frac{\bar{x}_1}{\bar{x}_0}$$

$$\frac{9\ 450}{4\ 500} = \frac{200}{150} \times \frac{47.25}{30}$$

$$210.00\% = 133.33\% \times 157.50\%$$

$$\sum q_1 - \sum q_0 = 9\,450 - 4\,500 = 4\,950(万元)$$

计算结果表明,该企业的总产值报告期比基期上升了 210.00%,增加了 4 950 万元,这是由于企业职工人数增加与劳动生产率提高两个因素共同影响的结果。

A. 由于职工人数报告期比基期上升 33.33%,增加人数 50 人,使企业总产值增加为:

$$(\sum f_1 - \sum f_0) \times \bar{x}_0 = (200 - 150) \times 30 = 1\,500(万元)$$

B. 因为劳动生产率报告期比基期上升 57.50%,人均产值增加 17.25 万元,使得企业总产值增加:

$$(\bar{x}_1 - \bar{x}_0) \times \sum f_1 = (47.25 - 30) \times 200 = 3\,450(万元)$$

在这里,由于劳动生产率指数是可变构成指数,它包含了劳动生产率固定构成指数和结构影响指数。借助前面对可变构成指数、固定构成指数和结构影响指数的计算结果,可以分析劳动生产率上升 57.50%,总产值增加 3 450 万元的原因如下:

a. 由于各厂工人劳动生产率提高,使得企业总劳动生产率报告期比基期提高 11.2%,从而使企业总产值增加为:

$$\left(\frac{\sum x_1 f_1}{\sum f_1} - \frac{\sum x_0 f_1}{\sum f_1}\right) \times \sum f_1 = 4.75 \times 200 = 950(万元)$$

b. 由于企业职工人数比重的变动,使得企业总劳动生产率上升 41.7%,从而企业总产值增加为:

$$\left(\frac{\sum x_0 f_1}{\sum f_1} - \frac{\sum x_0 f_0}{\sum f_0}\right) \times \sum f_1 = 12.5 \times 200 = 2\,500(万元)$$

上述四个指数存在着以下的关系:

$$总产值指数 = 职工人数指数 \times 劳动生产率固定构成指数 \times 劳动生产率结构影响指数$$

即:

$$\frac{\sum q_1}{\sum q_0} = \frac{\sum f_1}{\sum f_0} \times \left(\frac{\sum x_1 f_1}{\sum f_1} \div \frac{\sum x_0 f_1}{\sum f_1}\right) \times \left(\frac{\sum x_0 f_1}{\sum f_1} \div \frac{\sum x_0 f_0}{\sum f_0}\right)$$

$$\frac{9\,450}{4\,500} = \frac{200}{150} \times \left(\frac{9\,450}{200} \div \frac{8\,500}{200}\right) \times \left(\frac{8\,500}{200} \div \frac{4\,500}{150}\right)$$

$$210.00\% = 133.33\% \times 111.2\% \times 141.7\%$$

而:

$$\sum q_1 - \sum q_0 = (\sum f_1 - \sum f_0) \times \bar{q}_0 + \left(\frac{\sum x_1 f_1}{\sum f_1} - \frac{\sum x_0 f_1}{\sum f_1}\right) \times \sum f_1$$

$$+ \left(\frac{\sum x_0 f_1}{\sum f_1} - \frac{\sum x_0 f_0}{\sum f_0} \right) \times \sum f_1$$

$9\,450 - 4\,500 = (200 - 150) \times 30 + (47.25 - 42.5) \times 200 + (42.5 - 30) \times 200$

$4\,950(万元) = 1\,500(万元) + 950(万元) + 2\,500(万元)$

通过上面一系列的计算与分析,可以作以下综合说明:

该企业报告期的总产值比基期上升110.00%,增加产值4 950万元。其原因是:① 由于企业职工人数报告期比基期上升33.33%,增加50人,使总产值增加1 500万元;② 由于企业总平均劳动生产率提高57.50%,人均产值增加17.25万元,使企业总产值增加3 450万元。其中由于甲、乙两厂劳动生产率的提高使企业总平均劳动生产率提高11.20%,使总产值增加950万元;由于甲、乙两厂职工人数比重的变动,使企业总平均劳动生产率提高41.70%,使总产值增加2 500万元。

第六节 统计指数综合应用案例

企业产品质量指数的编制

一、案例资料

某针织厂主要产品的质量参数、部颁质量标准、产品产量及产品平均出厂价格资料如表6-9所示。

表6-9

某针织厂产品质量的有关资料

产品名称	主要质量参数	参数属性	质量水平 2003年	质量水平 2004年	质量标准	产量(万米)	平均出厂价格(元/米)
绒布	干重	区间	263.5	261.84	259~273	117	6.89
	强力(直)	区间	260.86	264.20	225~264		
	强力(横)	区间	225.20	226.80	186~215		
	密度(直)	区间	64.12	64.82	59~62		
	密度(横)	区间	53.50	54.50	53~56		
	缩水率(直)	逆	2.67	3.96	8		
	缩水率(横)	逆	5.25	2.80	6		

(续表)

产品名称	主要质量参数	参数属性	质量水平 2003年	质量水平 2004年	质量标准	产量（万米）	平均出厂价格（元/米）
单面布	干重	区间	122.40	126.03	120～126	351.1	2.21
	强力(直)	正	210.24	202.95	225.50		
	强力(横)	正	145.10	143.90	147		
	密度(直)	区间	87.60	91.57	87～92		
	密度(横)	区间	75.20	75.58	72～76		
	缩水率(直)	逆	2.60	3.50	5.50		
	缩水率(横)	逆	1.96	1.89	6.50		
外衣布	干重	区间	153	147.3	139～150	5.86	2.39
	强力	正	525	554	550		
	幅宽	区间	153	150	148～180		
涤盖布	干重	区间	246	249.18	232～250	28.50	2.18
	强力	正	466.50	466.50	450		
	幅宽	区间	180	180	177～180		

要求：根据以上资料，编制该厂工业产品质量指数，并对产品质量状况进行分析评价。

二、编制方法说明

产品质量指数的编制步骤及基本方法如下：

（一）产品主要质量参数的质量系数

由于产品质量参数有正指标、逆指标和区间值指标等不同类型，因而质量系数也有几种不同的计算方法。

设 K 为产品质量系数，K_1 为产品某一质量参数报告期实际值，K_0 为产品某一质量参数基期实际值，则有：

（1）正指标质量系数的计算公式为：

$$K = K_1 / K_0$$

（2）逆指标质量系数的计算公式为：

$$K = (1/K_1)/(1/K_0) = K_0/K_1$$

(3) 区间值指标又分为以下几种情况：① 报告期和基期参数值均在质量规定的区间范围内，动态质量系数按 1 计算；报告期参数值在区间范围内，静态质量系数按 1 计算。② 报告期和基期参数值至少有一个超出区间上限，按逆指标方法计算动态质量系数；报告期参数值超出区间上限，按逆指标方法计算静态质量系数，用区间上限值与报告期实际值相比。③ 报告期和基期参数值至少有一个超出区间下限，按正指标方法计算动态质量系数；报告期参数值超出区间下限，按正指标方法计算静态质量系数，用报告期实际值与区间下限值相比。④ 报告期和基期参数值一个超出区间上限，一个超出区间下限时，先求出两个参数值与区间中点的差的绝对值，然后对比求出动态质量系数。

(二) 计算产品综合质量系数

(1) 企业某种产品的综合质量系数的计算公式为：

$$\text{某种产品的综合质量系数} = \Sigma K/n$$

式中，K 为某种产品综合质量系数；n 为该产品质量参数的个数。

(2) 工业部门、地区等综合单位计算产品综合质量系数时采用下列公式：

$$\frac{\text{综合单位某产品}}{\text{综合质量系数}} = \frac{\text{企业某产品综合质量系数} \times \text{企业该产品产量}}{\text{企业产品产量}} = \frac{\Sigma KQ}{\Sigma Q}$$

(三) 计算工业产品综合质量指数

工业产品综合质量指数的计算公式为：

$$I_k = \Sigma KW / \Sigma W$$

式中，I_k 为工业产品综合质量指数；W 为各产品综合质量系数的权数（本例中可采用产品总价值指标计算的权数）。

三、案例分析过程

首先，按照编制说明的第一部分的方法，计算产品各主要参数的质量系数，所得结果如表 6-10 所示。

表 6-10 中各参数质量系数的具体计算方法参照"编制方法"说明进行。比如：

(1) "绒布"的"干重"，因为其基期和报告期的质量水平 263.5 和 261.84 都处于质量标准的区间（259～273）内，所以其质量系数按 1 计算；

(2) "绒布"的"强力（直）"，因为其基期和报告期的质量水平分别为 260.86 和 264.2，而质量标准区间为 225～264，其报告期水平超过了质量标准的上限，所以按逆指标方法计算静态质量系数，用区间上限值与报告期实际值相比，即质量系数 = 264 ÷ 264.2 × 100% = 99.92%。

表 6-10

产品主要参数的质量系数计算表

产品名称	主要质量参数	参数属性	质量水平 2003年	质量水平 2004年	质量标准	主要参数质量系数(%)
绒布	干重	区间	263.50	261.84	259~273	100.00
	强力(直)	区间	260.86	264.20	225~264	99.92
	强力(横)	区间	225.20	226.80	186~215	94.80
	密度(直)	区间	64.12	64.82	59~62	95.65
	密度(横)	区间	53.50	54.50	53~56	100.00
	缩水率(直)	逆	2.67	3.96	8	67.42
	缩水率(横)	逆	5.25	2.80	6	187.50
单面布	干重	区间	122.40	126.03	120~126	99.98
	强力(直)	正	210.24	202.95	225.50	96.53
	强力(横)	正	145.10	143.90	147	99.17
	密度(直)	区间	87.60	91.57	87~92	100.00
	密度(横)	区间	75.20	75.58	72~76	100.00
	缩水率(直)	逆	2.60	3.50	5.50	74.29
	缩水率(横)	逆	1.96	1.89	6.50	103.70
外衣布	干重	区间	153	147.30	139~150	103.87
	强力	正	525	554	550	105.52
	幅宽	区间	153	150	148~180	100.00
涤盖布	干重	区间	246	249.18	232~250	100.00
	强力	正	466.50	466.50	450	100.00
	幅宽	区间	180	180	177~180	100.00

(3)"绒布"的"缩水率(直)",因为属于逆指标,所以质量系数 $K=(1/K_1)/(1/K_0) \times 100\% = K_0/K_1 \times 100\% = 2.68 \div 3.96 \times 100\% = 67.42\%$;

(4)"单面布"的"强力(直)",因为属于正指标,所以系数 $K=K_1/K_0 \times 100\% = 202.95 \div 210.24 \times 100\% = 96.53\%$;

(5) 其余参数的质量系数计算以此类推。

接着计算各种产品的综合质量系数。只需将各种产品下所有参数的质量系数进行加总,然后除以参数的个数,即可得到各种产品的质量系数。比如,绒布的质量系数为:
$(100.00\% + 99.92\% + 94.80\% + 95.65\% + 100.00\% + 67.42\% + 187.50\%) \times 100\% \div 7 = 106.47\%$,其余三种产品的计算以此类推。得到的结果如表6-11所示。

表6-11

产品综合质量系数计算表

产品名称	主要质量参数	主要参数质量系数(%)	产品综合质量系数(%)
绒布	干重	100.00	106.47
	强力(直)	99.92	
	强力(横)	94.80	
	密度(直)	95.65	
	密度(横)	100.00	
	缩水率(直)	67.42	
	缩水率(横)	187.50	
单面布	干重	99.98	96.24
	强力(直)	96.53	
	强力(横)	99.17	
	密度(直)	100.00	
	密度(横)	100.00	
	缩水率(直)	74.29	
	缩水率(横)	103.70	
外衣布	干重	103.87	103.13
	强力	105.52	
	幅宽	100.00	
涤盖布	干重	100.00	100.00
	强力	100.00	
	幅宽	100.00	

最后,计算整个企业所有产品的综合质量系数。其计算如表6-12所示。

第六章 统计指数

表 6-12

企业所有产品的综合质量系数计算表

产品名称	产品综合质量系数(%)	产量(万米)	平均价格(元/米)	产品总价值(万元)
绒布	106.47	117.00	6.89	806.13
单面布	96.24	351.10	2.21	775.931
外衣布	103.13	5.86	2.39	14.0054
涤盖布	100.00	28.50	2.18	62.13

根据表 6-12 的数据，

$$\text{整个企业所有产品的综合质量系数} = \frac{106.47\% \times 806.13 + 96.24\% \times 775.931 + 103.13\% \times 14.0054 + 100.00\% \times 62.13}{806.13 + 775.931 + 14.0054 + 62.13}$$

$$\times 100\% = 101.41\%$$

上述各质量系数的计算结果表明，该企业"绒布"的各种参数，有的变好、有的变差，共同作用使得"绒布"的质量上升了 6.47%；"单面布"的各种参数也有的变好、有的变差，共同使得其质量下降了 3.76%；"外衣布"的各参数有所转好，使得其质量上升了 3.13%；"涤盖布"的各参数均保持不变，使得其质量报告期与基期持平。此外，这四种产品的共同作用，使得整个企业的产品质量上升了 1.41%，这说明 2004 年该企业的质量管理工作做得还是比较好的。

本 章 习 题

6.1 某商店主要商品销售统计资料如表 6-13 所示。

表 6-13

某商店主要商品销售统计资料

商品	计量单位	销售量		上月销售额(万元)
		上月	下月	
甲	件	4 000	4 400	200
乙	台	800	760	320
丙	套	2 000	2 000	80

要求：试计算，

(1) 三种商品的销售量个体指数；

(2) 三种商品销售量总指数；
(3) 由于销售量变化对销售额的影响额。

6.2 某企业产品总成本和产量资料如表 6-14 所示。

表 6-14

某企业产品总成本和产量资料

产品名称	总成本（万元）		单位成本增减（%）
	基　期	报　告　期	
A	150	180	−5
B	90	135	+20
C	30	36	−2

要求：试计算总成本指数、产量总指数及产品单位成本总指数。

6.3 某厂产品产量及出厂价格资料如表 6-15 所示。

表 6-15

某厂产品产量及出厂价格资料

产品名称	计量单位	产　量		出厂价格（元）	
		基　期	报告期	基　期	报告期
甲	吨	1 200	1 000	220	200
乙	台	2 000	2 400	100	120
丙	件	8 000	8 200	40	40

要求：试利用指数体系对该厂的总产值变动进行分析（即因素分析）。

6.4 某企业职工数和月工资总额资料如表 6-16 所示。

表 6-16

某企业职工数和月工资总额资料

职工组别	职　工　数（人）		工资总额（元）	
	基　期	报告期	基　期	报告期
A	64	76	112 000	152 000
B	56	84	112 000	189 000

要求：试计算，
(1) 总平均工资指数（平均工资可变指数）；
(2) 平均工资水平固定指数，人数结构变动影响指数；

(3) 从相对数方面分析因素变动对总平均工资的影响程度(须有文字分析)。

6.5 某村庄去年的水稻种植面积为 4 000 亩,收割稻谷 1 680 吨。今年对该村的稻谷收割量进行了抽样测定,抽查了 100 块田地,得到的资料如表 6-17 所示。

表 6-17

某村庄今年对其稻谷收割量的抽查资料

亩产量(千克)	400 以下	400~450	500 以上
田块数	20	50	30

并且知道,今年的水稻种植面积比去年增加 5%。

要求:试计算该村稻谷收割量今年比去年的增长情况;并分别从相对数和绝对数两方面分析种植面积的增加和每亩收割量的变化对总收割量的影响。

6.6 几种主要食品价格调整前后的资料如表 6-18 所示。

表 6-18

几种主要食品价格调整前后的资料

商品名称	调 整 前		调 整 后	
	销售单价(元/千克)	销售量(万吨)	销售单价(元/千克)	销售量(万吨)
蔬 菜	1.6	5.00	1.8	5.20
猪 肉	12.8	4.46	14.0	5.52
鲜 蛋	4.4	1.20	4.8	1.15
水产品	8.5	1.15	10.0	1.30

要求:
(1) 计算各商品零售物价个体指数;
(2) 计算四种商品物价和销售量的总指数;
(3) 计算由于每种商品和全部商品价格变动使该市居民增加支出的金额。

6.7 某企业生产销售三种商品的资料如表 6-19 所示。

表 6-19

三种产品的生产销售资料

产品名称	单位	2004 年销售额	2005 年销售量比 2004 年增长 %	2005 年价格为 2004 年的 %
甲	吨	80	2.0	100
乙	件	90	3.5	102
丙	台	120	4.0	96

要求:试计算三种产品销售额总指数,并用相对数和绝对数分析销售量变动和销售价格变动对销售额变动的影响。

第七章 抽样调查

事实上,我们的知识、态度和行动在很大程度上都是以所接触和感知的部分主、客观事物即样本为依据的,这一点无论在日常生活还是科学研究中都是如此。一个人对一个每天需要处理几千件事务的机构的看法,往往是由他在几年里与这个机构相关联的一件、两件事情所决定的。这些现象和事实为抽样调查方法提供了良好的现实基础。美国盖洛普民意测验机构曾经指出,抽样调查的一个重大作用能使一个消息灵通的政府迅速测定人民对一个新的政府方案的意见,要了解一个国家或地区的人口、环境、资源、社会经济、政治现状,以及人们的意向和对各种问题所持的态度,都必须进行抽样调查。根据调查结果,经过恰当的分析研究,提供可作为有关决策部门制定政策或采取必要行动的依据。下面将介绍这种技术。

第一节 抽样调查概述

一、抽样调查的概念、特点和作用

（一）抽样调查的概念

抽样调查是根据随机原则从总体中抽取部分实际数据进行调查,并运用概率估计方法,根据样本数据推算总体相应的数量指标的一种统计分析方法。

抽样调查不同于全面调查,它是通过组织抽样调查取得部分单位的实际资料,来估计和判断总体的数量特征,以达到对现象总体的认识。抽样调查具有花费少、适时性强的特点,这是全面调查所不能比拟的。

从广义上理解,抽样调查包括调查和推断两部分。具体地说,所谓调查,是指按照随机原则从调查对象的全部单位中抽取部分单位,进行调查,取得各项准确的数据;所谓推断,是指运用数理统计原理,根据抽样调查资料,对研究对象全体的数量特征,作出具有一定可靠程度的估计和判断,以正确认识现象总体。

总之,抽样调查,不仅是一种科学的、非全面的调查方法,而且是一种根据非全面调查资料,推算全面情况的统计研究方法。

（二）抽样调查的特点

抽样调查具有如下几个特点：

(1) 抽样调查是由部分推算整体的一种认识方法。它采用部分单位的指标数值去推断和估计总体的指标数值，这是它与其他非全面调查的一个重要区别。例如，重点调查就是通过对部分重点单位的观察，以了解总体的基本情况和现象的发展趋势，它没有对总体进行数量推断的任务，也不具备进行推断的条件。

(2) 抽样调查是建立在随机取样基础上的，运用概率估计的方法。样本数据和参数之间，并不存在类似于自变量和因变量之间的严格对应关系，因而它不能利用一定的函数关系推算总体参数。但它却运用归纳推理原理，即不保证从正确的前提一定得到正确的结论，而只肯定从正确的前提得到的结论有一定程度的可靠性，概率估计从这一原理出发具体确定用样本指标推断总体指标的可靠程度有多少。

(3) 抽样推断的误差可以事先计算并加以控制。以样本指标估计相应的总体指标，肯定会存在一定的误差。但抽样误差的范围，可以事先通过有关资料加以计算，并可采取必要的组织措施来控制这一误差范围，保证抽样推断的结果达到一定的可靠程度。这也是其他估算方法所不能做到的。

(三) 抽样调查的作用

抽样调查在社会经济统计中，有其独特的重要作用：

(1) 对有些不可能或不必要进行全面调查，但又需要了解其全面数量情况的社会经济现象，可以运用抽样推断，实现调查的目的。例如，在工业生产中检验某些产品质量时，常常具有破坏性，如灯泡的寿命检验、棉纱的拉力试验等，不可能对全部产品进行检验，而必须采用抽样，以样本资料推断总体的质量状况。又如，有些现象总体过大、单位过于分散，进行全面调查实际上是不可能的。如调查水库的鱼苗数、森林的木材积蓄量等，也必须采用抽样推断。还有些社会经济现象，从理论上说，可以进行全面调查，但调查范围太广、单位太大，采用抽样推断反而可节省人力、费用、时间，并可提高资料的准确性。

(2) 抽样调查与全面调查同时进行，可以发挥互相补充和检查调查质量的作用。全面调查由于范围广、工作量大、参加人员多，往往容易发生登记性误差和计算误差。如果在全面调查后，随即抽取一部分单位重新调查一次，将这些单位两次调查的资料进行对比，计算其差错率，并据以对全面调查资料加以修正，可以提高全面调查资料的准确性。

(3) 抽样推断可以用于工业生产过程的质量控制。抽样推断法可以有效地应用于对工业产品的成批或大量连续生产过程进行质量控制，检查生产过程是否正常，及时提供有关信息，便于采取措施，防止废品的发生。

(4) 利用抽样推断法还可以对总体的某种假设进行检验，判断其真伪，以作出正确的决策。例如，新工艺、新技术的采用，是否能收到明显的效果，需要对未知或完全不知道的总体作出一些假设,然后利用抽样推断法,根据实验的材料对所作假设进行检验,作出判断。

二、抽样调查的几个基本术语

1. 全及总体

全及总体是指包括样本在内的所研究(调查)对象的全体。例如,调查上海市中学生的学习状况,则在上海市就读的中学生的全体,便是调查研究的总体。

2. 抽样框

抽样框是指用以代表总体,并从中抽选样本的一个框架,其具体表现形式主要有包括总体全部单位的名册、地图等。例如,对上海市教师进行调查,则上海市教委教师名册便是抽样框;如果调查某学校各班级的情况,则该学校所有班级的名册便是抽样框。抽样框在抽样调查中处于基础地位,是抽样调查必不可少的部分,其对于推断总体具有相当大的影响。

3. 抽样单位

抽样单位是指在抽样框上排列的个体单位。例如,在上例中,上海市每一位教师即为一抽样单位;每一个班级都是抽样单位。

4. 元素

元素是指接受调查的最小单位,通常是指人。上例中,班上每一位学生即为元素。

5. 样本

样本是指从抽样框中抽出的抽样单位总和。例如,百事可乐公司抽取3 500个家庭作调研,则称这3 500个家庭为样本。又如,从上海市全体教师中抽出200名教师作调查,称这200名教师为样本。

6. 置信水平

在根据抽样结果对总体参数作出估计时,由于样本的随机性,其结论总是不确定的。因此,采用数理统计中的区间估计法,即估计值与总体参数在一定允许的误差范围以内,其相应的概率有多大,这个相应的概率称作置信水平。

7. 样本容量

样本容量是指样本所含个体数量的多少。

8. 总体参数与样本统计量

不论总体还是样本,都要使用一些数量指标来描述它们的特征。描述总体数量特征的指标就是总体参数,因为总体是确定的、唯一的,所以总体参数也是唯一的、确定的,而且在抽样推断前是未知的。描述样本数量特征的指标就是样本统计量,因为样本是随机的,所以样本统计量也是随机的。常用的总体参数与样本统计量有算术平均数、成数(或称比率)、方差等。

三、抽样方法的种类

抽样方法可分为两大类：

1. 概率抽样

即在抽样时，总体中每一个抽样单位被选为样本的概率相同，能够保证样本的代表性，避免人为的干扰和偏差。在市场调查中通常都用概率抽样。其中，常用的概率抽样有：

（1）简单随机抽样。简单随机抽样也称为单纯随机抽样，是指从总体 N 个单位中任意抽取 n 个单位作为样本，使每个可能的样本被抽中的概率相等的一种抽样方式。简单随机抽样法样本的取得，可以对总体编号后利用随机数表依照概率抽取。

（2）双重抽样。采用这一方式抽样时，首先，抽取一个初步样本，并抽取一些简单项目以获得有关总体的信息；然后，在此基础上再进行深入抽样。在实际运用中，双重抽样可以推广为多重抽样。双重抽样的主要作用是提高抽样效率、节约调查经费。通常在对总体认识极为贫乏的条件下，可用本法。第一次抽样，因为所要收集的每个样本的具体信息较少，故样本数通常较大。第二次因为要比较深入地调查每个样本，故样本数较小。

（3）逐次抽样。采用这一方式抽样时，开始只抽取少量样本，根据此少量样本的结果来决定是否接受某一假设，还是应继续抽取样本，直到能够决定接受或拒绝假设为止。逐次抽样法是费用较低且实用的一种方法。

（4）分层抽样。分层抽样就是将总体单位按其属性和特征分成若干类型或层，然后在各类型或层中随机抽取样本单位。其特点是：由于通过划类分层，增大了各类型内单位间的共同性，容易抽出具有代表性的调查样本。该方法适用于总体情况复杂、各单位之间差异较大、单位数较多的场合。从理论上说，分层的数目愈多愈好。因为层数愈多，每层的样本单位愈相似，样本估计值的精确度愈高。但出于成本的考虑，层数不宜超过六层。

（5）整群抽样。整群抽样就是从总体中成群成组地抽取调查单位，而不是一个一个地抽取调查样本。其特点是：调查单位比较集中，调查工作的组织和进行比较方便。但调查单位在总体中的分布不均匀，准确性要差些。因此，在群间差异性不大或者不适宜单个地抽选调查样本的情况下，可采用这种方式。

（6）系统抽样。系统抽样，也叫机械抽样或等距抽样，是将总体各单位按一定标志或次序排队，然后按相等的距离或间隔抽取样本单位。其特点是：抽出的单位在总体中是均匀分布的，且抽取的样本可少于简单随机抽样。系统抽样既可以按照与调查项目相关的标志排队，也可以用无关的标志排队。系统抽样是实际工作中应用较多的方法，目前我国城乡居民收支等相关调查，都是采用这种方式。

(7) 复合抽样。复合抽样是将总体分为若干层,用系统抽样法选取样本。因此兼有分层抽样及系统抽样的优点。

在抽样调查的实际工作中,经常要将以上介绍的几种抽样方法结合起来应用。例如,对城市居民的收支调查,即是将双重抽样、分层抽样、系统抽样等多种方法结合起来共同使用。

2. 非概率抽样

如果从一间货物堆得很满的仓库进行抽样或从大气中采取大气样,这时样本难于严格按一定概率进行抽样,也有因为经费或时间的限制无法进行严格的概率抽样。在这种情况下要用非概率抽样,也就是抽样时,抽样单位被选为样本的概率是不可知的。

在现实的商业性市场调查中也有非概率抽样的应用,如配额抽样、随意抽样、志愿者抽样、判断抽样、修正的概率抽样和滚雪球抽样等。由于这些抽样方法容易出现偏差,所以只在对共性特别强的群体的商业性调查中应用。

四、抽样的方式

按照样本使用方式,抽样可以分为:

1. 重复调查

重复调查是指每次调查均重新抽样,使用新样本进行同样调查,是最常用之方法。

2. 同样本调查

同样本调查是指利用同一样本作长期的调查,集中力量研究样本的变化,又称追踪调查。在研究消费者品牌忠诚度或消费者购买行为时,多使用此方式。

3. 轮换样本调查

轮换样本调查是指每次换取部分样本,来代表总体变化;它既可以维持部分样本的连续性及稳定性,又可以降低成本。

4. 分裂调查

分裂调查是指一部分每次均采用新样本(重复调查);一部分均用相同样本(同样本调查)。

五、抽样调查的基本步骤

抽样调查主要包括以下四个基本步骤:

(1) 选定抽样框;

(2) 选取样本;

(3) 计算样本估计值;

(4) 进行总体估计。

第二节 抽样误差和抽样估计

一、抽样误差的概念

抽样误差是指在抽样调查中,通常由于随机抽样的偶然因素,导致了样本各单位的结构与总体各单位结构的代表性差别,进而引起的抽样指标和全及指标之间的离差绝对值。因为由样本得出的估计值是随着抽取的样本不同而变化的,即使观察完全正确,它和总体指标之间也往往存在差异,这种差异纯粹是抽样引起的,故称之为抽样误差,如抽样平均数与总体平均数的离差绝对值、抽样成数与总体成数的离差绝对值等。

抽样误差愈小,样本代表性越高,推断的精确度就越高;反之,抽样误差愈大,样本代表性较低,推断的精确度就越低。

必须指出的是,在抽样调查中,误差的来源有抽样误差和非抽样误差两大类:① 抽样误差是凡进行抽样就一定会产生的抽样误差,这种误差虽然是不可避免的,但可以控制,所以又称为可控误差。② 在实际进行抽样调查时,常会产生非随机因素以外的其他因素所造成的误差,影响抽样结果的精确性,称为非抽样误差。此种误差只有细心设计抽样过程及正确认真执行抽样工作,方可减为最低。造成非抽样误差的原因在于:一是未能回收问卷或填答项目不完整,遗漏数据;二是由于测量方法及测量工具不良所导致的测量不准。

此外,抽样误差与另外两种误差不同:一种是调查误差,即在调查过程中,由于观察测量、登记、计算上的差错所引起的误差;另一种是系统误差,即由于违反随机原则,有意地选择较好或较差单位进行调查,造成样本代表性不足所引起的误差。这两种误差是可以防止和避免的。

二、抽样平均误差

(一)抽样平均误差的概念

抽样平均误差是抽样误差的平均数,即一系列抽样指标的抽样平均数或抽样成数的标准差。它反映了样本统计量与相应总体参数的平均误差程度;同时也表示用样本统计量推断总体的精确程度。抽样平均误差通常用希腊字母 μ 来表示,为便于区别,用 $\mu_{\bar{x}}$ 表示抽样平均数的抽样平均误差,μ_p 表示抽样成数的抽样平均误差;它反映抽样平均数(或抽样成数)与总体平均数(或成数)的平均误差程度。有关成数的概念将在本节"抽样估计"中详细介绍。

因为抽样总体是从全及总体中随机抽取一部分单位组成的整体,按照排列组合方法,一个全及总体可以形成许多个可能的抽样总体,而样本总体的结构不可能与全及总体的结构完全一样,各个不同样本单位数组成的样本总体各有自己的抽样平均数或抽样成数,而且与总体指标又各有不同的抽样实际误差。我们一般不用某一个样本指标或各个不同的抽样指标来推断总体指标,而是把全部可能出现的一系列抽样指标(抽样平均数与成数)作为随机变量,求出这个随机变量的标准差。

在抽样推断中,以此来衡量抽样指标对全及指标代表性大小和误差的可能范围,这个随机变量的标准差就是抽样平均误差。抽样推断中的抽样误差主要是指抽样平均误差。

影响抽样平均误差的因素主要有:① 总体单位的标志值的变异程度。变异程度愈大则抽样误差愈大。② 样本单位数的多少。在其他条件相同的情况下,样本单位数愈多,则抽样误差愈小。③ 抽样的方法。抽样方法不同,抽样误差也不相同。一般来说,重复抽样比不重复抽样的误差要大些。④ 抽样调查的组织形式。抽样调查的组织形式不同,其抽样误差也不相同,而且同一组织形式的合理程度也会影响抽样误差。

抽样平均误差概括地反映了整个抽样过程中可能出现的误差,表明抽样平均数(或成数)与总体平均数(或成数)的平均误差程度,所以它既可以作为衡量抽样指标对全及指标代表性大小的一种尺度,又可以作为计算抽样指标与全及指标之间变异范围的主要依据,在抽样推断或估计中具有极其重要的意义。

(二)抽样平均误差的计算方法

如前所述,抽样平均误差是抽样平均数(或抽样成数)的标准差,它反映抽样平均数(或抽样成数)与总体平均数(或总体成数)的平均误差程度。因为样本指标主要有抽样平均数和抽样成数两种,相应地,测定样本指标的平均误差也有两种。

根据上述定义,可以得到抽样平均数的抽样平均误差基本计算公式为:

$$\mu_x = \sqrt{\frac{\sum(\bar{x}-\overline{X})^2}{k}}$$

式中,μ_x 为抽样平均数的抽样平均误差;$\bar{x}$ 为抽样总体平均数;$\overline{X}$ 为全及总体平均数;k 为样本平均指标的个数。

同理,抽样成数的抽样平均误差基本公式为:

$$\mu_p = \sqrt{\frac{\sum(p-P)^2}{k}}$$

式中,μ_p 为抽样成数的抽样平均误差;p 为抽样总体成数;P 为全及总体成数;k 为样本成数的个数。

应当指出的是,以上两个只是理论公式,在实际应用中存在两个困难:一是运用这两个公式要求把所有的样本都抽取出来,计算它们的样本指标值,这是不可能的。每次抽样调查一般只抽取一个样本,计算其样本指标值。二是运用这个公式要求总体指标(总体平均数和总体成数)是已知的,但实际上总体指标正是抽样调查要推断的。

不过，可以通过数理统计理论证明到：抽样平均误差(μ)与样本容量(n)的平方根成反比；与总体的标准差 σ 或 $\sqrt{P(1-P)}$ 成正比；并且与抽样的方式有关。当总体为 N，样本容量为 n 时，抽样平均误差公式如表7-1所示。

表7-1

抽样平均误差公式

抽样方法	重复抽样	不重复抽样
抽样平均数的平均误差 $\mu_{\bar{x}}$	$\sqrt{\dfrac{\sigma^2}{n}}$	$\sqrt{\dfrac{\sigma^2}{n}\left(1-\dfrac{n}{N}\right)}$
抽样成数的平均误差 μ_p	$\sqrt{\dfrac{P(1-P)}{n}}$	$\sqrt{\dfrac{P(1-P)}{n}\left(1-\dfrac{n}{N}\right)}$

对于上述公式需要说明的几点是：

(1) 成数的平均数是成数的本身，成数的方差是 $P(1-P)$。

(2) 在正态分布下，样本分布和总体分布的一致性使得两者的方差很接近，因此在统计实践中，一般用样本平均数方差 S^2 代替总体平均数方差 σ^2，用样本成数方差 $p(1-p)$ 代替总体成数方差 $P(1-P)$。而且，对于成数来说，当其方差未知时，可以采用最大成数 0.5，即成数方差最大值 $P(1-P)=0.5\times(1-0.5)=0.25$。

(3) 不重复抽样误差的计算公式中，比重复抽样多了一个修正系数 $(1-n/N)$。因此，在其他条件相同时，不重复抽样的抽样误差要小于重复抽样的抽样误差。这一点可以这样解释：不重复抽样的一个特点就是全及总体单位数在抽样过程中是逐渐减少的，相对而言，这等于在扩大样本容量；而样本容量越大则抽样误差越小，因此，不重复抽样的抽样误差要小。

(4) 当 N 很大时，n 相对于 N 来说是个很小的数，因此，$(1-n/N)$ 是一个非常接近1的数。此时，不论用重复抽样还是不重复抽样公式计算抽样平均误差，其结果相差很小。因而，在实际工作中，我们常采用不重复方式抽样，而用重复抽样的公式计算抽样平均误差。

另外，抽样调查的组织方式也会影响抽样平均误差的大小，关于这点，我们将在第三节作详细说明。

三、抽样极限误差

抽样平均误差只能说明样本指标与总体指标之间的一般离差水平，而不能直接利用它对总体指标作出数量的推断。我们知道，在实际进行抽样调查时，只抽取一个样本总体。但是，对于一个总体来说，可以有许多个样本总体，样本指标是一个随机变量，样本指标与总量指标之间的误差也是一个随机变量，它可能大于或小于平均误差。因此，对于该项抽样调查，一定会要求有一个允许误差的范围。

一定概率下抽样误差的可能范围称为抽样极限误差,亦称为允许误差。一般用符号 Δ 表示抽样极限误差。由于总量指标是一个确定的数值,而抽样指标是一个围绕总体指标波动的随机变量,那么,抽样指标变动的上限或下限与总体指标离差的绝对值就是抽样误差的可能范围。平均数的抽样极限误差用 $\Delta_{\bar{x}}$ 表示,成数的抽样极限误差用 Δ_p 表示,则有:

$$\Delta_{\bar{x}} = |\bar{x} - \bar{X}|, \quad \Delta_p = |p - P|$$

基于理论上的要求,抽样极限误差的计算通常需要用抽样平均误差 $\mu_{\bar{x}}$ 或 μ_p 为标准单位来衡量。

抽样平均误差是说明样本指标与总体指标的一般误差水平,而抽样极限误差是指样本指标与总体指标在某种条件下可能达到的误差范围。因此,这个可能性的大小就决定了允许误差范围的大小。在数理统计中,把这种可能性称为概率度,用 t 表示。所以,抽样极限误差可以表示为:

$$\Delta_{\bar{x}} = t \cdot \mu_{\bar{x}}, \quad \Delta_p = t \cdot \mu_p$$

在抽样平均误差一定的前提下,概率度的大小与误差范围的大小成正比。数理统计证明了,当抽样误差范围是抽样平均误差的 3 倍(即 $\Delta = 3\mu$)时,抽样推断结论的可靠性为 99.73%。也就是说,有 99.73% 的概率可以保证总体指标和样本指标之间的误差范围为 3μ。充分理解抽样极限误差的意义,对学习区间估计将有极大的帮助。对于不同的样本情况来说,t 值的计算是有差异的,一般为 $Z_{\alpha/2}$ 或 $t_{\alpha/2}(n-1)$。

常用的概率与概率度的关系如表 7-2 所示。

表 7-2

概率与概率度关系表

概率 $P(\%)$	概率度 t	误差范围 Δ
38.29	0.50	0.50μ
68.27	1.00	1.00μ
88.64	1.50	1.50μ
90.00	1.64	1.64μ
95.00	1.96	1.96μ
95.45	2.00	2.00μ
99.73	3.00	3.00μ

四、抽样估计

抽样估计是利用抽样调查资料计算的样本指标值来估计总体指标的数值。由于总体指标是表示总体数量特征的参数,因此也称为参数估计。在统计实践中,抽样估计有点估计和区间估计两种。下面分别加以介绍。

(一)点估计

点估计是一种以点代面的估计方法。其基本特点是:根据总体指标的结构形式设计样本指标作为总体参数的估计量,并以样本指标的实际值直接作为相应总体参数的估计值。

衡量一个样本统计量是否是总体参数的优良估计,从总体上评价,有三个基本标准——无偏性、一致性和有效性。无偏性是指用样本指标估计总体指标时,要求样本指标的平均数等于被估计总体指标的平均数。有效性是指用样本指标估计总体指标时,要求样本指标的方差最小,因此,有效性也即最小方差性。一致性是指用样本指标估计总体指标,当样本容量增加时,样本指标越来越接近总体指标,则称样本指标为总体指标的一致估计量。

总体参数点估计方法的优点是:简便、易行、原理直观,常为实际工作所采用。其不足之处也是显著的,即:点估计没有表明抽样估计的误差,更没有指出误差在一定范围内的概率保证程度。而区间估计就能够解决这一问题。所以是更好的估计方法。

(二)区间估计

顾名思义,区间估计就是用一个区间去估计未知参数。它要根据样本估计量以一定的可靠程度推断总体参数所在的区间范围。在这里,我们仅介绍总体平均数和成数的估计。

设总体参数为 θ,θ_L、θ_U 为由样本确定的两个统计量,对于给定的 $\alpha(0<\alpha\leqslant 1)$,有:

$$P(\theta_L\leqslant\theta\leqslant\theta_U)=1-\alpha$$

则称 (θ_L,θ_U) 为参数 θ 的置信度为 $1-\alpha$ 的置信区间。该区间的两个端点 θ_L、θ_U 分别称为置信下限和置信上限,通称为置信限。α 为显著性水平,$1-\alpha$ 则称为置信度。

置信度 $1-\alpha$ 表示区间估计的可靠程度或把握程度,也即所估计的区间包含总体真值的可能性。置信度为 $1-\alpha$ 的置信区间也就表示以 $1-\alpha$ 的可能性(概率)包含了未知总体参数的区间。

1. 总体均值的区间估计

(1)总体方差已知时,正态总体均值的区间估计。如果总体服从正态分布 $N(\mu,\sigma^2)$,那么 $\bar{x}$ 的抽样分布仍是正态分布,变量 $Z=\dfrac{\bar{x}-\mu}{\sigma/\sqrt{n}}$ 服从标准正态分布 $N(0,1)$。根据区间估计的定义,可以构造总体均值 $\bar{X}$ 的置信区间,对于给定的显著性水平 α,有:

$$P\left(\bar{x}-Z_{\alpha/2}\dfrac{\sigma}{\sqrt{n}}<\bar{X}<\bar{x}+Z_{\alpha/2}\dfrac{\sigma}{\sqrt{n}}\right)=1-\alpha$$

即在给定的显著性水平 α 下,总体均值 $\overline{X}$ 在 $1-\alpha$ 的置信水平下的置信区间为:

$$\left(\bar{x}-Z_{\alpha/2}\frac{\sigma}{\sqrt{n}},\ \bar{x}+Z_{\alpha/2}\frac{\sigma}{\sqrt{n}}\right)$$

同时,由前定义可知,抽样极限误差 $\Delta_{\bar{x}}$ 可按如下公式来确定:

$$\Delta_{\bar{x}}=Z_{\alpha/2}\frac{\sigma}{\sqrt{n}}$$

其中,$Z_{\alpha/2}$ 为概率度(即 t);$\sigma/\sqrt{n}$ 是重复抽样条件下样本平均数的抽样平均误差。若采用不重复抽样方法,则 $\mu_{\bar{x}}=\sqrt{\frac{\sigma^2}{n}\left(1-\frac{n}{N}\right)}$。

【例 7-1】 某企业从长期实践中得知,某产品直径 X 是一随机变量,服从标准差为 0.05 的正态分布。从某日产品中采取重复的方法随机抽取 6 个,测得其直径(单位:厘米)分别为 14.8、15.3、15.1、15、14.7、15.1。试在 0.95 的置信度下,求该产品直径的均值的置信区间。

解:已知 $n=6$,$1-\alpha=0.95$,查正态分布表得 $Z_{\alpha/2}=Z_{0.025}=1.96$

当 $1-\alpha=0.95$ 时,$Z_{0.025}=1.96$ 是一个常用的值,希望读者记住。

$$样本均值\ \bar{x}=\frac{\sum x_i}{n}=\frac{90}{6}=15(厘米)$$

$$抽样平均误差\ \mu_{\bar{x}}=\frac{\sigma}{\sqrt{n}}=\frac{0.05}{\sqrt{6}}=0.02(厘米)$$

$$抽样极限误差\ \Delta_{\bar{x}}=Z_{\alpha/2}\frac{\sigma}{\sqrt{n}}=1.96\times 0.02=0.04(厘米)$$

所求产品直径的置信区间为:$15-0.04\leqslant \overline{X}\leqslant 15+0.04$,即 (14.96,15.04) 厘米。

因此,有 95% 的概率保证该种产品的直径在 14.96~15.04 厘米之间。

(2) 总体方差未知时,总体均值的区间估计。上述构造总体均值置信区间的方法,只有在总体方差已知时才能应用。但是总体平均数未知而总体方差已知的情况是不多见的,一般情况是两者均未知。根据抽样分布定理,在小样本条件下,如果总体是正态分布(或近似服从正态分布)的,总体标准差未知而需要用样本标准差 S 来代替,则随机变量 $t=\frac{\bar{x}-\mu}{s/\sqrt{n}}$ 服从自由度为 $(n-1)$ 的 t 分布。因此,给定概率 $1-\alpha$,抽样极限误差为:

$$\Delta_{\bar{x}}=t_{\alpha/2}(n-1)\frac{S_{n-1}}{\sqrt{n}}$$

给定置信度 $1-\alpha$,构造总体均值的置信区间为:

$$\bar{x} - t_{\alpha/2}(n-1)\frac{S}{\sqrt{n}} \leqslant \bar{X} \leqslant \bar{x} + t_{\alpha/2}(n-1)\frac{S}{\sqrt{n}}$$

【例 7-2】 某商场从一批袋装食品中随机抽取 10 袋,测得每袋重量(单位:克)分别为 789、780、794、762、802、813、770、785、810、806,要求以 95% 的把握程度,估计这批食品的平均每袋重量的区间范围及其允许误差。

解:已知 $n=10$。

样本平均数 $\bar{x} = \dfrac{\sum x_i}{n} = \dfrac{7911}{10} = 791.1$(克)

样本标准差 $S = \sqrt{\dfrac{\sum(x_i-\bar{x})^2}{n-1}} = \sqrt{\dfrac{2642.9}{10-1}} = 17.136$(克)

已知 $1-\alpha=0.95$,查 t 分布表得 $t_{\alpha/2}(n-1) = t_{0.025}(9) = 0.2622$,故允许误差为:

$$\Delta_{\bar{x}} = t_{\alpha/2}\frac{S}{\sqrt{n}} = 2.2622 \times \frac{17.136}{\sqrt{9}} = 12.26(\text{克})$$

所以,总体平均重量的置信区间为:791.1 ± 12.26 克,即 $778.84 \sim 803.36$ 克。

但要特别注意的是,当样本容量相当大时,即使总体分布形式未知或总体为非正态分布,此时样本均值近似服从正态分布,估计总体均值的方法与上述第一种方法相同。

【例 7-3】 某大学从该校学生中随机抽取 100 人,调查到他们平均每天参加体育锻炼的时间为 26 分钟,样本方差为 36。试以 95% 的置信水平估计该大学全体学生平均每天参加体育锻炼的时间。

解:已知 $n=100$,$\bar{x}=26$,$S^2=36$,$1-\alpha=0.95$,$Z_{\alpha/2}=1.96$。

在 95% 的置信水平下,总体均值的置信区间为:

$$\left(\bar{x}-Z_{\alpha/2}\frac{S}{\sqrt{n}}, \bar{x}+Z_{\alpha/2}\frac{S}{\sqrt{n}}\right) = \left(26-1.96\times\frac{6}{\sqrt{100}}, 26+1.96\times\frac{6}{\sqrt{100}}\right)$$

$$= (26-1.176, 26+1.176)$$

即为 $(24.824, 27.176)$ 分钟。这说明以 95% 的置信水平估计全校学生平均每天参加体育锻炼的时间应该在 $24.82 \sim 27.18$ 分钟之间。

2. 总体成数的区间估计

在此只讨论大样本情况下的总体成数估计。

在许多实际问题中,现象的标志具体表现为两种情况,非此即彼,交替出现。如产品分为合格品和不合格品等,这种用"是"、"否"或者"有"、"无"来表示的标志,称为交替标志,也叫是非标志。我们常常需要估计交替标志中具有某种特征的单位占总体全部单位的比例。如全部产品中合格品的比例、职工收入中工资收入所占比例等。通常称总体的交替标志中具有某种特征的单位占总体全部单位的比例为总体成数,记为 P;称样本具有该种特征的单位占样本全部单位的比例为样本成数,记为 p。

在大样本条件下,若 np 和 $n(1-p)$ 都大于 5,则 p 的抽样分布近似服从正态分布。我们可以用 Z 统计量来构造总体成数 P 的置信区间,即:

$$Z=\frac{p-P_0}{\sqrt{\frac{P_0(1-P_0)}{n}}} \sim N(0,1)$$

但是,在实际工作中 P 往往是未知的,我们所要估计的也正是这个总体成数,所以,就需要用样本成数 p 来代替 P。这样,在 $1-\alpha$ 的置信水平下,总体成数 P 的置信区间为:

$$\left(p-Z_{\alpha/2}\sqrt{\frac{p(1-p)}{n}},\ p+Z_{\alpha/2}\sqrt{\frac{p(1-p)}{n}}\right)$$

【例7-4】 某厂对一产品的质量进行抽样检验,采用重复抽样抽取样品 200 只,样本优质品率为 85%,试计算当把握程度为 90% 时优质品率的区间范围。

解:已知 $n=200$,$p=0.85$,$1-\alpha=0.90$,$Z_{\alpha/2}=1.64$。

$$\mu_p=\sqrt{\frac{p(1-p)}{n}}=\sqrt{\frac{0.85\times 0.15}{200}}=2.52\%$$

$$\Delta_p=Z_{\alpha/2}\mu_p=1.64\times 2.52\%=4.13\%$$

总体优质品率的置信度为 90% 的置信区间为:

$$85\%-4.13\%\leqslant P\leqslant 85\%+4.13\%$$

即认为优质品率的置信区间为 (80.87%, 89.13%)。

第三节 抽样调查的组织方式及其误差计算

常用的抽样组织方式有:简单随机抽样、分类抽样、等距抽样、整群抽样等。不同抽样组织方式下的区间估计基本原理是相同的,只是样本统计量和样本统计量分布的标准差(抽样平均误差)的计算有所不同。一般情况下主要掌握简单随机抽样方式下的估计。

一、简单随机抽样

(一) 简单随机抽样的概念

例如,对于学生或士兵等有组织的人员,可利用徽章号码分组后进行抽样。如须分 3 组时,可以用 3 去除以各人的号码数,按余数 1、2 及 0 分为 3 组;如须分 4 组,则以 4 除号码数,按余数 1、2、3 及 0 分为 4 组。这种抽样方式叫简单随机抽样。

简单随机抽样是按随机原则直接从总体 N 个单位中抽取 n 个单位作为样本,并保证总体中每个单位在每次抽取时都有同等的机会被抽中,这种抽样组织方式适用于总体单位数比较少的均匀总体。而由大量的、复杂现象构成的总体,一般都不适合于直接采用简单随机抽样。但简单随机抽样从理论上讲是最符合随机原则的一种抽样组织方式。所以上面有关抽样分布的理论和基本原理都是针对简单随机抽样介绍的。

简单随机抽样是其他抽样方法的基础,因为它在理论上最容易处理,而且当总体单位数 N 不太大时,实施起来并不困难。但在实际中,若 N 相当大时,简单随机抽样就不容易办到。因此,在实际工作中直接采用简单随机抽样的并不多。

按照样本抽选时每个单位是否允许被重复抽中,简单随机抽样可分为重复抽样和不重复抽样两种。在抽样调查中,特别是社会经济的抽样调查中,简单随机抽样一般是指不重复抽样。

不重复的简单随机抽样是指从容量为 N 的有限总体中抽取 n 个单位,使得所有不同的样本每一个被抽中的概率相等。共有 $\binom{N}{n}$ 个不同的样本,每一个样本被抽中的概率为 $1 \Big/ \binom{N}{n}$。任一个单位被选入样本的概率为 n/N。当 n/N 很小时,放回与不放回的抽样几乎给出相同的结果。在实际应用中,一般都采用不放回抽样,并且单位是一个一个抽取的。

简单随机抽样中样本的抽选可以采用以下方法:① 抽签法。② 使用随机数字表。③ 用计算机产生随机数。

组成总体的 N 个单位的标志值用 $Y_1, Y_2, \cdots, Y_N$(是常数)表示;样本中 n 个单位的标志值用 $y_1, y_2, \cdots, y_n$ 表示。则:

$$\text{总体总值为 } Y = \sum_{i=1}^{N} Y_i, \text{ 总体均值为 } \bar{Y} = \frac{1}{N} \sum_{i=1}^{N} Y_i$$

$$\text{样本总值为 } y = \sum_{i=1}^{n} y_i, \text{ 样本均值为 } \bar{y} = \frac{1}{n} \sum_{i=1}^{n} y_i$$

对有限总体,总体的方差通常定义为:

$$\sigma^2 = \frac{1}{N} \sum_{i=1}^{N} (Y_i - \bar{Y})^2$$

习惯上我们使用样本方差形式:

$$S_{n-1}^2 = \frac{1}{n-1} \sum_{i=1}^{n} (y_i - \bar{y})^2$$

（二）简单随机抽样下的区间估计（总体均值）

（1）当总体为正态分布，且已知总体方差 σ^2，或总体为非正态总体，但总体方差 σ^2 已知且为大样本（$n>30$）情况时，总体平均数在（$1-\alpha$）置信水平下的置信区间为：

A. 重复抽样下为 $\bar{x} \pm Z_{\alpha/2} \mu_{\bar{x}} = \bar{x} \pm Z_{\alpha/2} \sigma/\sqrt{n}$

B. 不重复抽样下为 $\bar{x} \pm Z_{\alpha/2} \mu_{\bar{x}} = \bar{x} \pm Z_{\alpha/2} \sqrt{\dfrac{\sigma^2}{n}\left(1-\dfrac{n}{N}\right)}$

（2）当总体为正态总体，总体方差 σ^2 未知，或总体为非正态总体、总体方差 σ^2 未知且为小样本（$n<30$）情况时，要用样本方差 S^2 代替总体方差 σ^2，则总体平均数在（$1-\alpha$）置信水平下的置信区间为：

A. 重复抽样下为 $\bar{x} \pm t_{\alpha/2}(n-1)\mu_{\bar{x}} = \bar{x} \pm t_{\alpha/2}(n-1) S_{n-1}/\sqrt{n}$

B. 不重复抽样下为 $\bar{x} \pm t_{\alpha/2}(n-1)\mu_{\bar{x}} = \bar{x} \pm t_{\alpha/2}(n-1) \sqrt{\dfrac{S_{n-1}^2}{n}\left(1-\dfrac{n}{N}\right)}$

事实上，上节介绍的区间估计的计算方法和所有的公式都是在简单随机抽样条件下产生的。因此，在这里不再举例进行说明。

二、分层抽样

（一）分层抽样的概念

我们知道，工人的工资水平和工人的工资等级有直接的关系，所以，调查研究工人的工资水平，可以按照技术等级分层来调查，这种方法就叫分层抽样。

分层抽样是先将总体按某一标志分成若干类（或叫层），然后从各类中随机抽取一定的单位组成样本，又称为类型抽样或分类抽样。设总体单位为 N，先将总体分成 k 类，各类单位数分别为 $N_1, N_2, \cdots, N_k$，并且 $\sum_{i=1}^{k} N_i = N$；然后从每类的 N_i 个单位中随机抽取 n_i 个单位构成容量为 n 的样本，即 $\sum_{i=1}^{k} n_i = n$。总体中的每一类都可以看作是一个子总体，每一个子总体都有各自的均值 $\bar{X}_1, \bar{X}_2, \cdots, \bar{X}_k$ 和方差 $\sigma_1^2, \sigma_2^2, \cdots, \sigma_k^2$。

（二）分层抽样的特点

分层抽样的主要特点是提高了样本的代表性。这主要是因为：

（1）总体经有意识分层后，各层内部差异程度相对较小，所以随机从任何一层中抽取的样本 n_i 对该层 N_i 的代表性都较高；

（2）而且总体分层后，从每一层中都要抽出一些单位组成容量为 n 的样本，所以分层抽样的样本不仅对每一类的代表性都较好，而且在总体中分布也均匀。

（三）分层抽样的适用条件

分层抽样的适用条件包括以下两个方面：

（1）总体各单位之间差异程度较大，即 σ^2 较大，但经分类后每类内各单位之间差异程

度较小,即 σ_i 较小;

(2) 参数估计不仅要估计总体参数,而且要估计各类的参数。

(四) 样本容量 n 在各类之间的分配方法

在具体确定各类中应抽选的样本单位数时,有等比例分配和最优比例分配两种方法。

(1) 等比例分配。即样本单位数在各类的分配比例与总体单位数在各类之间的分配比例相同。从各类抽取的样本单数 n_i 应为 $\frac{N_i}{N} \cdot n$。这种分配方法简单易行、计算方便,一般情况下样本单位在总体中分布也较均匀。

(2) 最优分配比例。等比例分配抽样适合于各类的差异程度不大的情况。若各类之间差异较大,应采用最优分配比例的方法来决定从各类中抽取的样本单位数 n_i。这种方法不仅考虑各类单位数 N_i,而且同时考虑各类总体标准差 σ_i。所以从各类中抽取的样本单位数为 $\frac{N_i \sigma_i}{\sum N_i \sigma_i} \cdot n$。这种样本分配方法的涵义是哪一类单位数多且差异程度大,哪一类就多抽。由此可见,最优分配比例法是比较科学的。因此下面有关公式都是以最优分配为基础的,等比例分配可以作为一种特例来看待。

(五) 样本统计量的计算

1. 样本平均数

样本平均数可由下式表示:

$$\bar{x} = \frac{\sum \bar{x}_i N_i}{N}$$

式中, $\bar{x}_i$ 为从第 i 类中抽出的 n_i 个单位所组成的子样本的平均数。在等比例分层抽样下,上式可写成:

$$\bar{x} = \frac{\sum \bar{x}_i n_i}{n} = \frac{\sum \sum x_{ij}}{n}$$

式中, x_{ij} 为从第 i 类中抽取的第 j 个单位的观察值。

2. 样本成数

样本成数可由下式表示:

$$p = \frac{\sum p_i N_i}{N}$$

式中, p_i 为从第 i 类中抽出的 n_i 个单位所组成的子样本的比例。与样本平均数计算同理,等比例分配条件下,样本成数为:

$$p = \frac{\sum p_i n_i}{n}$$

（六）样本统计量的抽样平均误差

由于分层抽样下抽样误差计算较复杂，因此，一般只要求掌握样本平均数抽样平均误差的计算。样本平均数抽样平均误差的一般计算公式为：

$$\mu_{\bar{x}} = \sqrt{\left(\frac{N_1}{N}\right)^2 \sigma_{\bar{x}_1}^2 + \left(\frac{N_2}{N}\right)^2 \sigma_{\bar{x}_2}^2 + \cdots + \left(\frac{N_k}{N}\right)^2 \sigma_{\bar{x}_k}^2} = \sqrt{\sum_{i=1}^{k}\left(\frac{N_i}{N}\right)^2 \sigma_{\bar{x}_i}^2}$$

其中，$\sigma_{\bar{x}_i}^2$ 为从第 i 类中抽出的 n_i 个单位组成的样本，是样本平均数的方差。

在最优分配比例下，上述抽样平均误差的计算公式可表示为：

$$\mu_{\bar{x}} = \sqrt{\sum_{i=1}^{k}\left(\frac{N_i}{N}\right)^2 \frac{\sigma_i^2}{n_i}}$$

若是等比例分类抽样，则抽样平均误差为：

$$\mu_{\bar{x}} = \sqrt{\sum_{i=1}^{k}\left(\frac{n_i}{n}\right)^2 \frac{\sigma_i^2}{n_i}} = \sqrt{\frac{\overline{\sigma_i^2}}{n}}$$

其中，$\overline{\sigma_i^2} = \sum \sigma_i^2 n_i / n$ 是总体各层层内方差的平均值，简称为平均层内方差。由上式可知，分层抽样下，样本平均数抽样平均误差只与层内方差有关而与层间方差无关。

下面将介绍层内方差和层间方差的概念。总体在分类情况下，总体方差可以分成两部分，即层内方差和层间方差，它们两者之间是和的关系，可以用公式表示为：

$$\sigma^2 = \frac{\sum \sigma_i^2 N_i}{N} + \frac{\sum (\overline{X}_i - \overline{X})^2 \cdot N_i}{N}$$

其中，σ^2 为总体方差；$\frac{\sum \sigma_i^2 N_i}{N}$ 为层内方差的算术平均数，即总体经过分层后，各层总体方差用各层总体单位数加权平均后的平均层内方差；$\frac{\sum (\overline{X}_i - \overline{X})^2 \cdot N_i}{N}$ 为层间方差，它反映各层总体平均数与整个总体平均数之间的平均差别。

因为分层抽样从每一层中都要抽取一些单位组成样本，所以对于各层来讲进行的是全面调查。这样层间方差对于抽样误差就没有影响，影响抽样误差的只是层内方差。而在简单随机抽样下，影响抽样误差的是总体方差。因此，分层抽样的抽样误差比简单随机抽样的抽样误差要小，这又进一步说明了分层抽样的样本代表性较高。

（七）分层抽样下的区间估计

这里我们只讨论总体均值的区间估计。

（1）当总体为正态总体、且方差 σ_i^2 已知，或总体为非正态总体，但总体方差 σ_i^2 已知且 $n>30$ 时，分层抽样下总体平均数在 $(1-\alpha)$ 的置信水平下的置信区间（重复抽样）为：

$$\bar{x} \pm Z_{\alpha/2} \mu_{\bar{x}} = \bar{x} \pm Z_{\alpha/2} \sqrt{\sum_{i=1}^{k}\left(\frac{N_i}{N}\right)^2 \frac{\sigma_i^2}{n_i}}$$

(2) 当总体为正态总体、总体方差 σ_i^2 未知，或总体为非正态总体、总体方差 σ_i^2 未知但 $n<30$ 时，要用各层样本方差 $S_{n_i-1}^2$ 代替各层总体方差 σ_i^2，则总体均值在 $(1-\alpha)$ 置信水平下的置信区间（重复抽样）为：

$$\bar{x} \pm t_{\alpha/2}(n-1)\mu_{\bar{x}} = \bar{x} \pm t_{\alpha/2}(n-1)\sqrt{\sum_{i=1}^{k}\left(\frac{N_i}{N}\right)^2 \frac{S_{n_i-1}^2}{n_i}}$$

其中，$S_{n_i-1}^2 = \dfrac{\sum(x_{ij}-\bar{x}_i)^2}{n_i-1}$ 为各层的样本方差。

【例 7-5】 某市拟对职工的收入情况进行调查，取得各项抽样资料如表 7-3 所示。

表 7-3

某市抽取的职工收入情况资料

项　目	抽查人数（人）	平均收入（元）	标 准 差（元）
职员	200	1 600	400
工人	600	1 200	200

试以 95.45% 的概率保证程度，估计该市职工的平均收入。

解：本题属于分层抽样问题，首先要计算层内方差平均数，然后计算抽样平均误差，再做估计。

$$\bar{x} = \frac{\sum \bar{x}_i n_i}{\sum n_i} = \frac{1\,600 \times 200 + 1\,200 \times 600}{200+600} = 1\,300(元)$$

$$\overline{\sigma_i^2} = \frac{\sum \sigma_i^2 n_i}{\sum n_i} = \frac{400^2 \times 200 + 200^2 \times 600}{200+600} = 70\,000$$

$$\mu_{\bar{x}} = \sqrt{\frac{\overline{\sigma_i^2}}{n}} = \sqrt{\frac{70\,000}{800}} \approx 9.35(元)$$

$$\Delta_{\bar{x}} = t \cdot \mu_{\bar{x}} = 2 \times 9.35 = 18.7(元)$$

估计下限为： $\bar{x} - \Delta_{\bar{x}} = 1\,300 - 18.7 = 1\,281.3(元)$

估计上限为： $\bar{x} + \Delta_{\bar{x}} = 1\,300 + 18.7 = 1\,318.7(元)$

因此，可以有 95.45% 的把握估计该市职工的平均收入在 1281.3~1318.7 元之间。

三、等距抽样

(一) 等距抽样的概念

对职工进行家庭收入情况的调查中，一般按职工的工资标志进行排队并按照一定的间隔进行抽样,因为工资是职工的主要收入,与他们的生活状况关系很大,采用这种方法抽样,叫做等距抽样。

等距抽样是先将总体各单位按某一标志排序,然后依顺序和一定的间隔来抽取样本单位组成样本。设总体单位数为 N,样本容量为 n。先将总体 N 个单位排序,计算抽样间隔为 $N/n=k$。k 的含义即是抽选样本单位时的间隔,同时也是将总体 N 个单位划分成 n 组后每组的单位数。然后从每一组的 k 个单位中随机抽取第 i 个单位,以后每隔 k 个单位抽取一个单位,即第二组中抽取第 $(i+k)$ 个单位,第三组中抽取第 $(i+2k)$ 个单位,以此类推,从第 n 组中抽取第 $[i+(n-1)k]$ 个单位,共抽取了 n 个单位组成样本。等距抽样又称为机械抽样或系统抽样。

(二) 等距抽样的特点及适用条件

等距抽样的特点主要表现在以下三个方面:

(1) 样本单位在总体中分布比较均匀,所以等距抽样通常比简单随机抽样误差要小。

(2) 等距抽样的随机性体现在以下两个方面:一是体现在从第一组的 k 个单位中随机抽取第 i 个单位上,当第 i 个单位确定后,以后 $(n-1)$ 个单位就是确定的而不是随机的;二是体现在从 N 个单位中抽 n 个单位作为样本的所有组合中只有 k 个样本组合可能被抽中,其余样本组合都没有中选的机会。

(3) 抽选间隔与所研究现象本身的周期波动相重合时,所抽取的样本会有系统偏差。因此当所研究的现象本身存在周期性波动时,应避免抽选间隔与波动周期相一致。

等距抽样适用于总体各单位之间差异程度较大,而且进行统计分组又比较困难的情况,或是事先已具备了总体各单位的排序资料的情况。

(三) 等距抽样的排序种类

按照排序时所选择的标志与所研究的问题是否有关,等距抽样分为有关标志排序等距抽样和无关标志排序等距抽样。

(1) 无关标志排序,即采用与调查项目没有直接关系的标志排序。如调查职工家庭收支情况按户口册编号排序、研究职工的工资按姓氏笔画排序等。无关标志排序等距抽样实际上近似于简单随机抽样,所以其参数估计的方法可以参考简单随机抽样。

(2) 有关标志排序,即采用与调查问题有关的标志排序。如调查职工家庭收支情况按前几年的平均收入排序、研究大学生的学习成绩按入学成绩排序等。这实际上是一种特殊的分层抽样,是分类更细(把总体分成 n 类)、各类包含的单位数相同(k 个),并且每类只抽一个单位的分类抽样。所以有关标志排序等距抽样的标准差可以参考分层抽样来计算。

【例 7-6】 设某商场在一段时期内的收银条中,按号码每隔 9 抽取一张,共抽取 100 张的资料如表 7-4 所示。

表 7-4

某商场抽取的收银条资料

项目	收银条金额(元)				
	1～100	100～300	300～500	500～800	800 以上
张数	12	30	40	15	3

试以 95.45% 的概率估计以下指标的范围：

(1) 该商场这段时期内所有收银条的平均金额；

(2) 该商场这段时期内金额在 300 元以上的收银条所占比重。

解：本题属于总体各单位按无关标志排列的等距抽样问题，可以按简单随机抽样的估计方法计算。

(1) 估计所有收银条的平均金额：

$$\bar{x} = \frac{\sum xf}{\sum f} = 352(元)$$

$$\sigma = \sqrt{\frac{\sum(x-\bar{x})^2 f}{\sum f}} \approx 207(元)$$

$$\mu_{\bar{x}} = \sqrt{\frac{\sigma^2}{n}} = \sqrt{\frac{207^2}{100}} = 20.7(元)$$

$\bar{x} - t \cdot \mu_{\bar{x}} \leqslant \bar{X} \leqslant \bar{x} + t \cdot \mu_{\bar{x}}$，即 $352 - 2 \times 20.7 \leqslant \bar{X} \leqslant 352 + 2 \times 20.7$

所以，以 95.45% 的概率估计所有收银条的平均金额为 210.6～393.4 元之间。

(2) 估计金额在 300 元以上的收银条比重：

$$p = \frac{58}{100} = 58\%$$

$$\sigma_p^2 = p(1-p) = 0.58 \times (1-0.58) = 0.2436$$

$$\mu_p = \sqrt{\frac{p(1-p)}{n}} = \sqrt{\frac{0.2436}{100}} = 4.94\%$$

$p - t \cdot \mu_p \leqslant P \leqslant p + t \cdot \mu_p$，即 $58\% - 2 \times 4.94\% \leqslant P \leqslant 58\% + 2 \times 4.94\%$

所以，以 95.45% 的概率估计金额在 300 元以上的收银条比重为 48.12%～67.88% 之间。

四、整群抽样

(一) 整群抽样的概念

为了节省人力物力，对某城市进行居民住户调查时，把该城市各行政区域划分为若干群,对抽中的群进行全面调查,这种抽样调查的方式叫做整群抽样。

整群抽样是先将总体划分成若干群,然后从中随机抽取部分群,对选中的群进行全面调查的抽样组织方式。

(二) 整群抽样的主要特点

(1) 整群抽样是以群为单位来抽取样本单位组成样本,而不是一个一个单位的抽取,这与前三种抽样组织方式明显不同。它不仅抽样效率高,而且由于样本单位较集中,调查费用也较低、时间也较短。

(2) 由于样本单位相对集中,使得样本单位在总体中分布不是很均匀,这就影响了样本的代表性。所以在样本容量相同的条件下,整群抽样比其他几种抽样方式的误差要大。为了减少误差,实际工作中整群抽样的样本容量一般比其他抽样方式确定得大一些。

(三) 整群抽样的适用条件

整群抽样特别适用于缺乏总体单位的抽样框。应用整群抽样时,要求各群有较好的代表性,即群内各单位的差异要大,群间差异要小。

整群抽样主要适用于总体单位在地域上分布很广泛而且各单位之间差异程度较大,分群以后各群之间的差异程度较小而群内各单位之间的差异程度较大的总体。例如,调查上海市居民家庭收支情况,可以按居委会来分群,然后以居委会为单位抽取调查户,对被抽中的居委会内的所有家庭户进行调查。在此要注意整群抽样与分类抽样适用条件的不同。两者虽然都建立在对总体划分的基础上,所不同的是,总体经过划分后,若各类(群)之间差异较大而类(群)内差异较小,适合于分类抽样;若各类(群)之间差异较小而类(群)内差异较大,则适合于整群抽样。

【例 7-7】 某厂日夜连续生产化肥,每分钟产量为 100 袋。现在采用整群抽样,来检验一昼夜生产的化肥每袋的重量和包装的一等品率。每次抽 1 分钟的产量,以 144 分钟为一个间隔,共抽取 10 分钟的产量进行分批检验,其平均每袋重 49.5 千克,群间方差为 2.65 千克;一等品包装的比重为 85%,其群间方差为 0.5%。试以 95.45% 的置信度:

(1) 估计该昼夜所生产化肥的平均袋重;
(2) 估计该昼夜一等品率包装的比重。

解:本题属于整群抽样问题,应首先确定 R 和 r。

这里以"1 分钟的产量"为一群,一昼夜可以划分的群数是:$R=\dfrac{60\times 24}{1}=1\,440$;以 144 分钟的间隔抽取 1 分钟的产量,共抽 10 分钟,所以样本群数 $r=\dfrac{1\,440}{144}=10$。

(1) $\mu_{\bar{x}}=\sqrt{\dfrac{\delta_{\bar{x}}^{2}}{r}\left(\dfrac{R-r}{R-1}\right)}=\sqrt{\dfrac{2.65}{10}\times\left(\dfrac{1\,440-10}{1\,440-1}\right)}\approx 0.515$

$\bar{x}-t\cdot\mu_{\bar{x}}\leqslant \bar{X}\leqslant \bar{x}+t\cdot\mu_{\bar{x}}$,即 $49.5-2\times 0.515\leqslant \bar{X}\leqslant 49.5+2\times 0.515$

所以,以 95.45% 的概率估计该昼夜生产化肥的平均每袋重量为 48.47～50.53 千克之间。

(2) $\mu_p = \sqrt{\dfrac{\delta_p^2}{r}\left(\dfrac{R-r}{R-1}\right)} = \sqrt{\dfrac{0.5\%}{10} \times \left(\dfrac{1\,440-10}{1\,440-1}\right)} \approx 0.0225$

$p - t \cdot \mu_p \leqslant P \leqslant p + t \cdot \mu_p$,即 $85\% - 2 \times 2.25\% \leqslant P \leqslant 85\% + 2 \times 2.25\%$

所以,以 95.45% 的概率估计该昼夜一等品率包装的比重为 80.5%～89.5% 之间。

第四节 样本容量的确定和对总量指标的估计

一、必要样本容量的确定

在实务中,做抽样的第一步就是确定样本容量,但容量计算需要用到抽样极限误差的计算方法,因此在前面的讨论中,都是假设样本容量 n 是已知的。但是在实际设计抽样方案时的一个重要问题就是在特定的统计任务下,应该抽取多大数目的样本。抽样数目的多少与抽样极限误差及调查费用都有直接的关系。

(一) 影响样本容量的因素

(1) 总体各单位标志变异程度,即总体方差 σ^2 或 $P(1-P)$ 的大小。总体方差大,则应该多抽一些样本单位进行调查;反之,则可以少抽一些。

(2) 抽样推断的可靠性程度的高低,即概率 $F(t)$ 的大小。若要求可靠性越高,所必需的样本容量就越大;反之,就越小。

(3) 允许误差(极限误差)范围的大小,即允许的极限误差大小。允许的误差范围越大,必要的样本容量就越小;反之,就越大。

(4) 不同的抽样方法。在其他条件相同的情况下,重复抽样比不重复抽样要抽取更多的样本单位。

(5) 不同的抽样组织形式。例如,采用类型抽样的样本容量要小于简单随机抽样的样本容量。

(二) 样本容量的确定

1. 总体平均数估计时的样本容量确定

在重复抽样的条件下,我们用 $\Delta_{\bar{x}}$ 表示允许误差,用 σ 表示总体标准差,用 $1-\alpha$ 表示可靠性(置信水平),用 t 表示相应的概率度,那么,允许误差的公式可表达如下:

$$\Delta_{\bar{x}} = t \cdot \mu_{\bar{x}} = t\sqrt{\dfrac{\sigma^2}{n}}$$

进行恒等变换可得到:

$$n_{\bar{x}} = \frac{t^2 \sigma^2}{\Delta_{\bar{x}}^2}$$

这就是在重复抽样条件下确定样本容量的计算公式。当采用不重复抽样时，

$$n_{\bar{x}} = \frac{Nt^2\sigma^2}{N\Delta_{\bar{x}}^2 + t^2\sigma^2}$$

【例 7-8】 某食品厂要检验本月生产的 10 000 袋产品的重量，根据上月资料，这种产品每袋重量的标准差为 25 克。要求在 95.45% 的概率保证程度下，平均每袋重量的误差范围不超过 5 克，应抽查多少袋产品？

解：已知 $N=10\,000$，$\sigma=25$ 克，$\Delta_{\bar{x}}=5$ 克，$1-\alpha=95.45\%$，$t=2$。

在重复抽样条件下：

$$n_{\bar{x}} = \frac{t^2\sigma^2}{\Delta_{\bar{x}}^2} = \frac{2^2 \times 25^2}{5^2} = 100 \text{（袋）}$$

在不重复抽样条件下：

$$n_{\bar{x}} = \frac{Nt^2\sigma^2}{N\Delta_{\bar{x}}^2 + t^2\sigma^2} = \frac{10\,000 \times 2^2 \times 25^2}{10\,000 \times 5^2 + 2^2 \times 25^2} = 99 \text{（袋）}$$

【例 7-9】 在简单随机重复抽样中，假定抽样单位数增加 3 倍，则抽样平均误差将发生什么变化？如果要求抽样误差减少 20%，则抽样单位数应如何调整？

解：抽样单位增加前：

$$\mu_{\bar{x}} = \frac{\sigma}{\sqrt{n}}$$

假定抽样单位增加 3 倍，即 n 变为 $4n$，所以抽样单位增加后：

$$\mu_{\bar{x}}' = \frac{\sigma}{\sqrt{4n}} = \frac{1}{2} \cdot \frac{\sigma}{\sqrt{n}} = \frac{1}{2}\mu_{\bar{x}}$$

即抽样单位增加 3 倍，则抽样平均误差将缩小一半。

要求抽样平均误差减少前：

$$n = \frac{\sigma^2}{\mu^2}$$

如果要求抽样平均误差减少 20%，即 μ 变为 $80\%\mu$，所以要求抽样平均误差减少后：

$$n' = \frac{\sigma^2}{(80\%\mu)^2} = \frac{1}{0.64} \cdot \frac{\sigma^2}{\mu^2} = 1.56n$$

即如果要求抽样平均误差减少 20%，则抽样单位数需要调整为原来的 1.56 倍。

2. 总体成数估计时样本容量的确定

在重复抽样时：

$$n_p = \frac{t^2 P(1-P)}{\Delta_p^2}$$

在不重复抽样时：

$$n_p = \frac{Nt^2 P(1-P)}{N\Delta_p^2 + t^2 P(1-P)}$$

【例7-10】 某市场调查公司想估计某地区拥有彩色电视机的家庭所占的比例。该公司希望对 P 的估计误差不超过 0.05，要求的可靠程度为 95%，但没有可利用的 P 估计值，应抽取多大容量的样本进行调查？

解：已知 $\Delta_p = 0.05, 1-\alpha = 0.95, t = 1.96$。

由于没有较好的估计值可以利用，因此只能取成数 $P = 0.5$，此时的成数方差为极大值 0.25。计算必要的样本容量：

$$n_p = \frac{t^2 P(1-P)}{\Delta_p^2} = \frac{1.96^2 \times 0.5 \times 0.5}{0.05^2} = 385(户)$$

故为了以 95% 的可靠度保证估计误差不超过 0.05，应至少抽取 385 户进行调查。

（三）确定样本容量时应注意的问题

应用上述公式进行样本容量计算时，应注意以下几个问题：

(1) 上述公式计算的样本量是最低的，也是最必要的样本容量。

(2) 上面的计算公式都需要知道总体方差 σ^2 和总体成数 P，但一般情况下它们是未知的。因此必须先寻找一个估计值，一般有以下几种方法：① 用以往的同类问题调查资料进行估计。② 在正式抽样之前，先组织几次试验性抽样，用试验样本的方差数据来代替总体方差。应注意的是，须从几个试验样本方差中选最大的，在利用以往资料时也要选最大的方差来代替总体方差。③ 当研究者对某一总体的成数有很大的把握时，可用它作为 P 的估计值。如果什么资料也没有，那么可以令 $P=0.5$，因为当 $P=0.5$ 时，$P(1-P)$ 这一乘积达到最大，从而所需的样本也比较多，推断就比较可靠。

(3) 如果进行一次抽样调查中，要同时对总体平均数和成数进行区间估计，运用上述公式计算两个样本容量的 n_x 和 n_p，一般情况下两者是不相等的。为了同时满足两个推断的要求，一般在两个样本容量中选择较大的一个。

(4) 上述公式计算出的样本容量不一定是整数，一般采用向上进位的取整方法，即用比计算结果较大的相邻整数来代替。

二、全及总体总量指标的推算

样本确定后，通过计算样本指标，可以对总体进行推断。这种推断包括两个方面的内容：① 通过样本平均数和样本成数推断总体平均数和总体成数，这就是之前一直讨论的点估计和区间估计；② 对总体总量指标进行推断，这是我们下面要讨论的问题。对总体总量指标进行推算的方法主要有以下两种：

（一）直接推算法

直接推算法是用样本指标值或总量指标（总体平均数和总体成数）的区间估计值乘以总体单位数来推算总体总量指标的方法。样本指标值乘以总体单位数，即 $\bar{x}N$ 和 pN 就是总体总量指标的点估计值；总体指标的区间估计值乘以总体单位数，即 $[(\bar{x}-\Delta_{\bar{x}})N,(\bar{x}+\Delta_{\bar{x}})N]$ 和 $[(p-\Delta_p)N,(p+\Delta_p)N]$ 是总体总量指标的区间估计值。

【例7-11】 某地区的人口数为20万人，根据抽样调查的结果，某一时期内的人均消费为455元，抽样的平均误差为12元。试在80%的概率保证下，推算该地区在该时期的消费总量。

解：由题意，已知 $N=20$ 万人，$\bar{x}=455$ 元，$\mu_{\bar{x}}=12$ 元，$t=1.28$，有：

$$\Delta_{\bar{x}}=t\cdot\mu_{\bar{x}}=1.28\times12=15.38(元)$$

$$[(\bar{x}-\Delta_{\bar{x}})N,(\bar{x}+\Delta_{\bar{x}})N]=[(455-15.38)\times20,(455+15.38)\times20]$$

$$=(8\,792.8,9\,407.2)$$

因此在80%的概率保证下，该地区在此时期的消费总量为8792.8万～9407.2万元之间。

（二）修正系数法

修正系数法是先将抽样调查与全面调查资料对比计算差错比率，即修正系数，然后用差错比率修正全面调查结果。因此，修正系数法是用抽样调查结果修正全面调查结果的方法。

修正系数法的计算步骤如下：
(1) 修正差错比率。

$$差错比率=\frac{抽样复查数-全面调查数}{全面调查数}\times100\%$$

(2) 用差错比率修正全面调查结果。

$$修正以后全面调查数=全面调查数\times(1+差错比率)$$

【例7-12】 某县今年7月15日全面调查各村饲养奶牛情况，现有存栏奶牛10万头，于同月20日对10%的村进行抽样复查，现有存栏奶牛1.2万头，与7月15日全面调查所登记的1.15万头不同；另外，这些被抽样复查的村7月15～20日的存栏奶牛数发生如下变动：销售奶牛1 200头，购进小牛1 000头。试根据以上资料修正该县7月15日的存栏奶牛数。

解：首先需要把该县 7 月 20 日抽样复查数还原为 7 月 15 日的数：

$$12\,000+1\,200-1\,000=12\,200(头)$$

因此，修正以后该县 7 月 15 日的存栏奶牛数为：

$$10\times\left(1+\frac{12\,200-11\,500}{11\,500}\right)=10.609(万头)$$

第五节 抽样调查综合应用案例

美国盖洛普民意测验机构的抽样设计

盖洛普机构采用一个由调查地区构成的全国性概率抽样样本，派员进行入户调查。盖洛普抽样过程包括抽取调查地区，从调查地区中抽取家庭和个人，以及取得居住在美国（50 个州和哥伦比亚特区）的所有成年人的抽样估计量，其中包括军人和暂时在一些机构中的人，如囚犯或住院病人等。

第一阶段：

盖洛普抽样按照地理位置、都市化程度和社区规模进行分层，以多阶段概率抽样方式，分阶段抽取地区样本。在城市以街区为单位，在乡村以乡为单位，抽取入户调查点。在进行全国性调查时，大约需要 300 个这样的调查点。

(1) 盖洛普抽样首先按照地区的人口规模和都市化程度进行分层，将全国地区分为 7 类：① 中心城市人口在 100 万以上；② 中心城市人口在 25 万～100 万人之间；③ 中心城市人口在 5 万～25 万人之间；④ 人口规模低于以上 3 组但地理位置在都市化地区；⑤ 城市和乡镇人口数为 2 500～49 999 人之间；⑥ 乡镇和村庄人口数在 2 500 人以下；⑦ 其他地区。

(2) 根据城市规模和都市化程度，盖洛普抽样又把全国划分为若干地理区域：新英格兰地区，大西洋中部地区，中东部地区，中西部地区，东南部地区，山区和太平洋沿海地区。经过这样的以社区规模、都市化程度和地理区域的逐次分层之后，全国被划分为人口规模相等的若干地区，并且将这些地区按照各自的地理规模呈螺旋状的带状排列。这样，便可根据与人口规模等比例的原则，从这一带状分布的地区中抽出地区。

第二阶段：

将抽中的地区进一步分成数个分区。然后仍然按照各分区的人口规模，等比例地抽取分区样本。若缺少分区的人口资料，而且各分区的地理面积差异不大时，可采用等概率方式抽取分区样本。

在进行入户调查时，若能取得分区中各街道的有关材料，则应按照与住宅数目等比例的抽样概率，抽取街道样本。在那些缺少统计资料的分区中，可采用等概率方式抽取街区样本。

在每一个街区的调查点上，都要根据该地区的地图，随机地确定出抽样的起点。调查员从这一点开始，顺着一条事先定好的访问路线，挨家挨户进行调查，直到面访的男性和女性被调查者人数达到任务规定的数额时，这次入户调查方告结束。

盖洛普抽样是一种以人们"出行规律"进行加权的抽样设计，它考虑人们外出的情况，具有比回访方式更高的效率。有些人由于种种原因，平时很少待在家里，采用这一方法有助于减少由于缺少这类样本而引起的抽样误差。

盖洛普抽样根据人口普查局最新公布的各地区人口结构抽样数据，定期地校正各地区抽样前分层的人口结构，使之与人口普查局的最新资料一致。如对年龄、性别等人口结构进行一些小的调整。

从一个完整的盖洛普抽样样本框抽出的每一组调查点，都可以提供一个独立的、具有充分代表性的全国性样本。能够取得一个独立子样的总体参数统计量和通过样本资料计算出估计量的标准误差，是盖洛普抽样设计的突出特点。

计算出抽样资料取得的比率数据的估计量标准误差，有助于确定"典型"盖洛普抽样误差置信区间。经过大量的分析，在95%的置信水平下，由1 500个全国性标准样本资料得出的抽样误差置信区间，大约为3%。

必须指出，抽样误差置信区间是一个存在抽样过程的随机变量，抽样设计效率取决于分层技术、加权技术、调查登记和数据处理过程中的种种因素。此外，抽样误差置信区间并没有考虑非抽样误差和其他一些偏误因素。因此，我们试图减少偏误时，仅仅依靠置信区间是不够的。它不能反映调查研究过程中导致偏误的全部根源。

(文献来源：施锡铨著，《抽样调查的理论与方法》)

本章习题

7.1 从某高校的所有学生中随机抽取600人进行调查，得知其中的486人在银行里有个人储蓄存款，存款金额平均每人3 400元，标准差500元。

要求：试以95.45%的可靠性推断：
(1) 该校所有学生中有储蓄存款者所占比率的区间范围；
(2) 平均每人存款金额的区间范围。

7.2 在一批产成品中随机抽取5%，共计200件，其中废品8件。

要求：
(1) 如按重复抽样方法，试推断该批产品合格率及其可能范围。

(2) 按不重复抽样方法,可否认为这批产品的废品率不超过 5%?(概率为 95.45%,即 $t=1.96$)

7.3 现从某学院的所有学生中随机抽取 20 名,测得他们的体重如下(单位:千克):

| 56.5 | 72.5 | 57.5 | 62.5 | 73 | 52.5 | 67.5 | 66 | 62.5 | 69 |
| 58 | 52 | 73 | 83.5 | 68.5 | 62 | 71 | 67 | 61.5 | 72.5 |

要求:试以 90% 的把握程度,估计该学院所有学生平均体重的置信区间。

7.4 某食品公司生产袋装葵花子,其包装情况抽样检验结果如表 7-5 所示。

表 7-5

某食品公司袋装葵花子的包装抽检结果

每袋重量(克)	袋 数(袋)
480~490	15
490~500	30
500~510	40
510~520	15
合 计	100

又知规定每袋的包装重量不低于 500 克。

要求:试以 95.45% 的概率,估计这批瓜子的重量范围,确定是否达到规定的重量要求。

7.5 某工厂生产一种新型灯泡,随机抽取 100 只作耐用时间试验。试验结果,平均寿命为 4 500 小时,标准差为 300 小时。

要求:

(1) 在 95.45% 概率保证下,估计该新型灯泡平均寿命区间;

(2) 假定概率保证程度提高到 99.73%,允许误差缩小一半,试问应抽取多少只灯泡进行测试?

7.6 某电视台想了解观众对某电视专题节目的喜欢情况,通过调查 500 个观众,发现喜欢该节目观众的为 175 人。

要求:试以 95% 的概率估计观众喜欢这一专题节目的区间范围;如希望估计的极限误差不超过 5%,问有多大把握程度。

第八章 假设检验

在生产、科研和日常生活中,我们常常要对很多问题作出一定的论断或猜测,这就是假设。对于假设需要作出是或非的回答,我们需要为此安排一些试验,对前面的论断或猜测制定判断规则,并根据试验的结果对假设作出是或非的回答。以上的过程我们称之为假设检验。假设检验为统计推断的重要内容之一,是用来判断样本与样本、样本与总体的差异是由抽样误差引起还是本质差别造成的统计推断方法。

第一节 假设检验的基本原理

一、假设检验的基本概念

假设检验是抽样推断中的一项重要内容,它是根据原始资料,在未知总体参数的情况下,先作出总体参数等于某数值、某一随机变量服从某种概率分布的假设,然后利用样本资料采用一定的统计方法计算出有关的检验统计量,在一定的概率下,以可接受的风险来判断估计数值与总体数值(或者估计分布与实际分布)是否存在着显著差异,是否应当接受原假设的一种检验方法。

用样本指标估计总体指标,其结论有的很可靠,有的只有一定程度的可靠性,需要进一步加以检验和证实。在假设检验中,需要根据抽样分布理论,对样本统计量与假设的总体参数进行比较,若样本统计量与假设的总体参数没有显著差异,则认为没有充分的理由推翻原来的假设;反之,若样本统计量与假设的总体参数存在着显著差异,则认为原来的假设不能成立。因此,参数检验中的关键问题是如何判断样本统计量与假设总体参数是否有显著差异。这里必须明确的是,进行检验的目的不是验证样本指标计算的正确性,而是为了分析样本统计量和总体参数之间是否存在显著差异。从这个意义上来说,假设检验又称为显著性检验。

在总体分布已知的条件下,仅对总体未知参数进行的假设检验属于参数检验,如总体均值和总体比例的检验等;在总体分布形式未知或知之甚少的条件下所进行的假设检验属于非参数检验,如总体分布和样本随机性的检验等。本章只介绍参数检验。

【例8-1】 某电池生产厂家声称其生产的某种5号电池平均寿命在3小时以上,这可以看作是一个假设。现抽取一个样本,若样本平均使用寿命是 3.2 小时,显然厂家说法是正确的,可以接受这个假设;若样本平均使用寿命只有 1 小时,可以肯定厂家的说法是错误的,应拒绝这个假设;若平均使用寿命为 2.7 小时,接受或拒绝这个假设都没有绝对把握,这就是假设检验要解决的问题。

二、假设检验的基本思想

假设检验的基本思想是小概率反证法思想。假设检验中的"小概率思想"认为:小概率事件($P<0.01$ 或 $P<0.05$)在一次试验中基本上不可能发生;如果小概率事件在一次试验中居然发生了,则有理由怀疑假设的真实性,从而可以拒绝原来的假设。"反证法思想"就是先提出假设(原假设 H_0),再用适当的统计方法确定假设成立的可能性大小,如可能性小,则认为原假设 H_0 不成立,并且接受与其对立的备择假设 H_1;若可能性大,则还不能认为假设不成立。

【例 8-2】 某手表厂生产的女表表壳,在正常情况下,其直径(单位:mm)服从正态分布 $N(20,1)$。为了检查该厂某天生产是否正常,对生产过程中的手表表壳随机地抽查了 5 只,测得其直径分别为 19,19.5,19,20,20.5。问这天生产是否正常?

由问题的提出可知,我们实际上是要检查这天生产的手表表壳的直径 μ 是否为 20。可以通过提出假设 $H_0:\mu_0=20$ 及备择假设 $H_1:\mu_0\neq 20$,这样,问题就转化为如何利用抽查得到的样本去检验假设 $H_0:\mu_0=20$ 的真伪。因此,所谓的假设检验问题就是要判断原假设 H_0 是否正确,决定接受还是拒绝原假设,若拒绝原假设,就接受备择假设。

三、假设检验中的常用术语

1. 抽样分布

从同一总体中随机抽取的样本不同,所计算出来的某一样本统计量的数值就可能不同。对于特定总体中抽取的特定个数的样本,根据所有可能抽取的样本数据计算出来的该统计量的数值的分布,就叫做该样本统计量的抽样分布。例如,从总体 N 个单位中随机抽取 n 个单位组成样本,计算样本均值,假定全部可能的样本有 k 个,就有 k 个样本均值 $\bar{x}_1,\bar{x}_2,\bar{x}_3,\cdots,\bar{x}_k$,则 $\bar{x}_1,\bar{x}_2,\bar{x}_3,\cdots,\bar{x}_k$ 的概率分布就称为样本平均数的抽样分布。

2. 小概率事件

小概率事件是指在一次试验中几乎不可能发生的,即发生概率很小的随机事件。

【例 8-3】 某厂商声称,其产品的合格率为 95%,那么从其生产的产品(假设 1 000 件)中随机抽取一件,该件产品恰好是次品的概率只有 5%,因此是小概率事件。若从其生产的产品中随机取一件恰好是次品,说明小概率事件发生了。小概率事件的发生是我们否定该厂商论断的一个有力依据，因此我们有理由质疑其论断的可靠性。

3. 显著性水平

显著性水平是指根据小概率原理所规定的小概率事件的概率界限值，通常以 α 表示。即当某一事件的概率不大于 α 时，则认为它是小概率事件。显著性水平的选择取决于小概率事件发生后所产生的后果。若后果严重，则应选得小一些；反之，应选得大一些。其值通常取为 0.01、0.05、0.10 等。

4. 检验临界值

检验临界值是作出判断——接受或否定原假设的界限值，简称临界值。检验临界值主要是由显著性水平所决定的。将根据样本数据计算出来的检验统计量的值与检验临界值进行比较，作出接受或否定原假设的统计决策。

5. 两类错误

我们作出判断的依据是一个样本，但是由于样本的随机性，我们进行假设检验时不可避免地出现误判而犯错误，当 H_0 为真时，仍可能作出拒绝 H_0 的判断，这类错误称为第Ⅰ类错误，也称为"弃真"或"拒真"；也可能在 H_0 不真时，却接受 H_0，这类错误称为第Ⅱ类错误，也称为"取伪"或"受伪"。由于在实际工作中无法排除犯第Ⅰ类错误的可能性，因此，我们自然希望犯第Ⅰ类错误的概率控制在一定的限度之内。例如，可给定一个较小的正数 $\alpha(0<\alpha<1)$，并使犯第Ⅰ类错误的概率 $\leqslant\alpha$，α 即显著性水平。

6. 自由度

自由度是反映分布或数据差异信息的个数，即误差 $(X_i-\bar{X})$ 的个数。自由度的字面解释是：由于在 n 个数据中，当样本的数据总值确定后，就只有 $n-1$ 个数据可以自由取值，第 n 个不能自由取值。抽样样本总是与总体存在一定的误差，采用自由度的方法是为了对样本数据进行一定的修正，使其能够接近总体的情况。

对于以上术语的理解要结合本章后面部分所介绍的假设检验的步骤及所举的例题。

第二节 概率基础知识

概率论是研究和揭示随机现象的统计规律性的科学。随机现象的普遍性，使得概率论与数理统计具有极其广泛的应用。而假设检验的基础抽样分布理论就是从中发展而来的，下面就介绍与之相关的概率论基础知识。

一、概率的定义

1. 频率

在 n 次重复试验中，设事件 A 出现了 n_A 次，则称：$f_n(A)=n_A/n$ 为事件 A 的频率。频率具有一定的稳定性，示例如表 8-1 所示。

表 8-1

抛硬币试验的结果统计表

试 验 者	抛硬币次数 n	正面出现次数 n_A	正面出现的频率 $f_n(A)=n_A/n$
德·摩尔根	2 048	1 061	0.5180
浦丰	4 040	2 148	0.5069
皮尔逊	12 000	6 019	0.5016
皮尔逊	24 000	12 012	0.5005
维尼	30 000	14 994	0.4998

2. 概率的统计定义

在相同条件下,将试验重复 n 次,如果随着重复试验次数 n 的增大,事件 A 的频率 $f_n(A)$ 越来越稳定地在某一常数 p 附近摆动,则称常数 p 为事件 A 的概率,即 $f_n(A)=p$。

不难证明其以下基本性质:

(1) $f_n(A)\geqslant 0$;

(2) $f_n(\Omega)=1$;

(3) 若 $A_1,A_2,\cdots,A_n$ 两两互不相容,则 $f\left(\bigcup\limits_{n=1}^{n} A_n\right)=\sum\limits_{n=1}^{n} f_n(A_n)$。

3. 概率的公理化定义(数学定义)

设某试验的样本空间为 Ω,对其中每个事件 A 定义一个实数 $P(A)$,如果它满足下列三条公理:

(1) 非负性:$P(A)\geqslant 0$;

(2) 规范性:$P(\Omega)=1$;

(3) 可列可加性(简称可加性):若 $A_1, A_2, \cdots, A_n$ 两两互不相容,则 $f\left(\bigcup\limits_{n=1}^{\infty} A_n\right)=\sum\limits_{n=1}^{\infty} P(A_n)$。

称 $P(A)$ 为 A 的概率。

二、随机变量

关于随机变量的研究,是概率论的中心内容。这是因为,对于一个随机试验,我们所关心的往往是与所研究的特定问题有关的某个或某些量,也可以说是从静态的观点来研究随机现象。而随机变量则是一种动态的观点,一如数学分析中的常量与变量的区分那样,变量概念是高等数学有别于初等数学的基础概念。同样,概率论能从计算一些孤立事件的概念发展为一个更高的理论体系,其基础概念是随机变量。

1. 随机变量

设试验的样本空间为 Ω，在 Ω 上定义一个单值实函数 $X=X(e), e \in \Omega$，对试验的每个结果 $e, X=X(e)$ 有确定的值与之对应。由于试验结果是随机的，那 $X=X(e)$ 的取值也是随机的，我们便称此定义在样本空间 Ω 上的单值实函数 $X=X(e)$ 为一个随机变量。随机变量包括离散型随机变量和连续型随机变量。

引进随机变量后，试验中的每个事件便可以通过此随机变量取某个值或在某范围内取值来表示了。通俗地讲，随机变量就是依照试验结果而取值的变量。

【例 8-4】 观察某热线电话，在时间 T 内接到的呼叫次数。样本空间 $\Omega=\{0,1,2,\cdots\}$。可定义随机变量 X 就表示在时间 T 内接到的呼叫次数。于是：

$$A=\{\text{接到呼叫次数不超过 100 次}\}=\{x \leqslant 100\}$$
$$B=\{\text{接到呼叫次数介于 50~100 次之间}\}=\{50 \leqslant X \leqslant 100\}$$

2. 随机变量 X 与 Y 独立

如果对任意实数 $a<b, c<d$，有 $P\{a<X<b, c<Y<d\}=P\{a<X<b\} \cdot P\{c<Y<d\}$，即事件 $\{a<X<b\}$ 与事件 $\{c<Y<d\}$ 独立，则称随机变量 X 与 Y 独立。通俗地讲就是，如果两事件中任一事件的发生不影响另一事件的发生，则这两事件独立。

3. 分布函数

设 X 为随机变量，对任意实数 x，称函数 $F(x)=P\{X \leqslant x\}$ 为随机变量 X 的分布函数。

【例 8-5】 机房内有两台设备，令 X 表示某时间内发生故障的设备数，并已知 $P\{X=0\}=0.5, P\{X=1\}=0.3, P\{X=2\}=0.2$，求 X 的分布函数 $F(x)$。

解： 由于 X 的可能取值为 0、1、2，故应分情况讨论：

(1) 当 $x<0$ 时，$F(x)=P\{X \leqslant x\}=0$
(2) 当 $0 \leqslant x<1$ 时，$F(x)=P\{X \leqslant x\}=P\{X=0\}=0.5$
(3) 当 $1 \leqslant x<2$ 时，$F(x)=P\{X \leqslant x\}=P\{X=0\}+P\{X=1\}=0.5+0.3=0.8$
(4) 当 $x \geqslant 2$ 时，$F(x)=P\{X \leqslant x\}=P\{X=0\}+P\{X=1\}+P\{X=2\}=1$

4. 概率密度函数

$F(x)$ 为随机变量 X 的分布函数，如果存在非负函数 $f(x)$ 使得对任意实数 x，有 $F(x)=\int_{-\infty}^{x} f(t) \mathrm{d}t$，则称 X 为连续型随机变量，$f(x)$ 为 X 的概率密度函数。

事实上，由于 $F(x)=\int_{-\infty}^{x} f(t) \mathrm{d}t$，因此有：

$$1=F(+\infty)=\int_{-\infty}^{+\infty} f(t) \mathrm{d}t; \quad p\{a<x<b\}=\int_{a}^{b} f(x) \mathrm{d}x$$

三、随机变量的数字特征

总体就是一个随机变量，对总体的描述就是对随机变量的描述，随机变量的分布就是对随机变量最完整的描述。但是,由于:① 求出总体的分布往往不是一件容易的事情。② 在很多情况下,我们并不需要全面考察随机变量的变化情况,只需要了解总体的某些参数。例如,总体的一般水平和其离散程度,因为这两个参数是总体的最基本特征,如果能得到,那么就可以认为已经对总体有了粗略的了解。③ 在很多情况下,了解数字特征还是深入求出总体分布的基础和关键。因此,研究随机变量的数字特征是十分必要的。下面就介绍几种常见的随机变量的数字特征。

1. 数学期望

数学期望描述的是随机变量(总体)的一般水平,反映数据集中的趋势。

(1) 离散型随机变量的数学期望:

$E(X) = x_1 p_1 + x_2 p_2 + \cdots$;它反映随机变量取值的平均水平。

(2) 连续型随机变量的数学期望:

设 X 为连续型随机变量,其概率密度为 $f(x)$,如果 $\int_{-\infty}^{+\infty} x f(x) \mathrm{d}x$ 绝对收敛,则称此积分为 X 的数学期望,记为 $E(X)$,即 $E(X) = \int_{-\infty}^{+\infty} x f(x) \mathrm{d}x$。

2. 方差

方差是用以衡量随机变量取值波动程度的,一般情况下,我们采用方差来描述离散程度。随机变量偏离均值平方的数学期望,叫随机变量的方差,记作 $\mathrm{Var}(X)$ 或 $D(X)$。因为随机变量偏离均值期望值在加总时,正偏差和负偏差可能抵消,从而无法正确体现随机变量的总离散程度。而方差中由于有平方,因此消除了加总过程中正负号抵消的影响,使得加总具有实际意义;同时平方的计算也有强调较大的偏离程度的作用。方差的算术平方根叫标准差。

$$D(X) = \begin{cases} \sum_{k=1}^{\infty} [x_k - E(X)]^2 P\{x = x_k\}, & \text{离散型情形} \\ \int_{-\infty}^{+\infty} [x_k - E(X)]^2 f(x) \mathrm{d}x, & \text{连续型情形} \end{cases}$$

若 $E(X)$、$E(X^2)$ 存在,则称 $E[X - E(X)]^2$ 为 X 的方差,记为 $D(X)$ 或 $\mathrm{Var}(X)$。

$$D(X) = E(X^2) - [E(X)]^2$$

由于抽样分布理论的基础是正态分布,χ^2 分布、t 分布、F 分布等是在该基础上发展而来的,下面就先介绍正态分布。

四、正态分布

在实践中,虽然随机变量 X 受很多因素影响,但其中不难找出一个或多个对其有决定性影响的因素,使得近似地服从正态分布,如测量产生的误差、射击时弹着点的位置、噪声电压、产品的尺寸等均可认为近似地服从正态分布。

如果随机变量 X 的概率密度为 $f(x) = \dfrac{1}{\sqrt{2\pi}\sigma} \cdot e^{-\frac{(x-\mu)^2}{2\sigma^2}}, -\infty < x < +\infty$

其中，μ 和 σ^2（$\sigma > 0$）为常数，则称 X 服从参数（μ, σ^2）的正态分布，记为 $X \sim N(\mu, \sigma^2)$。

（一）标准正态分布

当 $\mu = 0, \sigma = 1$ 时，X 的概率密度为 $\varphi_0(x) = \dfrac{1}{\sqrt{2\pi}} \cdot e^{-\frac{x^2}{2}}, -\infty < x < +\infty$

我们称 X 服从标准正态分布，简记作 $X \sim N(0, 1)$。

标准正态分布密度函数的特点如下：

(1) 曲线关于 y 轴对称；

(2) $\varphi_0(-x) = \varphi_0(x)$；

(3) 在 $(-\infty, 0)$ 内严格上升，在 $(0, +\infty)$ 内严格下降；

(4) 当 $x \to \pm\infty$ 时，$\varphi_0(x) \to 0$。

标准正态分布的分布函数为：

$$\Phi_0(x) = P(X \leqslant x) = \int_{-\infty}^{x} \dfrac{1}{\sqrt{2\pi}} \cdot e^{-\frac{t^2}{2}} dt$$

标准正态分布的数学期望为：$E(X) = 0$

标准正态分布的方差为：$D(X) = 1$

设 $X \sim N(0, 1)$，则有下面计算公式：

(1) $P(X \leqslant x) = \Phi_0(x)$

(2) $P(X \leqslant -x) = \Phi_0(-x) = 1 - \Phi_0(x)$

(3) $P(|X| \leqslant x) = 2\Phi_0(x) - 1$

(4) $P(X > x) = 1 - P(X \leqslant x) = 1 - \Phi_0(x)$

(5) $P(a < X \leqslant b) = \Phi_0(b) - \Phi_0(a)$

(6) $P(X \leqslant 0) = \Phi_0(0) = 0.5$

【例 8-6】 设 X 服从标准正态分布，即 $X \sim N(0, 1)$，求：

(1) $P(X > 2)$；

(2) $P(-1 < X \leqslant 3)$；

(3) $P(|X| \leqslant 2)$。

解：因为 X 服从标准正态分布，所以可以直接用公式。

(1) $P(X>2) = 1 - P(x \leqslant 2) = 1 - \Phi_0(2) = 1 - 0.9772 = 0.0228$

其中,$\Phi_0(2)$ 需查标准正态分布函数表。

(2) $P(-1 < X \leqslant 3) = \Phi_0(3) - \Phi_0(-1) = \Phi_0(3) - [1 - \Phi_0(1)]$
$= 0.9987 - (1 - 0.8413) = 0.84$

其中,$\Phi_0(3)$、$\Phi_0(1)$ 需查标准正态分布函数表。

(3) $P(|X| \leqslant 2) = 2\Phi_0(2) - 1 = 2 \times 0.9775 - 1 = 0.9544$

如果 X 不是标准正态分布,不可直接用公式计算或查表,须先将 X 标准化。

(二) 正态分布标准化

设 $X \sim N(\mu, \sigma^2)$,令 $Y = \dfrac{X - \mu}{\sigma}$,则:

$$P(a < X \leqslant b) = \int_a^b \frac{1}{\sqrt{2\pi}\sigma} \cdot e^{-\frac{(x-\mu)^2}{2\sigma^2}} dx \left(\diamondsuit\; t = \frac{x-\mu}{\sigma}\right)$$

$$= \frac{1}{\sqrt{2\pi}} \int_{a-\mu/\sigma}^{b-\mu/\sigma} \cdot e^{-\frac{t^2}{2}} dt = \Phi_0\left(\frac{b-\mu}{\sigma}\right) - \Phi_0\left(\frac{a-\mu}{\sigma}\right)$$

所以,当 $X \sim N(\mu, \sigma^2)$ 时,有 $Y = \dfrac{X-\mu}{\sigma} \sim N(0,1)$。

【例 8-7】 设 $X \sim N(5, 3^2)$,求:

(1) $P(X \leqslant 10)$;
(2) $P(2 < X \leqslant 11)$。

解:因为 X 不是标准正态分布,所以不可直接查表求出结果,必须先将 X 化为标准正态分布,然后再用公式计算或查表求出概率值。

因为 $X \sim N(5, 3^2)$,则有 $\dfrac{X-5}{3} \sim N(0,1)$,因此:

(1) $P(X \leqslant 10) = P\left(\dfrac{X-5}{3} \leqslant \dfrac{10-5}{3}\right) = P\left(\dfrac{X-5}{3} \leqslant 1.67\right) = \Phi_0(1.67) = 0.9525$

(2) $P(2 < X \leqslant 11) = \left(\dfrac{2-5}{3} < \dfrac{X-5}{3} \leqslant \dfrac{11-5}{3}\right) = P\left(-1 < \dfrac{X-5}{3} \leqslant 2\right)$
$= \Phi_0(2) - \Phi_0(-1) = \Phi_0(2) - [1 - \Phi_0(1)]$
$= 0.9772 - (1 - 0.8413) = 0.8185$

五、抽样分布理论基础

样本统计量的概率分布称为抽样分布,在假设检验的实际工作中常用到如下三种分布:χ^2 分布、t 分布和 F 分布。

(一) χ^2 分布

设 $x_1, x_2, \cdots, x_n$ 是独立同分布的随机变量,且每个随机变量都服从标准正态分布,即 $x_i \sim N(0,1)$,则随机变量 $\chi^2 = \sum_{i=1}^{n} x_i^2$ 的分布称作自由度为 n 的 χ^2 分布,记为 $\chi^2(n)$。

若样本 $x_1, x_2, \cdots, x_n$ 来自于正态总体 $N(\mu, \sigma^2)$,可以证明,统计量:

$$\chi^2 = \frac{(n-1)S^2}{\sigma^2} \sim \chi^2(n-1)$$

其中,
$$S^2 = \frac{\sum(x_i - \bar{x})^2}{n-1}$$

(二) t 分布

设 X 与 Y 两个随机变量相互独立,而且 $X \sim N(0,1)$, $Y \sim \chi^2(n)$,则随机变量 $t = \frac{X}{\sqrt{Y/n}}$ 服从自由度为 n 的 t 分布,记为 $t(n)$。

若样本 $x_1, x_2, \cdots, x_n$ 来自于正态总体 $N(\mu, \sigma^2)$,可以证明,统计量:

$$t = \frac{\bar{x} - \mu}{S/\sqrt{n}} \sim t(n-1)$$

其中,
$$S^2 = \frac{\sum(x_i - \bar{x})^2}{n-1}$$

当样本容量充分大时,t 分布趋近于标准正态分布。

(三) F 分布

设 X 与 Y 分别服从自由度为 n_1, n_2 的 χ^2 分布,且相互独立,则统计量

$$F = \frac{\dfrac{X}{n_1}}{\dfrac{Y}{n_2}} \sim F(n_1, n_2)$$

性质:

(1) 若 $F \sim F(n_2, n_1)$,则 $\dfrac{1}{F} \sim F(n_2, n_1)$;

(2) 若 $F_\alpha(n_1, n_2)$ 是 F 的分布函数,有 $\dfrac{1}{F_\alpha(n_1, n_2)} = F_{1-\alpha}(n_2, n_1)$。

若样本 $X: x_1, x_2, \cdots, x_{n_1}$ 和 $Y: y_1, y_2, \cdots, y_{n_2}$ 分别来自于正态总体 $N(\mu_1, \sigma_1^2)$、$N(\mu_2, \sigma_2^2)$,可以证明,统计量

$$F = \frac{\dfrac{(n_1-1)S_1^2}{(n_1-1)\sigma_1^2}}{\dfrac{(n_2-1)S_2^2}{(n_2-1)\sigma_2^2}} = \frac{\dfrac{S_1^2}{\sigma_1^2}}{\dfrac{S_2^2}{\sigma_2^2}} \sim F(n_1-1, n_2-1)$$

特别地,当两个正态总体的方差相等时,就有:

$$F=\frac{S_1^2}{S_2^2}\sim F(n_1-1,n_2-1)$$

第三节 假设检验的过程

一个较为完整的假设检验过程可以归纳为以下几个步骤:
(1) 对问题详加调查研究之后,根据试验或观察数据来选择一个适宜的概率模型;
(2) 建立假设,即提出一个原假设和一个备择假设;
(3) 确定适当的检验统计量及其分布;
(4) 选定适当的显著性水平;
(5) 计算被检验统计量的临界值;
(6) 计算被检验的实际统计量数值;
(7) 用实际统计量数值与临界值比较,以确定接受或拒绝原假设。
统计检验步骤的示意图如图 8-1 所示。

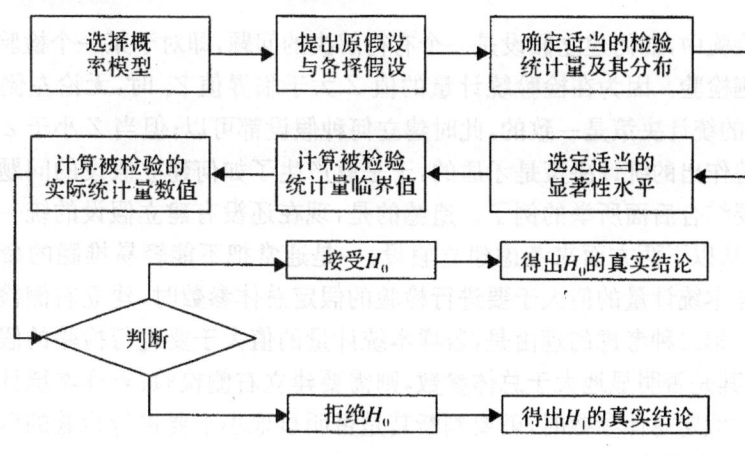

图 8-1 假设检验基本步骤示意图

一、建立假设

假设分为原假设和备择假设。原假设是被检验的主体,一般是指检验者有可能推翻,但没有充分的依据就不能轻易推翻的假设,用 H_0 表示;备择假设是原假设的对立面,是在原假设被推翻时所接受的假设,用 H_1 表示。要注意的是,原假设和备择假设应包括所要检验问题的所有可能结果。

根据假设建立的不同,假设检验有双侧检验和单侧检验两种类型。

1. 双侧检验

若建立的原假设是 μ 等于某一数值 μ_0,则只要在样本统计量明显大于 μ 或明显小于 μ_0 两者之中有一个成立,就可以拒绝原假设,则称这种检验为双侧检验。之所以叫做双侧检验,是因为在这种情况下,显著性水平 α 平均分布在左右两侧,此时所建立的假设为:

$$H_0: \mu = \mu_0, H_1: \mu \neq \mu_0$$

2. 单侧检验

单侧检验又分为左侧检验和右侧检验。

(1) 左侧检验,在样本统计量明显小于假设的总体参数 μ_0 时,就拒绝原假设,显著性水平 α 分布在左侧,此时所建立的假设为:

$$H_0: \mu \geq \mu_0, H_1: \mu < \mu_0$$

(2) 右侧检验,在样本统计量明显大于假设的总体参数 μ_0 时,就拒绝原假设,显著性水平 α 分布在右侧,此时所建立的假设为:

$$H_0: \mu \leq \mu_0, H_1: \mu > \mu_0$$

在单侧检验中,如何建立假设是一个有待解决的问题,即对于某一个检验是建立左侧检验还是右侧检验。因为在检验统计量的值 Z 大于临界值 Z_α 时,无论左侧检验还是右侧检验,作出的统计决策是一致的,此时建立何种假设都可以;但当 Z 小于 Z_α 时,左侧检验和右侧检验作出的统计决策是矛盾的,于是就产生了如何建立假设的问题。关于这一点的理解还要结合后面所举的例子。遗憾的是,现在还没有建立假设的统一标准。一般情况下,可以从以下两方面来考虑建立假设:一是通常把不能轻易推翻的命题作为原假设。二是当样本统计量的值大于要进行检验的假定总体参数时,建立右侧检验;否则,建立左侧检验。第二种考虑的理由是,若样本统计量的值大于要进行检验的假定总体参数时,就要判断其是否明显地大于总体参数,则需要建立右侧检验;若样本统计量的值小于要进行检验的假定总体参数时,就要判断其是否明显地小于要进行检验的假定总体参数时,则需要建立左侧检验。

二、确定检验统计量

检验统计量是判断样本统计量与假设总体参数是否有明显差异的主要依据,它取决于样本统计量抽样分布的性质。例如,总体服从正态分布,总体方差 σ^2 已知,采用简单随机方式抽取容量为 n 的样本,其样本平均数 $\bar{x}$ 抽样分布也是正态分布,分布的期望为总体均值 μ,方差为 σ^2/n(重复抽样)。根据正态分布的性质则有:$Z = \dfrac{\bar{x} - \mu_0}{\sigma/\sqrt{n}} \sim N(0, 1)$。因此,检验样本平均数 $\bar{x}$ 与假定的总体平均数 μ_0 是否有显著差异应选择 Z 统计量。关于检验统计量的理解要结合显著性水平的选定和检验的决策过程。

三、选定显著性水平

显著性水平是假设检验中判断样本统计量与总体参数是否有显著差异的标准,用 α 表示,$0<\alpha<1$,常用的有 $\alpha=0.10$、$\alpha=0.05$、$\alpha=0.01$ 等。例如,显著性水平 $\alpha=0.05$(5%)的含义为:假设总体参数是正确的,则样本统计量与总体参数差异过大者,每 100 个样本中不超过 5 个,即样本统计量与总体参数差异过大这一事件的概率小于 5%,这种事件称为小概率事件,小概率事件在一次试验中发生的机会很小。如果在一次试验中,小概率事件发生了,我们有根据怀疑这个样本不可能抽自假设的总体,即怀疑原假设的正确性,因此拒绝原假设。关于显著性水平的理解也要结合检验的决策过程。

四、作出统计决策

在确定了检验统计量和显著性水平以后,通过查相应的附表可以确定检验统计量的临界值;再根据样本数据计算出检验统计量的值;最后将检验统计量的值与检验统计量的临界值进行比较,作出接受或拒绝原假设的统计决策。下面以选择的检验统计量是 $Z=\dfrac{\bar{x}-\mu_0}{\sigma/\sqrt{n}}$ 为例,说明假设检验的决策过程。

1. 双侧检验

双侧检验的显著性水平平均分布在左右两侧,与之相应的检验统计量的临界值 $-Z_{\alpha/2}$ 和 $+Z_{\alpha/2}$ 也分布在左右两侧。检验统计量 Z 服从均值为 0、方差为 1 的标准正态分布。在标准正态分布中,$|Z|\geqslant Z_{\alpha/2}$ 的概率很小,只有 α(显著性水平)大小。例如,$\alpha=0.05$,查标准正态分布表得临界值 $Z_{\alpha/2}=1.96$,则 $|Z|\geqslant 1.96$ 的概率只有 5%。若抽取一个样本,计算其 $|Z|$ 值是大于 1.96 的,则表明小概率事件发生了,我们有理由认为该样本不是抽自假设的总体,所以拒绝原假设。综上所述,双侧检验中的决策规则为:

当 $|Z|\geqslant Z_{\alpha/2}$,就拒绝原假设 H_0;

当 $|Z|<Z_{\alpha/2}$,就接受原假设 H_0。

2. 单侧检验

(1) 左侧检验。左侧检验的显著性水平 α 分布在左侧,与之相应的检验统计量的临界值 $-Z_\alpha$ 也在左侧。在标准正态分布情况下,$Z\leqslant -Z_\alpha$ 的概率只有 α 大小。例如,$\alpha=0.05$,查标准正态分布表得临界值 $-Z_\alpha=-1.645$,$Z\leqslant -1.645$ 的概率只有 5%。若抽取一个样本,计算其 Z 值是小于 -1.645 的,则表明小概率事件发生了,所以拒绝原假设。即左侧检验的决策规则为:

当 $Z\leqslant -Z_\alpha$ 时,拒绝原假设 H_0;

当 $Z > -Z_\alpha$ 时,接受原假设 H_0。

(2) 右侧检验。右侧检验的显著性水平分布在右侧,与之相应的检验统计量的临界值也在右侧。在标准正态分布情况下,$Z \geqslant Z_\alpha$ 的概率也只有 α 大小。例如,$\alpha = 0.05$,临界值 $Z_\alpha = 1.645$,则 $Z \geqslant 1.645$ 的概率只有 5%。若抽取一个样本,根据样本计算的 Z 值大于 1.645,则表明小概率事件发生了,所以拒绝原假设。即右侧检验的决策规则为:

当 $Z \geqslant Z_\alpha$ 时,拒绝原假设 H_0;

当 $Z < Z_\alpha$ 时,接受原假设 H_0。

【例 8-8】 某地早稻收割根据长势估计平均亩产为 310 千克,收割时,随机抽取了 10 块田地,测出每块的实际产量为 $x_1, x_2, x_3, \cdots, x_{10}$,计算得 $\bar{x} = \frac{1}{10}\sum_{i=1}^{10} x_i = 320$,如果已知早稻产量 X 服从正态分布 $N(\mu, 144)$,试问所估计产量是否正确?

解:这是一个正态总体方差已知,对期望 μ 的假设检验问题。如果估计正确,则应有 $\mu = 310$,因此提出假设:

$$H_0: \mu = 310, \quad H_1: \mu \neq 310$$

接下来分析样本值(10 个亩产量)是支持 H_0,还是支持 H_1。

我们知道,样本均值 $\bar{x}$ 是总体均值 μ 的优良估计,当然,即使估产正确,$\bar{x}$ 也不一定恰好等于 310 千克,但 $\bar{x}$ 应该靠近 310 千克,也就是说,如果 H_0 为真,应该有 $|\bar{x} - 310| \leqslant \lambda$;反之,如果 $|\bar{x} - 310| > \lambda$,就要拒绝接受 H_0。

边界值应取多大呢?这需要以 $\bar{X}$ 为核心,通过"包装",构造出合适的具有确定分布的统计量 Z。当 H_0 为真时,则 $\bar{X} \sim N\left(310, \frac{12^2}{10}\right)$,标准化为:

$$Z = \frac{\bar{X} - \mu_0}{\sigma/\sqrt{n}} = \frac{\bar{X} - 310}{12/\sqrt{10}} \sim N(0, 1)$$

对于显著性水平 $\alpha = 0.05$,查正态分布表,得临界值 $Z_{\alpha/2} = Z_{0.025} = 1.96$,即 $P(|Z| > 1.96) = 0.05$。

这就是说,如果 H_0 是正确的,那么事件 $|Z| > 1.96$ 是概率为 0.05 的小概率事件,大约平均试验 20 次(每次都测 10 块地的亩产量)才会有一次是 $|Z| > 1.96$,而现在的情况呢?将一次试验结果 $\bar{x} = 320$ 千克代入统计量 $|Z| = \frac{|320 - 310|}{12/\sqrt{10}} = 2.63 > 1.96$,即小概率事件竟然在一次试验中发生了,这与常理相违。所以我们有理由不相信 H_0 是真的,于是拒绝 H_0,即认为估计平均亩产 310 千克不正确。

五、进行假设检验应注意的问题

(1) 进行假设检验之前,应注意资料本身是否有可比性。

(2) 当差别有统计学意义时,还应注意这样的差别在实际应用中有无意义。

(3) 根据资料的类型和特点选用正确的假设检验方法。

(4) 根据专业及经验确定是选用单侧检验还是双侧检验。

(5) 当检验结果为拒绝原假设时,应注意有发生 I 类错误的可能性,即错误地拒绝了本身成立的 H_0。发生这种错误的可能性预先是知道的,即显著性水平那么大;当检验结果为不拒绝原假设时,应注意有发生 II 类错误的可能性,即仍有可能错误地接受了本身就不成立的 H_0。发生这种错误的可能性预先是不知道的,但与样本含量和 I 类错误的大小有关系。

(6) 判断结论时不能绝对化,应注意无论接受或拒绝原假设,都有判断错误的可能性。

(7) 报告结论时,应该注意说明所用的统计量,检验的单侧或双侧及 P 值的确切范围。

第四节 常用的假设检验

本节是在上一节的基础上介绍假设检验的具体应用,与抽样估计的内容相似,当我们研究总体时,所关注的主要是总体均值、总体成数和总体方差。上一节介绍的所有概念都适用于将要介绍的检验方法,但由于所需检验的参数不同,计算检验统计量的方法有所不同。

一、单一总体均值的检验

对单一总体均值的假设检验,要根据总体的分布形式、总体方差是否已知,以及样本的大小来选择检验统计量。

(一) 总体均值的检验——总体方差已知

当总体是正态总体、总体方差 σ^2 已知,或总体为非正态总体,但总体方差 σ^2 已知且为大样本的条件下,可以证明其样本平均数 $\bar{x}$ 服从期望为 μ,方差为 σ^2/n 的正态分布,因此可选择 Z 作为检验统计量。其计算公式为:

$$Z = \frac{\bar{x} - \mu_0}{\sigma/\sqrt{n}} \sim N(0, 1)$$

【例 8-9】 安装一台新仪器要求元件尺寸的均值保持在原有仪器的水平。已知原有仪器的元件尺寸均值为 3.278 厘米,均方差为 0.002 厘米。现测量 10 个新元件,得到它们的尺寸数据为(单位:厘米):

3.277　3.281　3.278　3.278　3.286

| 3.279 | 3.278 | 3.281 | 3.279 | 3.280 |

设元件尺寸服从正态分布,且新、旧元件尺寸的方差相同,问新装仪器的元件尺寸的均值与原有仪器的元件尺寸均值有无显著差别(取 $\alpha=0.05$)?

解:设元件尺寸 X 服从正态分布 $X \sim N(\mu,\sigma^2)$,因新、旧元件尺寸的方差相同,故 $\sigma=0.002$。由题意,提出待检的假设为:

$$H_0:\mu=3.278,\ H_1:\mu\neq 3.278$$

由[例 8-8]可知,显著性水平为 α 的拒绝域为:

$$|Z| \geqslant Z_{\alpha/2}$$

现在 $\alpha=0.05$,经查表知 $Z_{\alpha/2}=Z_{0.025}=1.96$

又由样本算得均值为 $\overline{X}=3.2795$

且 $\mu_0=3.278,\sigma^2=0.002^2,n=10$

从而可算得:

$$|Z|=\frac{|\overline{X}-\mu_0|}{\sigma/\sqrt{n}}=\frac{|3.2795-3.278|}{0.002/\sqrt{10}}=2.37>1.96$$

由于它落在拒绝域内,故拒绝 H_0,接受 H_1,即认为新、旧元件尺寸的均值之间存在显著差别。

(二) 总体均值的检验——总体方差未知

当总体为正态总体、总体方差 σ^2 未知,或总体为非正态总体,总体方差未知且为小样本的条件下,要用样本方差 S^2 作为总体方差 σ^2 的估计量,此时样本平均数 $\overline{x}$ 服从期望为 μ、方差为 S^2/n、自由度为 $n-1$ 的 t 分布,因此可以选择 t 作为检验统计量,其计算公式为:

$$t=\frac{\overline{x}-\mu_0}{S/\sqrt{n}} \sim t(n-1)$$

【例 8-10】 一台自动车床加工零件的长度服从正态分布 $N(\mu,\sigma^2)$,车床正常工作时,加工零件的长度均值为 10.5 厘米,经过一段时间生产后,需检验该车床是否工作正常,为此抽取该车床加工的 31 个零件,测得数据如下:

零件长度(厘米)	10.3	10.6	11.2	11.5	11.8	12.0	10.1
频数	1	3	7	10	6	3	1

若加工零件长度的方差不变,问此车床工作是否正常($\alpha=0.05$)?

解:车床工作是否正常,归结为在 $\alpha=0.05$ 水平下,检验假设

$$H_0: \mu = \mu_0 = 10.5$$

这是一个正态总体方差未知,对 μ 的假设检验问题。

以 $\overline{X}$ 为核心,构造统计量。当 H_0 为真时,由统计量:

$$T = \frac{\overline{X} - \mu_0}{S/\sqrt{n}} \sim t(n-1)$$

其中,

$$S = \sqrt{\frac{1}{n-1} \sum_{i=1}^{n} (x_i - \overline{x})^2}$$

按 $P\{|T| > t_{1-\alpha/2}(n-1)\} = \alpha$,查 t 分布表,确定临界值 $t_{1-\alpha/2}(n-1)$(或是 $t_{1-\alpha}(n-1), -t_{1-\alpha}(n-1)$)。

故 H_0 的拒绝域为:$|T| > t_{1-\alpha/2}(n-1)$

令 $n = 31$,计算得 $\overline{x} = 11.08, S = 0.516$,从而:

$$|t| = \frac{|\overline{x} - \mu_0|}{S/\sqrt{n}} = \frac{|11.08 - 10.5|}{0.516/\sqrt{31}} = 6.26$$

查 t 分布表,得到 $t_{1-\alpha/2}(n-1) = t_{0.975}(30) = 2.042$

因为 $|T| = 6.26 > t_{0.975}(30) = 2.042$

故拒绝 H_0,即可认为该车床工作不正常。

二、两个总体均值之差的检验

在各种科学研究或试验中,可能会常常遇到这样一个问题,就是将试验的结果与控制的目标进行比较,以观察试验是否产生了有意义的结果。解决这类问题的一种方法是:检验被试验的两个总体均值是否发生了本质上的变化,这就需要采用两个总体之差的检验方法。

对两个总体均值之差的假设检验,仍要根据总体的分布形式、总体方差是否已知,以及样本大小来选择检验统计量。

(一)两个正态总体均值之差的检验——两总体方差已知

当两个正态总体方差 σ_1^2 和 σ_2^2 已知时,可以证明总体中随机抽取的两个样本均值之差 $(\overline{x}_1 - \overline{x}_2)$ 服从期望为 $(\mu_1 - \mu_2)$、方差为 $\left(\frac{\sigma_1^2}{n_1} + \frac{\sigma_2^2}{n_2}\right)$ 的正态分布,因此可以选择 Z 作为检验统计量。其计算公式为:

$$Z = \frac{(\overline{x}_1 - \overline{x}_2) - (\mu_1 - \mu_2)}{\sqrt{\frac{\sigma_1^2}{n_1} + \frac{\sigma_2^2}{n_2}}} \sim N(0, 1)$$

【例 8-11】 设甲、乙两厂生产同样的灯泡,其寿命分别服从 $N(\mu_1, 84^2)$ 和 $N(\mu_2, 96^2)$,现从两厂生产的灯泡中各抽取 60 只,测得甲厂灯泡的平均寿命为 1 295 小时,乙厂为 1 230 小时,问在显著性水平 $\alpha = 0.05$ 下,能否认为两厂生产的灯泡寿命无显著差异。

解:问题归结为在 $\alpha = 0.05$ 下,检验假设:

$$H_0: \mu_1 = \mu_2, H_1: \mu_1 \neq \mu_2$$

原假设等价于 $\mu_1 - \mu_2 = 0$,所以用 $\bar{X} - \bar{Y}$ 为核心,通过"包装",构造统计量。由题意可知:

$$\bar{X} \sim N\left(\mu_1, \frac{\sigma_1^2}{n_1}\right), \bar{Y} \sim N\left(\mu_2, \frac{\sigma_2^2}{n_2}\right)$$

于是:

当 H_0 为真时,$\bar{X} - \bar{Y} \sim N\left(0, \frac{\sigma_1^2}{n_1} + \frac{\sigma_2^2}{n_2}\right)$,将其标准化为:

$$Z = \frac{|\bar{X} - \bar{Y}|}{\sqrt{\frac{\sigma_1^2}{n_1} + \frac{\sigma_2^2}{n_2}}} \sim N(0, 1)$$

按 $P(|Z| > Z_{1-\alpha}) = \alpha$ 得到 H_0 的拒绝域为:

$$|Z| = \frac{|\bar{X} - \bar{Y}|}{\sqrt{\frac{\sigma_1^2}{n_1} + \frac{\sigma_2^2}{n_2}}} > Z_{1-\alpha/2}$$

对于本例,已知 $\bar{x} = 1\,295$,$\bar{y} = 1\,230$,$\sigma_1^2 = 84^2$,$\sigma_2^2 = 96^2$,$n_1 = n_2 = 60$。

将它们代入统计量 Z 中,并查表得 $Z_{1-\alpha/2} = Z_{0.975} = 1.96$,而:

$$|Z| = \frac{|1\,295 - 1\,230|}{\sqrt{\frac{84^2}{60} + \frac{96^2}{60}}} = 3.95 > 1.96$$

故拒绝 H_0,接受 H_1,即认为两厂生产的灯泡寿命有显著差异。

(二)两个正态总体均值之差的检验——两总体方差未知但相等

当两个正态总体方差 σ_1^2 和 σ_2^2 未知(但 $\sigma_1^2 = \sigma_2^2$)时,要用样本方差 S_1^2 和 S_2^2 作为总体方差 σ_1^2 和 σ_2^2 的估计量,应选择 t 作为检验统计量。其计算公式为:

$$t = \frac{(\bar{x}_1 - \bar{x}_2) - (\mu_1 - \mu_2)}{\sqrt{\frac{(n_1-1)S_1^2 + (n_2-1)S_2^2}{n_1 + n_2 - 2}}\sqrt{\frac{1}{n_1} + \frac{1}{n_2}}} \sim t(n_1 + n_2 - 2)$$

【例 8-12】 某卷烟厂生产两种香烟,现分别对两种香烟的尼古丁含量作 6 次试验,得到的结果是:

甲:	25	28	23	26	29	22
乙:	28	23	30	35	21	27

若香烟的尼古丁含量服从正态分布,且方差相等,试问这两种香烟的尼古丁含量有无显著差异($\alpha=0.05$)?

解:设甲种香烟的尼古丁含量为 X,乙种香烟的尼古丁含量为 Y。

由题意知:

$X \sim N(\mu_1, \sigma^2), Y \sim N(\mu_2, \sigma^2)$,则问题归结为检验假设:

$$H_0: \mu_1 = \mu_2, H_1: \mu_1 \neq \mu_2$$

在 H_0 为真时,由统计量:

$$T = \frac{\bar{X} - \bar{Y}}{S_w \sqrt{\frac{1}{n_1} + \frac{1}{n_2}}} \sim t(n_1 + n_2 - 2)$$

其中,$S_w = \sqrt{\frac{(n_1-1)S_1^2 + (n_2-1)S_2^2}{n_1 + n_2 - 2}}$

按 $P\{|T| > t_{1-\alpha/2}(n_1 + n_2 - 2)\} = \alpha$,得 H_0 的拒绝域为:

$$|T| = \frac{\bar{X} - \bar{Y}}{S_w \sqrt{\frac{1}{n_1} + \frac{1}{n_2}}} > t_{1-\alpha/2}(n_1 + n_2 - 2)$$

对于本题,由测量数据计算出 $\bar{x} = 25.5$,$\bar{y} = 27.3$,$(n_1 - 1)S_1^2 = 37.5$,$(n_2 - 1)S_2^2 = 125.3$,$n_1 = n_2 = 6$,由它们得:

$$S_w \sqrt{\frac{1}{n_1} + \frac{1}{n_2}} = \sqrt{\frac{37.5 + 125.3}{6 + 6 - 2}} \times \sqrt{\left(\frac{1}{6} + \frac{1}{6}\right)} = 2.33$$

代入 T 的表达式,并与查表值 $t_{1-\alpha/2}(n_1 + n_2 - 2) = t_{0.975}(10) = 2.2281$ 比较:

$$|T| = \frac{|25.5 - 27.31|}{2.33} = 0.7726 < 2.2281$$

故接受 H_0,即认为两种香烟的尼古丁含量无显著差异。

三、总体成数的假设检验

由抽样分布定理可知,样本成数服从二项分布,因此可以由二项分布来确定对总体成数进行假设检验的临界值,但其计算往往非常繁琐。而在大样本情况下,二项分布趋近于正态分布。因此,对总体成数的检验通常是在大样本条件下进行的,可以根据正态分布来近似地确定临界值,即采用 Z 检验统计量。其检验步骤与均值检验的步骤相同,只是检验统计量的计算方式略有不同。

(一) 单一总体成数的假设检验

根据中心极限定理,在大样本条件下,即在 np 和 $n(1-p)$ 都大于 5 时,样本成数 p 的抽样分布近似服从正态分布,因此,我们可选用 Z 作为检验统计量,其计算公式为:

$$Z=\frac{p-P_0}{\sqrt{\frac{P_0(1-P_0)}{n}}}\sim N(0,1)$$

【例 8-13】 某保险公司希望估计一下其所在城市的居民参加财产保险的比例,以掌握财产保险业务的潜力,据初步估算有 80% 以上的居民参加了财产保险。为了掌握具体统计资料,统计人员调查了 150 户居民,了解到有 70% 的居民参加了财产保险。试问在 $\alpha=0.05$ 的显著性水平下,调查得到的数据是否充分支持公司的初步估算"有 80% 的居民参加了财产保险"?

解:根据题意,有 $P_0=0.8, n=150, p=0.7, \alpha=0.05$

由于该保险公司估计有 80% 以上的居民参加了财产保险,现在需要根据调查的数据检验该公司的估算是否属实。我们希望其估算是正确的,因此采用总体成数的右侧检验。

因此,建立假设:

$$H_0: P \leq 0.8, H_1: P > 0.8$$

由于 $np=150\times0.7=105>5, n(1-p)=150\times0.3=45>5$,所以可以采用正态分布来描述其抽样分布,确定检验统计量为:

$$Z=\frac{p-P_0}{\sqrt{\frac{P_0(1-P_0)}{n}}}$$

在显著性水平 $\alpha=0.05$ 下查 Z 值表,$Z_\alpha=Z_{0.05}=1.645$

所以确定 H_0 的拒绝域为 $[1.645, +\infty)$。

将相关数据代入,计算统计检验量得:

$$Z=\frac{p-P_0}{\sqrt{\frac{P_0(1-P_0)}{n}}}=\frac{0.7-0.8}{\sqrt{\frac{0.8\times0.2}{150}}}=-3.062$$

因为 $-3.062<1.645$(Z 的取值落在拒绝域外),所以接受 H_0,而拒绝 H_1,由此可判断参加财产保险户数的比例小于或等于 80%,即认为调查得到的数据无法充分支持该公司的估算。

(二) 两个总体成数之差的假设检验

两个总体成数之差 P_1-P_2 的检验思路与一个总体时的类似,只是由于涉及两个总体,在形式上相对复杂点。

两个总体成数之差的概率分布,同样可以证明其在大样本条件下近似地服从正态分布。若 $n_1 p_1$、$n_1(1-p_1)$、$n_2 p_2$、$n_2(1-p_2)$ 都大于或等于 5 时,就可以认为是大样本。此时,我们可以选用 Z 作为检验统计量,其计算公式为:

$$Z=\frac{(p_1-p_2)-(P_1-P_2)}{\sqrt{\frac{p_1(1-p_1)}{n_1}+\frac{p_2(1-p_2)}{n_2}}} \sim N(0,1)$$

【例 8-14】 某公司准备推出一款新型的数码产品,为了了解男女消费者对这一产品的喜好程度是否存在差异,分别调查了 150 名男士和 160 名女士。其中有 113 名男士和 104 名女士对该产品比较感兴趣,表示有购买的可能性。因此调查者认为,喜欢该产品的男士比例要比女士高出 5%。试在 $\alpha=0.05$ 的显著性水平下,能否认为调查者的推断是否正确?

解:由题意,设喜欢该产品的男士比例为 P_1,女士比例为 P_2。

因此,建立假设:

$$H_0:(P_1-P_2)\leqslant 0.05, H_1:(P_1-P_2)>0.05$$

由于样本容量 n_1 和 n_2 都充分大,所以可以采用正态分布来描述其抽样分布,确定检验统计量为:

$$Z=\frac{(p_1-p_2)-(P_1-P_2)}{\sqrt{\frac{p_1(1-p_1)}{n_1}+\frac{p_2(1-p_2)}{n_2}}}$$

查正态分布表,在显著性水平 $\alpha=0.05$ 下,$Z_\alpha=Z_{0.05}=1.645$

所以确定 H_0 的拒绝域为 $[1.645,+\infty)$。

代入相关的数据 $n_1=150, n_2=160, p_1=113/150=75\%, p_2=104/160=65\%, (P_1-P_2)=0.05$,计算统计检验量:

$$Z=\frac{(0.75-0.65)-0.05}{\sqrt{\frac{0.75\times(1-0.75)}{150}+\frac{0.65\times(1-0.65)}{160}}}=1$$

因为 $1<1.645$(Z 的取值落在拒绝域外),所以接受 H_0,而拒绝 H_1,即根据这些调查数据,我们不能认为喜欢该产品的男士比女士多 5%。

四、总体方差的假设检验

方差或标准差是衡量变量偏离总体均值程度的尺度,以及研究生产活动的均衡性、产品质量的稳定性等最常用的指标,所以,它们也是正态总体的重要参数之一。所以对总体方差的检验也是比较常见的一类问题,在这里仅讨论正态分布的总体方差的检验。

总体方差的检验又分为两种:一种是样本方差和总体方差差异的检验,采用 χ^2 检验;一种是两个样本方差差异性的检验,采用 F 检验。

(一) 单一正态总体方差的假设检验

相对于总体均值和总体成数检验所使用的抽样分布(正态分布或 t 分布),单一总体方差的检验所使用的抽样分布有所不同。由于样本方差 S^2 是总体方差 σ^2 的无偏估计量,自然可以将 S^2 与 σ^2 对比来构造检验统计量。由此,可采用 χ^2 检验,检验的统计量为:

$$\chi^2 = \frac{(n-1)S^2}{\sigma^2} \sim \chi^2(n-1)$$

【例 8-15】 假设某台机器包装食盐时,每袋盐的净重服从正态分布,且规定其标准差不能超过 0.02 千克,某天开工后,为检验该机器工作是否正常,从包装好的食盐中随机抽取 9 袋,测得其净重的标准差为 0.032 千克。试在 $\alpha=0.05$ 的显著性水平下,判断这天该机器包装工作是否符合规定?

解:根据题意,建立假设:

$$H_0: \sigma^2 \leq 0.02^2, \quad H_1: \sigma^2 > 0.02^2$$

按 $\alpha=0.05$、自由度 $n-1=8$,查 χ^2 分布表,得到 $\chi^2_\alpha(n-1) = \chi^2_{0.05}(8) = 15.5$

根据相关数据,计算统计量的实际值:

$$\chi^2 = \frac{(n-1)S^2}{\sigma^2} = \frac{8 \times 0.032^2}{0.02^2} = 20.48$$

因为 $\chi^2 = 20.48 > 15.5 = \chi^2_\alpha$,所以拒绝 H_0,认为该天包装净重的标准差大于 0.02,即认为该天的包装情况不符合规定。

(二) 两个总体方差之比的假设检验

在实际应用中,经常需要对两个总体的方差进行比较。如我们常常会需要比较两种不同生产过程而导致的产品质量的变异性、两种不同装配方法的装配时间的变异性,或者两种不同取暖装置温度的变异性等。

在比较两个总体方差是否相同时,我们要利用从两个独立随机样本中所收集的资料,我们可以发现两个样本的方差之比近似地服从于 F 分布,因此,选取 F 统计量,其计算公式为:

$$F = \frac{\dfrac{S_1^2}{\sigma_1^2}}{\dfrac{S_2^2}{\sigma_2^2}} \sim F(n_1-1, n_2-1)$$

【例 8-16】 为研究矽肺患者肺功能的变化情况,某医院对Ⅰ、Ⅱ期矽肺患者各 33 名测其肺活量,得到Ⅰ期患者的平均数 2 710 毫升,标准差为 147 毫升;Ⅱ期患者的平均数为 2 830 毫升,标准差为 118 毫升。假定Ⅰ、Ⅱ期患者的肺活量服从正态分布 $N(\mu_1, \sigma_1^2)$,$N(\mu_2, \sigma_2^2)$,试问在显著性水平 $\alpha=0.05$ 下,Ⅰ、Ⅱ期矽肺患者的肺活量有无显著差异?

解:本问题归结为在 $\alpha=0.05$ 下,检验假设:

$$H_0: \sigma_1^2 = \sigma_2^2, H_1: \sigma_1^2 \neq \sigma_2^2$$

在 H_0 成立条件下,有:

$$F = \frac{S_1^2}{S_2^2} \sim F(n_1-1, n_2-1)$$

按 $P\{F < F_{1-\alpha/2}(n_1-1, n_2-1)\} = P\{F > F_{\alpha/2}(n_1-1, n_2-1)\} = \frac{\alpha}{2}$

确定 H_0 的拒绝域为 $\begin{cases} F < \lambda_1 = \dfrac{1}{F_{1-\alpha/2}(n_1-1, n_2-1)} \\ F > \lambda_2 = F_{1-\alpha/2}(n_1-1, n_2-1) \end{cases}$

由题意,$S_1^2 = 147^2$,$S_2^2 = 118^2$,计算得统计量 F 的统计值为:

$$F = \frac{S_1^2}{S_2^2} = \frac{147^2}{118^2} = 1.552$$

由 $\alpha=0.05$ 及自由度 $(n_1-1, n_2-1) = (32, 32)$,查 F 分布表得临界值:

$$\lambda_2 = F_{1-\alpha/2}(n_1-1, n_2-1) = F_{0.975}(32, 32) = 2.04$$

$$\lambda_1 = \frac{1}{\lambda_2} = \frac{1}{2.04} = 0.490$$

由于 $0.490 < 1.552 < 2.04$,故接受 H_0,认为 $\sigma_1^2 = \sigma_2^2$,即认为第Ⅰ、Ⅱ期矽肺患者的肺活量无显著差异。

第五节 假设检验综合应用案例

假设检验理论在对供货单位评估中的应用

数理统计理论是解决如何通过对样本的考察来获得反映总体状态信息的方法论,其中的假设检验理论给人们提供了这样一种决定规则——即在不能对样本个别值进行比较就得出结论的情况下,如何按照一定的检验程序,通过对样本信息进行考察,来判断关于总体分布的某个设想是否成立。

一、案例资料

下面是某段时期内某地区8毫米板最低价格信息,及A、B、C三个供应公司同期销售价格信息。

现在希望通过对这三家公司进行评估,以期择优选择一家与其建立稳定的供应关系。表8-2是三家公司8毫米板不同时期的价格,我们根据这些数据利用假设检验来进行评估。

表 8-2

某地区8毫米板不同时期的价格表

项 目	1	2	3	4	5	6	7	8	9	10	11	12	13
P_0	3 200	3 290	3 240	3 340	3 230	3 320	3 170	3 250	3 240	3 300	3 200	3 270	3 310
P_1	3 200	3 300	3 240	3 600	3 230	3 450	3 170	3 250	3 240	3 350	3 200	3 300	3 500
P_2	3 250	3 340	3 280	3 360	3 270	3 380	3 250	3 290	3 280	3 350	3 230	3 300	3 400
P_3	3 200	3 300	3 250	3 360	3 250	3 360	3 170	3 260	3 240	3 330	3 240	3 290	3 340

注:P_0 为市场最低价格;P_1 为A公司价格;P_2 为B公司价格;P_3 为C公司价格。

二、分析方法说明

通过分析,我们认为如欲与某供应公司建立稳定的供应关系,除对其做一般性考察外,还应从以下两方面对其进行重点评估:该公司经营策略如何,是否严重存在谋求非正常收益之倾向(即在供小于求时,哄抬物价,获取非正常收益);该公司的价格水平如何,在市场上是否占有优势。应用假设检验方法对上述问题进行评估,可以得到圆满解决。

首先,我们可以取得以下共识:

(1) 在经济平稳发展过程中,物资的价格受供求关系影响,整体上服从正态分布。

(2) 样本 P_0(市场最低价格)的方差 σ_0 表示该段时期内,供求关系对8毫米板价格的一般影响水平。

(3) 样本 P_0 的期望 μ_0 表示该段时期内8毫米板市场最低价格的一般水平。

(4) 样本 $P_i(i=1,2,3)$ 的方差 σ_i 表示供求关系分别对A、B、C三公司价格的影响程度。如果某公司经营策略规范,即是为了获得合理的流通利润,则 σ_i 必然等于 σ_0,即 $\sigma_i=\sigma_0$;否则,若投机倾向严重,受投机心理影响,则 σ_i 必然大于 σ_0,亦即 $\sigma_i\neq\sigma_0$。

(5) 样本 $P_i(i=1,2,3)$ 的期望 μ_i 表示A、B、C三公司在市场中所处地位如何。如果处于"市场领袖"地位,即有价格优势,为扩大市场占有率,物资必然以市场最低价格售出,即有 $\mu_i=\mu_0$,否则,μ_i 必然大于 μ_0,即 $\mu_i\neq\mu_0$。

这样，问题就转化成了对样本 $P_i(i=1,2,3)$ 作如下两个步骤的假设检验，并进行判断：

(1) 未知 μ_i、μ_0，检验假设 $H_0: \sigma_i = \sigma_0$，若 $\sigma_i \neq \sigma_0$，则 P_i 被淘汰。

(2) 未知 σ_i、σ_0，但已知 $\sigma_i = \sigma_0$。检验假设 $H_0': \mu_i = \mu_0$，若 $\mu_i \neq \mu_0$，则 P_i 被淘汰（第一步淘汰者不需要进行该步骤的检验）。

三、案例分析过程

第一步，建立待检验假设 $H_0: \sigma_i = \sigma_0 (i=1,2,3)$。

若 H_0 成立，则 $\dfrac{S_i^2}{S_0^2}$ 不应太大，也不太小。

选取统计量：

$$F_i = \frac{S_i^2}{S_0^2} (i=1,2,3)$$

F_i 服从具有第 1 自由度为 $n_i - 1$，第 2 自由度 $n_0 - 1$ 的 F 分布。

根据实际情况，我们一般给检验标准 $\alpha(\alpha=0.05)$，若 H_0 成立，则应满足：

$$P\{F_i < F_a\} = P\{F_i > F_b\} = \frac{\alpha}{2}$$

借助 F 分布表可知：

$$F_b = F_{\alpha/2}(n_i - 1, n_0 - 1) = 3.28$$

若 $F_a < F_i < F_b$，则 $\sigma_i = \sigma_0$ 成立；否则假设 $\sigma_i = \sigma_0$ 不成立，P_i 被淘汰。将数据进行整理，得：

对于样本 P_1，可知：

$$F_1 = \frac{S_1^2}{S_0^2} = \frac{205\,270}{29\,772} = 6.89 > 3.28$$

因此，认为 $\sigma_1 \neq \sigma_0$，淘汰 P_1。

对于样本 P_2，可知：

$$F_2 = \frac{S_2^2}{S_0^2} = \frac{37\,596}{29\,772} = 1.26 < 3.28$$

因此，$\sigma_2 = \sigma_0$ 假设成立，保留 P_2。

对于样本 P_3，可知：

$$F_3 = \frac{S_3^2}{S_0^2} = \frac{43\,068}{29\,772} = 1.45 < 3.28$$

因此，$\sigma_3 = \sigma_0$ 假设成立，保留 P_3。

第二步，建立待检验假设 $H_0': \mu_i = \mu_0 (i=2,3)$。

选取统计量：

$$T_i = \frac{|\bar{x}_i - \bar{x}_0|}{\sqrt{\dfrac{\sum\limits_{j=1}^{13}(x_{0j}-\bar{x}_0)^2 + \sum\limits_{j=1}^{13}(x_{ij}-\bar{x}_i)^2}{n(n-1)}}}, \quad i=2,3$$

T_i 服从 $2n-2$ 个自由度的 t 分布，一般给定检验标准 $\alpha=0.05$，查 t 分布表得临界值 $\lambda=2.074$。

若 $|T_i| > \lambda$，则否定 H_0'，即认为 $\mu_i \neq \mu_0$，从而淘汰 P_i；否则，接受假设 H_0'，即认为 $\mu_i = \mu_0$，从而保留 P_i。

对于样本 P_2，$|T_2|=2.23 > 2.074$，所以 $\mu_2 \neq \mu_0$，淘汰 P_2。

对于样本 P_3，$|T_3|=0.74 < 2.074$，所以 $\mu_3 = \mu_0$，保留 P_3。

综合以上分析，C 公司的经营策略规范，且其价格水平与市场最低价相等，应选择 C 公司建立稳定的供应关系。

假设检验理论在经济领域、技术革新等方面，都有着广泛应用。而合理选择统计量，是解决这一类问题的关键；然后再根据给定的检验标准，对待检假设作出正确判断。

本章习题

8.1 原假设和备择假设为：$H_0: \mu \geq 25$，$H_1: \mu < 25$，样本容量为 100，总体标准差为 12，显著性水平为 $\alpha=0.05$。已知所抽取样本的平均数如下：

(1) 样本平均数为 24；(2) 样本平均数为 22.8。

要求：请分别计算检验统计量 Z 的值，并作出决策。

8.2 经验表明，一个矩形的宽与长之比为黄金比例时（即等于 0.618 时），会给人们比较良好的感觉。某工艺品工厂生产的矩形工艺品框架的宽与长要求也按这一比例设计，假定其总体服从正态分布，现随机抽取了 20 个框架测得比值如下：

0.570	0.844	0.668	0.611	0.606	0.609	0.601	0.672	0.615	0.553
0.654	0.670	0.612	0.699	0.749	0.576	0.933	0.606	0.690	0.628

要求：试问在显著性水平 $\alpha=0.05$ 时，能否认为该厂生产的工艺品框架宽与长的平均比例为 0.618？

8.3 某生产线是按照两种操作平均装配时间之差为 5 分钟而设计的。两种装配操作的独立样本产生的资料如表 8-3 所示。

表 8-3

某生产线两种装配操作的独立样本资料

操作 A	操作 B
$n_1 = 100$	$n_2 = 50$
$\bar{x}_1 = 14.8$ 分钟	$\bar{x}_2 = 10.4$ 分钟
$S_1 = 0.8$ 分钟	$S_2 = 0.6$ 分钟

要求：在显著性水平 $\alpha = 0.05$ 下，检验两种装配的平均装配时间之差是否等于 5 分钟。

8.4 某市小学教师男性所占比例 5 年前为 30%。最近为了解此比例是否发生了显著变化，随机抽取了 1 000 人，其中男教师为 350 人。

要求：试以 0.05 的显著性水平判断该市小学男教师所占的比例较 5 年前是否发生了显著变化。

8.5 生产工序中的方差是工序质量的一个重要测度，通常较大的方差就意味着要通过寻找减小工序方差的途径来改进工序。某厂家测量了两部机器的袋茶包装情况，所测的每袋重量的数据如下（单位：克）：

机器 1：

3.22 3.38 2.95 3.45 3.33 3.20 3.18 3.35 3.16 3.20 3.50 3.75 3.90 3.36
3.25 3.70 3.28 3.20 3.22 2.98 3.45 3.48 3.26 3.34 3.12

机器 2：

3.28 3.30 3.22 3.35 3.34 3.19 3.16 3.33 3.05 3.28 3.38 3.30 3.27 3.34
3.35 3.30 3.36 3.28 3.30 3.20 3.29 3.25

要求：请问这两部机器的袋茶包装情况是否存在显著差异（$\alpha = 0.05$）。

8.6 某月对零售商店的调查结果表明，市郊食品店的平均销售额为 2 500 元。在下一个月份，抽取 16 个零售商店进行调查，平均销售额为 2 660 元，销售额标准差为 480 元。

要求：试在显著性水平 $\alpha = 0.05$ 下，检验自上次调查以来，市郊食品店的平均月销售额在统计上是否发生了显著变化。

第九章 相关分析与回归分析

在社会经济研究中经常会遇到研究两种现象之间的依存关系问题,如储蓄额与居民收入、国民生产总值与股价指数、产量与成本等。在这里,我们感兴趣的不仅是现象之间独立与否,而且更关注现象间是否相互依存。统计学就是研究现象之间客观存在的相互依存关系,并且试图把这种客观存在的依存关系进行定量的数学描述,进而预测未来。

对现象之间客观存在的相互依存关系的程度和方向进行研究的统计学方法被称为相关分析;对这种客观存在的依存关系进行定量数学描述的统计学方法就是回归分析。总之,相关分析和回归分析用数学语言来表示就是:有一个被研究的因变量 Y,它是一个随机变量,具有一个随机分布,依赖于一个或多个自变量或预测变量。而现象之间的关系是又是多种多样的,有确定性的关系,也有非确定性关系,相关分析与回归分析就是研究这种非确定性关系的统计学方法。特别是在计量经济的研究中,相关分析与回归分析已经成为构造各种经济模型,进行结构分析、政策评价、预测与控制的重要工具。

第一节 相关分析概述

一、相关分析的意义

(一) 相关关系的概念

世界是普遍联系的,孤立的现象或事物是不存在的。事物或现象之间的相互联系、相互制约,构成错综复杂的客观世界,构成世界的运动和发展。如果进一步加以考察,可以发现,现象之间的相互联系可区分为两种不同的类型:

(1) 函数关系,它是指现象之间存在着严密的依存关系,在这种关系中,对于某一变量的一个数值,都有另一变量的确定的值与之对应。例如,$S=\pi R^2$ 中,圆的面积 S 与半径 R 是函数关系,R 值发生变化时,有确定的 S 值与之对应。在客观世界广泛存在着函数关系。函数一般的数学表达式为:

$$y=f(x)$$

(2) 相关关系,它是指现象之间确实存在的,但关系值不固定的数量上的相互依存关系。即对于某一变量的每一个数值,另一变量有若干个数值与之相对应。例如,身高 1.75 米的人可以表现为许多不同的体重,之所以发生这种情况,是因为体重受很多因素的影响。但是很明显,身高与体重之间的关系是非常密切的。在各种经济活动和生产过程中,许多经济的、技术的因素之间也都存在着这种相关关系,如产品产量与产品成本之间、居民收入水平与消费品需求量之间、商品销售额与流通费用之间、投入和产出之间等都是属于相关关系。分析这种关系的内在联系和表现形式是统计研究的一项重要任务。相关关系一般的数学表达式为:

$$y=f(x)+\varepsilon$$

由上可知,相关关系是一种客观存在的现象间数量上的依存关系,但是因变量与自变量之间是一种不严格的、不完全确定的依存关系,还受着其他随机因素的影响。这种关系不能通过个别现象体现其规律性,必须在大量现象中才能体现出来。

(二) 相关分析的意义

明确了相关关系,相关分析的概念也就清楚了。相关关系是相关分析研究的对象,可见相关分析是研究一个变量(y)与另一个变量(x)之间相关方向与相关密切程度的一种统计分析方法,它广泛地应用于经济分析。

统计分析的一项重要任务是,根据现象普遍联系和相互作用的原理来进行社会经济现象相互联系的分析研究。现象总体包含许多单位,表明单位特征的数量标志可能有很多个。在总体中有两者关系的数量标志——变量,它们之间有一一对应的关系所组成的总体称为二元总体;推而广之,如果是由两个以上相互对应的变量组成的总体,便称为多元总体。对于这样的总体,我们关心的问题是:

(1) 两变量是不是存在关系,关系的密切程度如何?
(2) 如果存在关系,那么关系的具体形式是什么?
(3) 怎样根据一个变量的变动来估计另一个变量的变动?

相关分析就是研究两个或两个以上变量之间相互关系的统计方法,它是研究二元总体和多元总体的重要方法。

二、相关关系的种类

(一) 相关关系与其他关系的区别与联系

为了进一步理解相关关系,下面说明一下相关关系与其他关系的区别与联系:

(1) 相关关系和函数关系的区别和联系。函数关系是指两个变量之间存在着的完全确定的相互依存关系,而具有相关关系的变量之间的关系值是不固定的。但两者也是有联系的,有些原本属于确定性关系的现象,由于有观察或测量误差等原因,函数关系在实质中往往通过相关关系表现出来;而属于相关关系的现象,能够通过对观察数据的统计回归分析计算,形成一个用以表示相关关系现象之间基本关系的函数表达式——回归方程。

(2) 相关关系和因果关系的区别与联系。从相关关系的内容来讲,有许多是由于因果关系而产生的,如施肥量和亩产量、劳动生产率和成本等;但它也包括互为因果的关系,如身高和体重、生产量和销售量;此外,它还包括非直接的因果关系,例如,在经济稳定发展时期,居民的储蓄额增长,同时社会商品零售额也上升,但居民储蓄额和社会商品零售额这两个变量就不是因果关系,实际上它们都是经济发展、居民收入提高这一共同原因所带来的结果。所以相关关系比因果关系的概念要广泛,但是这种关系必须是客观存在的真实的关系。

(二) 相关关系的分类

社会经济现象之间的依存关系呈现出纷繁的多样化,为了便于研究,我们将现象的相关关系按不同标志进行如下分类:

1. 按相关变量的多少分为单相关和复相关

一个因变量与一个自变量之间的依存关系为单相关(也称一元相关);而一个因变量与两个或两个以上的自变量之间的依存关系为复相关(也称多元相关)。例如,企业的利润数额,不仅与产品成本有关,还与该产品的销售数量和销售价格等有关,所以,它们之间的依存关系是属于复相关关系;如果假定生产成本与销售价格是不变的,那么,企业利润与销售数量之间的关系就是单相关。

2. 按相关关系的表现形态分为直线相关和曲线相关

当一个变量数值变动时,另一个变量数值相应地发生大致均等的变动,近似地表现为一条直线,从图形上看,此时观测点分布大致呈一条直线,这种相关关系为线性相关,即直线相关。如图 9-1(a) 所示。

当两个变量之间的数量依存关系近似地表现为一条曲线,从图形上看,此时观测点分布大致呈一条曲线,这种相关关系为非线性关系,即曲线相关,如图 9-1(b) 所示。

3. 按变量之间相关关系的方向分为正相关与负相关

如果两个变量变化方向一致,即当自变量的数值增加或减少时,因变量亦随之增加或减少,两者变动方向一致,这样的相关关系就是正相关。例如,工业企业中工业生产用固定资产价值增加,工业产品产量也随之增加,这一相关关系就是正相关。如图 9-1(c)、图 9-1(d) 所示。

如果两个变量的变化方向相反,即自变量的数值增加或减少时,因变量的数值随之减少或增加,这种相关关系就是负相关。例如,工业企业中,工业劳动生产率提高,单位产品消耗时间随之减少,这一相关关系就是负相关。如图 9-1(a)、图 9-1(b) 所示。

4. 按相关的程度分为完全相关、高度相关、弱相关和零相关

完全相关是指变量间存在着确定的函数关系。例如,圆的周长为 $L=2\pi R$,周长与半

径就是完全相关的。如图9-1(c)所示。

高度相关(强相关)是指变量间近似地存在着函数关系。例如,我国家庭收入与支出的关系。如图9-1(d)所示。

弱相关是指变量间有一定程度的依存关系,但是不甚明显。例如,近年来我国耕种面积与产量的关系。如图9-1(e)所示。

零相关是指变量间不存在任何的依存关系。例如,某班学生的学习成绩与年龄的关系。如图9-1(f)所示。

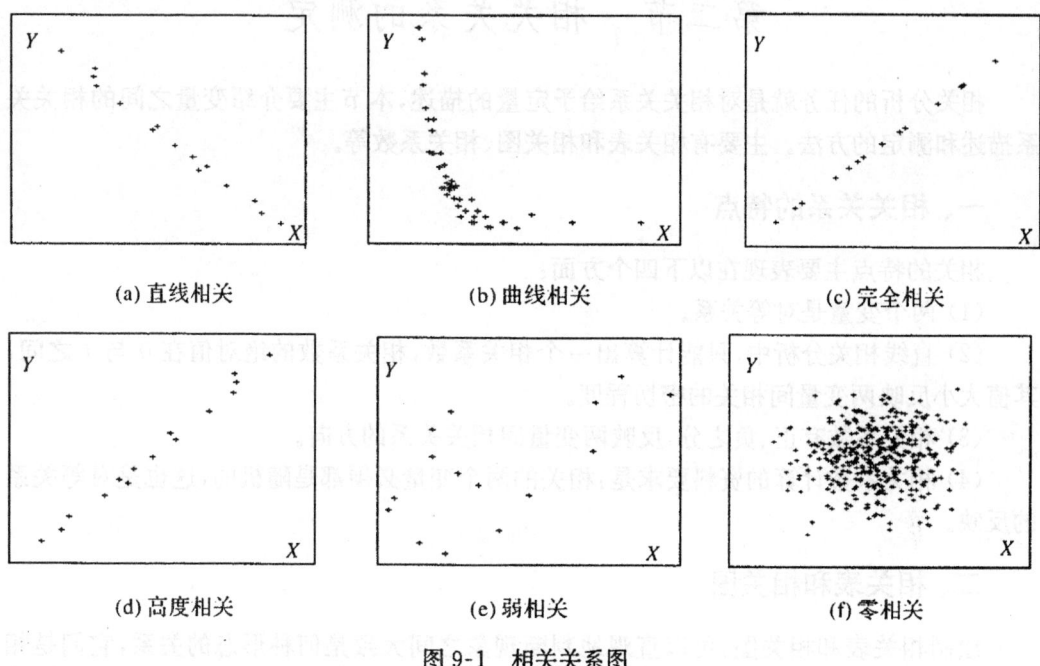

图9-1 相关关系图

因非线性相关可以转化为线性相关处理,而复相关又可看作是单相关基础上的拓展,所以在本章中将重点介绍简单线性相关。

三、相关分析的主要内容

相关分析主要是探讨现象之间相互关系的密切程度及其变化的规律性,以便作出判断,进行必要的预测和控制。进行相关分析应先从定性分析开始,然后定量测定相关密切程度。相关分析的主要内容有:

(1)确定现象之间有无关系存在,以及相关关系的形态。

(2)确定相关关系的密切程度。测定相关关系密切程度主要是通过绘制相关图表和计算相关系数。

(3)确定相关关系的数学表达式。为了确定现象之间的数量变化,必须配合一定的数学表达式。如果现象之间的关系是直线相关,则配合线性方程;如果是曲线相关,则配合曲线方程。这是进行判断、推算和预测的依据。

(4)确定因变量估计值误差程度。估计值与实际值是会有出入的,衡量因变量估计值误差大小的指标是估计标准误差。估计标准误差大,表明估计不太精确;估计标准误差小,表明估计较为精确。

第二节 相关关系的测定

相关分析的任务就是对相关关系给予定量的描述,本节主要介绍变量之间的相关关系描述和测定的方法。主要有相关表和相关图、相关系数等。

一、相关关系的特点

相关的特点主要表现在以下四个方面:
(1)两个变量是对等关系。
(2)直线相关分析中,只能计算出一个相关系数,相关系数的绝对值在0与1之间,其值大小反映两变量间相关的密切程度。
(3)相关系数有正、负之分,反映两变量间相关关系的方向。
(4)相关系数计算的资料要求是:相关的两个变量必须都是随机的,这也是对等关系的反映。

二、相关表和相关图

绘制相关表和相关图,可以直观地判断现象之间大致是何种形态的关系,它们是相关分析的重要方法。进行相关分析必须具备若干个自变量与因变量相对应的实际观察资料,作为相关分析的原始数据,一般来讲,资料越多、越全面,越有利于分析和研究。

进行相关分析,先要将原始统计资料进行整理。根据总体单位的原始资料,将其中一个变量的数值按一定的顺序排列,同时列出与之对应的其他变量的数值,这样形成的表格称为相关表。根据原始资料的特点,相关表有简单相关表和分组相关表两种,根据相关表可以绘制相应的相关图。

(一)简单相关表和相关图

在掌握的资料比较少时,可以不分组,而仅将自变量的变量值按大小顺序加以排列,因变量的变量值则与自变量一一加以对应,排列其变量值,则可编成简单相关表。

【例9-1】 某工厂职工人均产量和利润率的相关表如表9-1所示。

表 9-1

某工厂人均产量与利润率之间的相关表

月 份	人均产量(吨)	利 润 率(%)
1	16	11
2	20	12
3	22	13
4	22	14
5	24	14
6	24	16
7	28	17
8	32	18
9	36	21
10	38	25

从表 9-1 可以看出,随着人均产量的增加,工厂的利润率有增加的趋势。

相关图也称散点图,是根据原始数据,在直角坐标中绘制出两个变量相对应的观察值的所有点,从这些点的分布情况观察分析两个变量间的关系。该图表明相关点的分布状况。如将表 9-1 的资料标在同一坐标系中,以 x 轴代表人均产量,y 轴代表利润率,各点的分布状况即为散点图,如图 9-2 所示。

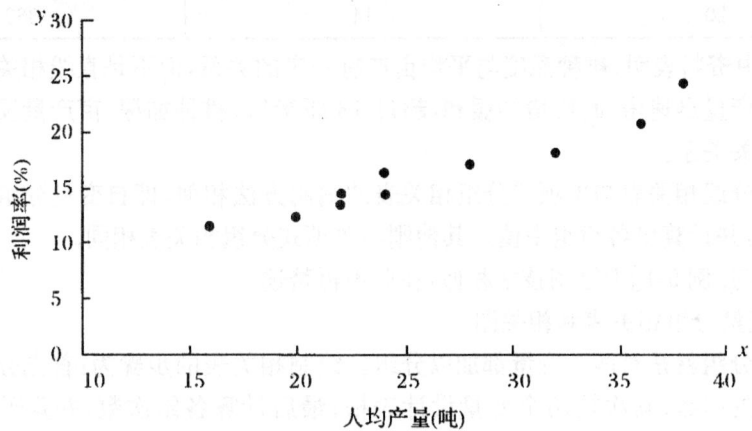

图 9-2 某工厂人均产量与利润率之间的相关图

从图 9-2 中 10 个点的分布情况,可以很明显地发现,人均产量越大利润率越高,各点的分布接近一条直线,该直线的走向是从左下角至右上角,即表明变量之间呈正相关;另外,从图 9-2 中还可以看出,各点的分布是比较密集的,说明这两个变量之间的相关关系是比较密切的。

（二）分组相关表和相关图

当原始资料很多时,就要编制分组相关表以解决相关表过长、计算工作冗繁、相关图不好绘制等问题。但分组相关表又有两种,即：单变量分组相关表和相关图、双变量分组相关表和相关图。

1. 单变量分组相关表和相关图

单变量分组相关表,是将两个变量中的一个变量进行分组,而另一个变量不分组,并对分组的变量计算各组的次数,对不分组的变量则计算其平均数。单变量分组相关表还可分为单项式分组相关表和组距式分组相关表。单项式分组相关表如表 9-2 所示。

表 9-2

某村庄耕地耕种深度和产量相关表

耕种深度（厘米）	耕地数（块）	平均亩产（千克）
8	10	284
10	8	312
11	6	367
13	12	404
15	12	457
16	14	480
18	10	395
20	14	362

表 9-2 中资料表明,耕种深度与平均亩产有一定的关系,但不是直线相关关系。起初深度加深亩产量迅速增加,后增加缓和,超过 13 厘米后,耕种加深,亩产量反而下降。两者是曲线相关关系。

组距式分组相关表与单项式分组相关表的编制方法相似,即自变量分组时将单项式改为组距式,并计算出各组组中值。其他则与单项式分组相关表相同。

相关图与［例 9-1］中绘图技术相似,在此不再赘述。

2. 双变量分组相关表和相关图

双变量分组就是对两个变量都加以分组。绘制相关表的步骤为：首先分别确定自变量和因变量的组数；其次按两个变量设计表格；最后计算各组次数,并置于相应的方格之中。

【例 9-2】 某厂有职工 550 名,按其工龄和月工资资料编制相关表并绘制相关图。

首先分别确定工龄和月工资均为 7 个组。再按 7×7 的要求设计方格表。制表时,将工龄分组置于横行,其变量值自左至右按从小到大进行排列；将月工资分组置于纵栏,其变量值自上至下按从大到小进行排列。最后将各组的次数填入相应的方格中,并计算横行和纵栏各组的合计数。显然这样编出的相关表是一个棋盘式的表格。

表 9-3

某厂 550 名职工工龄和月工资相关表

按职工月工资分组（元）	按职工工龄分组（年）							合计
	5以下	5~10	10~15	15~20	20~25	25~30	30以上	
3 300 以上							24	24
2 900~3 300				36	24	48	18	126
2 500~2 900			60	90	60	8	6	224
2 100~2 500		24	36	18	6	6		90
1 700~2 100		18	12	6				36
1 300~1 700	12	12						24
1 300 以下	24	2						26
合计	36	56	108	150	90	62	48	550

从表 9-3 中的相关次数容易看出两变量的相关关系是直线相关，并且直线是从左下方向右上方，是上升直线，因此，两变量间是正相关。

根据表 9-3 资料，绘制成相关图。绘制技术为：在坐标系的第一象限绘制一个棋盘式的方格图。职工工龄作自变量，置于横轴 x 上；职工月工资作因变量，置于纵轴 y 上。因 x、y 各分成 7 组，故有 7×7 个方格，把相关点分别点在相应的方格中，并按次数(人数)进行置点。现假定以每个点代表 6 名职工进行置点，则可以绘制出相关图，如图 9-3 所示。从图中的点数看，x、y 的关系更明显地呈现出来。

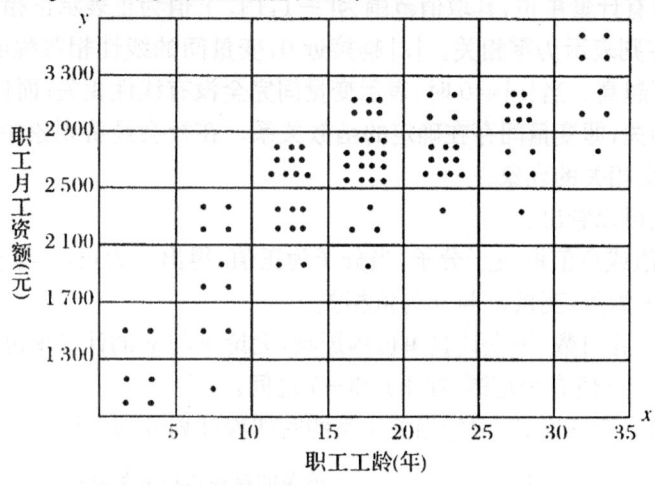

图 9-3 某厂 550 名职工工龄和月工资相关图

从图 9-3 可以看出，职工工龄和月工资额有明显的直线正相关关系。各相关个数最多的是职工工龄 15～20 年，月工资额是 2 500～2 900 元。

相关图和相关表的作用是一样的。如果某现象的影响因素不止一个，一般将每个影响因素与被影响因素绘成一系列相关图，然后从众多相关图对比中，直观判断哪个是主要因素，哪个是次要因素。

三、相关系数的测定和应用

通过编制相关表和绘制相关图，对现象之间的关系有了初步的了解；但是，如果要确定这种关系的密切程度如何，还需计算相关系数。相关系数是说明两个变量之间有无直线相关关系及相关关系密切程度和方向的统计指标。它有总体相关系数与样本相关系数之分，总体相关系数 ρ 是根据总体数据计算的相关系数，样本相关系数 r 是根据样本数据计算的相关系数。

（一）相关系数的计算

相关系数是说明具有直线关系的两个变量间相关的密切程度与相关方向的指标。其计算公式为：

$$r=\frac{\sum(x-\bar{x})(y-\bar{y})}{\sqrt{\sum(x-\bar{x})^2 \sum(y-\bar{y})^2}}=\frac{l_{xy}}{\sqrt{l_{xx}l_{yy}}}$$

上式通过推导，可以简化为如下的计算公式：

$$r=\frac{n\sum xy-\sum x\sum y}{\sqrt{n\sum x^2-(\sum x)^2}\sqrt{n\sum y^2-(\sum y)^2}}$$

相关系数没有计量单位，其取值范围为 $[-1,1]$。r 值为正表示正相关；r 值为负表示负相关；r 值为零则表示为零相关。$|r|$ 越接近 0，变量间的线性相关程度越低；而越接近 1，线性相关程度越高。当 $|r|=0$ 时，表示变量间完全没有线性相关；而 $|r|=1$ 时，则变量间为完全线性相关，即变量间存在确定的函数关系。在社会经济现象中由于影响因素众多，很少存在完全相关的现象。

从公式中也可以看出：

（1）r 取正值或负值取决于分子，当分子为正值，得出 r 为正，x 与 y 是正相关；当分子为负值，得出 r 为负，变量 x 与 y 为负相关。

（2）r 是一个相对数，不受计量单位的影响，无论 x 与 y 的计量单位如何，x 与 y 的相关系数只有一个。r 值有个范围，在 +1 和 -1 之间。

为了判断时有个标准，通常把相关关系的密切程度划分为四级：

$|r|<0.3$ 　　　　　变量间存在弱相关关系；

$0.3\leqslant|r|<0.5$ 　　变量间存在低度相关关系；

$0.5 \leqslant |r| < 0.8$	变量间存在显著相关关系；
$0.8 \leqslant |r| < 1$	变量间存在高度相关关系。

【例 9-3】 某地一年级 12 名女大学生的体重与肺活量数据如表 9-4 所示，试求肺活量和体重的相关系数。

表 9-4

体重与肺活量关系表

体　重(千克)x	肺　活　量(升)y
42	2.55
42	2.20
46	2.75
46	2.40
46	2.80
50	2.81
50	3.41
50	3.10
52	3.46
52	2.85
58	3.50
58	3.00

(1) 采用基本公式计算：

首先，通过计算得到：$l_{xx}=306.6667, l_{yy}=1.8892, l_{xy}=18.04$（过程从略）。

因此，

$$r = \frac{18.04}{\sqrt{306.6667 \times 1.8892}} = 0.7495$$

(2) 由简化公式计算：

首先，对原始数据进行初步计算，得到相关系数计算表，如表 9-5 所示。

表 9-5

相关系数计算表

x	y	xy	x^2	y^2
42	2.55	107.1	1 764	6.5025
42	2.2	92.4	1 764	4.84
46	2.75	126.5	2 116	7.5625
46	2.4	110.4	2 116	5.76
46	2.8	128.8	2 116	7.84

(续表)

x	y	xy	x^2	y^2
50	2.81	140.5	2 500	7.8961
50	3.41	170.5	2 500	11.6281
50	3.1	155	2 500	9.61
52	3.46	179.92	2 704	11.9716
52	2.85	148.2	2 704	8.1225
58	3.5	203	3 364	12.25
58	3	174	3 364	9
$\sum x=592$	$\sum y=34.83$	$\sum xy=1\,736.32$	$\sum x^2=29\,512$	$\sum y^2=102.98$

将 $n=12$ 以及上表中的相关数据代入简化计算公式中,得:

$$r=\frac{12\times 1\,736.32-592\times 34.83}{\sqrt{12\times 29\,512-(592)^2}\times \sqrt{12\times 102.98-(34.83)^2}}=0.7495$$

可以发现,两种方法所得到的计算结果是一致的,但一般采用简化公式进行计算。并且,由 $r=0.7495$ 可以初步判定,体重和肺活量间呈现显著的正相关关系。

(二)相关系数的显著性检验

上面根据样本所求得的相关系数,它是总体相关系数 ρ 的估计值。要判断 X、Y 间是否有相关关系,就要检验 r 是否来自总体相关系数 ρ 为零的总体,常用 t 检验来进行判断,检验统计量 t 值的计算公式为:

$$t=\frac{|r|}{S_r}=\frac{|r|}{\sqrt{\frac{1-r^2}{n-2}}}\sim t(n-2)$$

式中,分母为相关系数的标准误差。

首先,根据上式计算 t 值;然后,根据给定的显著性水平 α 和自由度 $df=n-2$,直接查表得到 $t_{\alpha/2}(n-2)$ 的临界值;最后,对比以进行决策。

【例 9-4】 试检验[例 9-3]中体重与肺活量间是否存在直线相关关系($\alpha=0.05$)。

首先,提出假设:

$$H_0:\rho=0,\ H_1:\rho\neq 0$$

在[例 9-3]中,$n=12$,$r=0.7495$,所以:

$$t=\frac{0.7495}{\sqrt{\frac{1-(0.7495)^2}{12-2}}}=3.580$$

查表得 $t_{\alpha/2}(n-2)=t_{0.025}(10)=2.228$，由于 $t=3.580>t_{0.025}(10)=2.228$，所以，按 $\alpha=0.05$ 的显著性水平拒绝原假设 H_0，故可以认为该地一年级女大学生体重与肺活量之间存在着正线性相关关系。

四、相关分析应用中的注意事项

(1) 进行相关分析要有实际意义。不能把毫无关联的两个事物或现象用来作相关或回归分析。

(2) 对相关分析的作用要正确理解。相关分析只是以相关系数来描述两个变量间相互关系的密切程度和方向，并不能阐明两事物或现象间存在联系的本质。

(3) 相关程度很高不一定表示变量间有因果关系。存在这么一种可能，两个变量同时受第三个变量的影响而使它们有很强的相关性，但是这两个变量间不存在因果关系。相关关系并不一定就是因果关系，切不可单纯依靠相关系数的显著性来"证明"因果关系之存在。要证明两事物间的因果关系，必须凭借专业知识从理论上加以阐明。但是，当现象间的因果关系未被认识前，相关分析可为理论研究提供线索。

(4) 相关系数是用以说明线性联系程度的。相关系数接近于 0 的变量间可能存在着非线性相关的关系。

(5) 有时个别例外数据可能使相关系数反常地变得很高，这些数据是十分值得关注的。

第三节 一元线性回归分析

"回归"一词源于 19 世纪英国遗传学家高尔登对人体遗传特征的实验研究。他根据实验数据，发现个子高的父母其子女也高，但平均来讲，却不比他们的双亲高；同样，个子矮的父母其子女也矮，但平均来讲，却不如他们的双亲矮。他把这种身材趋向人的平均身高的现象称为"回归"，并作为统计概念加以推广。现今统计学的"回归"概念已不是原来生物学上的特殊规律性，而是指变量之间定量的依存关系。

一、回归分析的涵义

（一）回归分析的概念

相关系数说明的是在直线相关条件下两个现象相关的方向和紧密程度，这只是研究相关问题的一个方面，它不能指出两变量相互关系的具体形式，也无法进行数量上的推算。

为了研究变量之间数量变化的一般关系，通常需要选择一个合适的数学模型来描述现象之间数量变化上的一般关系。这种数学方法就称为回归分析法，回归分析能够解决相关分析所不能解决的问题。

相关关系是变量之间数量关系不严格不固定的相互依存关系,要找出这种关系数量变化的一般关系值或者平均值,也就是找出这种关系数量变化的一般规则,其方法是配合相应的直线或曲线,如果配合的是直线就称为回归直线,曲线就称为回归曲线。其中,两个变量之间的回归称为简单回归,三个及三个以上变量之间的回归称为复回归。由于简单回归分析中的一元线性回归是最基本、最常用的分析方法,故本节主要以一元线性回归为主介绍回归分析法。

（二）回归分析与相关分析的区别与联系

1. 两者的区别

（1）相关分析是用来研究变量与变量之间关系紧密程度的一种方法,回归分析是根据所拟合的回归方程研究自变量与因变量一般关系值的方法,可由已给定的自变量数值来推算因变量的数值,它具有推理的性质。

（2）在研究相关关系时,不需要确定哪个是自变量,哪个是因变量,但回归分析的首要问题就是确定哪个是自变量,哪个是因变量。

（3）现象之间相关关系的研究,只能计算一个相关系数;而回归分析时回归方程可能有两个,也就是两现象互为因果关系时,可以确定两个独立的回归方程,从而就有不同的回归系数。

2. 两者的联系

（1）两者是相辅相成的,由相关分析法测定的变量之间相关的密切程度,对是否有必要进行回归分析以及进行回归分析意义的大小起着决定的作用,相关程度大,进行回归分析的意义也大;相关程度小,进行回归分析的意义就小,甚至没有必要进行回归分析。

（2）相关系数还是检验回归系数的标准,回归分析的结果也可以推算相关系数。因此,相关分析与回归分析是相互补充、密切联系的,相关分析需要回归分析来表明现象数量关系的具体形式,而回归分析则应建立在相关分析的基础上。

二、一元线性回归方程的建立和求解

回归分析的目的是由自变量的信息去推断因变量,直线回归是回归分析中最简单的形式。

如前所述,我们可以通过绘制相关图来反映两个变量间相关的形式和密切程度。大家知道,在线性变化中,y的数值不但受x变动的影响,而且还受其他随机因素的影响,因此x与y的关系也不表现为完全线性相关。

直观地看,各相关点并不完全落在一条直线上,而是围绕直线上下波动,只是呈线性相关的趋势。此时,我们可以在散点的附近拟合一条直线,以近似地表示两个变量间的相关关系。所配合的这条直线称为回归直线,其方程就称为回归直线方程。一元线性回归方程的一般形式可以表示为:

$$y_c = a + bx$$

上述方程中：a 为截距，即当 $x=0$ 时回归直线与 y 轴交点到原点的距离。$a>0$，表示回归直线与 y 轴的交点在 x 轴的上方；$a<0$，表示回归直线与 y 轴的交点在 x 轴的下方；$a=0$，则表示回归直线通过原点。b 为回归系数，即直线的斜率。$b>0$，表示随 x 增加，y 亦增加；$b<0$，表示随 x 增加，y 值减少；$b=0$，表示回归直线与 x 轴平行，意为 y 与 x 无关。

回归系数 b 的统计意义是当 x 每增(减)一个单位，y 平均改变 b 个单位。为使该方程能更准确地反映这些点的分布规律，根据数理统计中的最小二乘原理（保证实测点到回归直线的纵向距离平方和最小），通过求解线性方程组，可以得到参数 b 和 a 的计算公式为：

$$\begin{cases} b = \dfrac{n\sum xy - \sum x \cdot \sum y}{n\sum x^2 - (\sum x)^2} \\ a = \bar{y} - b\bar{x} = \dfrac{\sum y}{n} - b \cdot \dfrac{\sum x}{n} \end{cases}$$

由此可以发现：

(1) 一组数据同时计算 r 和 b，它们的正负号是一致的。r 为正号说明两变量间的相互关系是同向变化的。b 为正，说明 x 增(减)一个单位，y 平均增(减)b个单位。

(2) r 和 b 的假设检验是等价的，即对同一样本，两者的 t 值相等。由于 r 的假设检验可直接查表，而 b 的假设检验计算较繁琐。故在实际应用中常以 r 的假设检验代替 b 的假设检验。

【例 9-5】 家庭储蓄与家庭收入之间有一定关系。现从某城市家庭中随机抽取 12 个家庭，所得月收入与月储蓄的数据如表 9-6 所示。

表 9-6

月收入与月储蓄关系表

编　　号	月　收　入　(百元)x	月　储　蓄　(百元)y
1	9	3
2	13	5
3	15	4
4	22	8
5	20	7
6	23	10
7	17	6

(续表)

编号	月收入（百元）x	月储蓄（百元）y
8	18	7
9	26	9
10	28	11
11	30	10
12	33	12
合计	254	92

由原始数据及散点图的初步分析，估计本资料有直线趋势，故作下列计算：

$\sum x = 254$, $\sum y = 92$, $\sum x^2 = 5\,950$, $\sum y^2 = 794$, $\sum xy = 2\,164$

$$\bar{x} = \frac{\sum x}{n} = \frac{254}{12} = 21.17, \quad \bar{y} = \frac{\sum y}{n} = \frac{92}{12} = 7.67$$

回归系数 $b = \dfrac{n\sum xy - \sum x \sum y}{n\sum x^2 - (\sum x)^2} = 0.3777$

截距 $a = \bar{y} - b\bar{x} = 7.67 - 0.3777 \times 21.17 = -0.328$

回归方程 $y_c = a + bx = -0.328 + 0.3777x$

三、一元线性回归的拟合程度检验

拟合程度检验是检验回归方程对样本观察值的拟合程度，即检验实际样本观察值是否紧密分布在回归直线两侧。判定系数 R^2 和估计标准误差是测定回归方程拟合程度的两项主要指标，它们都是建立在总离差平方和的基础上的。

1. 总离差平方和的分解

线性回归方程拟合程度的好坏实质上是对回归方程误差大小的评价。为了便于说明，需要首先对因变量 y 的离差进行介绍。

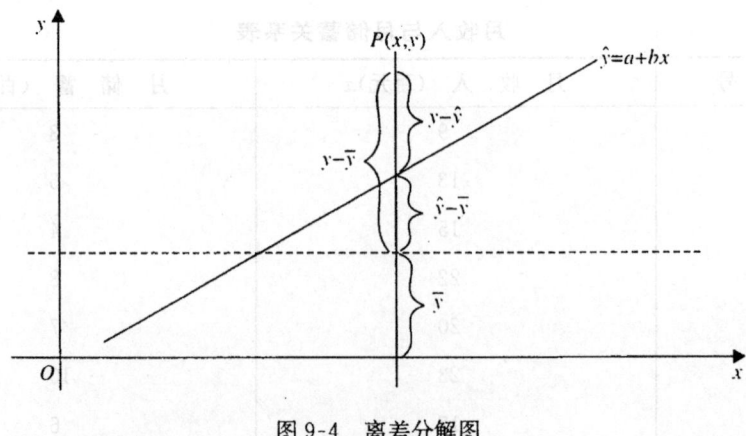

图 9-4　离差分解图

在图 9-4 的离差分解图中：

第一段 $(y-\hat{y})$，表示样本观察点 P 与回归直线的纵向距离，即实际值 y 与估计值 $\hat{y}$ 值之差，称为剩余离差，即残差。

第二段 $(\hat{y}-\bar{y})$，即估计值与均值 $\bar{y}$ 之差，它与回归系数的大小有关。$|b|$ 值越大，$(\hat{y}-\bar{y})$ 的差值也越大；反之亦然。

第三段 $\bar{y}$，是因变量的均值。

从图 9-4 中可以看到，每个样本观察点的离差 $(y-\bar{y})$ 都可以分解为两个部分，即：

$$(y-\bar{y})=(\hat{y}-\bar{y})+(y-\hat{y})$$

这里的 P 是在散点图中任取的一点，将图中所有的点都按上法处理，并将上面的等式两端平方后再求和，则有：

$$\sum(y-\bar{y})^2=\sum(\hat{y}-\bar{y})^2+\sum(y-\hat{y})^2$$

上式用符号表示为：

$$TSS=RSS+ESS$$

式中，TSS 为总平方和，它说明了未考虑 x 与 y 的回归关系时 y 的变异。RSS 为回归离差平方和，它反映在 y 的总变异中由于 x 与 y 的直线关系而使 y 变异减小的部分，也就是在总平方和中可以用 x 解释的部分，RSS 的值越大，说明回归效果越好；ESS 为剩余离差平方和，它反映 x 对 y 的线性影响之外的一切因素对 y 的变异的作用，也就是在总平方和中无法用 x 解释的部分。

上述三个平方和，各有其相应的自由度 df，并有如下的关系：

$$df_{TSS}=df_{RSS}+df_{ESS}$$

2. 判定系数 R^2

通过上述总平方和的分解可知：

总离差平方和＝回归离差平方和＋剩余离差平方和

说明总离差可以分解为两个部分：一部分归于回归直线；另一部分归于随机因素。若样本观察点 $\hat{y}$ 都紧密地分布在回归直线的两侧，则剩余离差很小，回归离差平方和在总离差平方和中所占的比例就很大，此时回归方程拟合的效果就好。因此，我们可以定义回归离差平方和在总离差平方和中所占的比例来作为测定回归方程拟合程度的指标，称为判定系数，其计算公式为：

$$R^2=\frac{RSS}{TSS}=1-\frac{ESS}{TSS}$$

R^2 用以度量回归线的拟合程度，它表示回归方程对样本观察值的解释程度。其取值

范围是 $0 \leqslant R^2 \leqslant 1$，$R^2$ 越大，拟合程度越好。而且，不难证明判定系数 R^2 的平方根 r 就是相关系数。

应注意的是，如果回归方程中没有截距项，也就得不到离差分解公式，所以我们定义的 $R^2 = \dfrac{RSS}{TSS}$ 只对有截距项的回归方程有效。对没有截距项的回归方程的拟合优度的判断应使用其他方法。

【例 9-6】 承[例 9-5]，计算判定系数。

$$R^2 = \frac{RSS}{TSS} = \frac{81.8322}{88.6667} = 0.9229$$

该计算结果表明，月储蓄额的总离差中，有 92.29% 可以由月收入与月储蓄的依存关系来解释，而有 7.71% 属于随机因素的影响，说明此回归方程拟合得还是很好。

3. 估计标准误差

在建立了回归方程后，就可以利用回归方程进行预测。要进行预测，就需首先测定回归估计值的可靠性，计算估计标准误差，即观察实际值与估计值之间的标准差。根据回归直线方程，当给定某一特定值 x，就可以推算出 y 的数值 $\hat{y} = a + bx$，但是 $\hat{y}$ 的数值并不就是特定 x 值所对应的实际值 y，因为 x 与 y 并不存在函数关系。估计值 $\hat{y}$ 与对应的观察值 y 之间的离差称为估计误差，这种误差的大小反映回归估计的准确程度，也就说明回归直线方程代表性的大小。

回归标准差是观察值 y 对估计值 $\hat{y}$ 的平均离差，就直线回归来说，这个离差值愈小，则所有观察点愈靠近回归直线，即关系愈密切，说明回归方程的代表性好；而当离差值愈大，则所有观察点离回归直线愈远，即愈不密切，说明回归方程的代表性差。我们一般使用以下公式计算估计标准误差，以检验回归方程的代表性：

$$S_{yx} = \sqrt{\frac{\sum (y - \hat{y})^2}{n - 2}}$$

式中，S_{yx} 代表估计标准误差，即 x 为自变量，y 为因变量时的估计标准误差；$n-2$ 为自由度。

估计标准误差也可以按下面的公式计算，而且比较简便。

$$S_{yx} = \sqrt{\frac{\sum y^2 - a \sum y - b \sum xy}{n - 2}}$$

【例 9-7】 仍以表 9-6 中的资料为例，计算估计标准误差。

已知 $\sum y^2 = 794$，$\sum y = 92$，$\sum xy = 2\,164$，$a = -0.328$，$b = 0.3777$，$n - 2 = 10$，代入公式计算得：

$$S_{yx}=\sqrt{\frac{794+0.328\times 92-0.3777\times 2\,164}{10}}=0.8267(百元)$$

或者,直接将 $\sum(y-\hat{y})^2=ESS=6.8344$ 代入前一公式,得:

$$S_{yx}=\sqrt{\frac{6.8344}{10}}=0.8267(百元)$$

计算结果表明,月储蓄的实际值与估计值平均来说差了 82.67 元。

我们知道,在一般情况下,对于服从正态分布的变量,对每个确定的 x_0,y 的取值 $\hat{y}_0$ 也服从正态分布,其平均数是 $\hat{y}_0=a+bx_0$,其方差可用剩余方差 S_{yx}^2 来估计。于是根据正态分布性质,对固定 $x=x_0$,y 的取值是以 $\hat{y}_0$ 为中心而对称分布的。愈靠近 $\hat{y}_0$ 的地方出现几率愈大,而离 $\hat{y}_0$ 较远的地方出现的几率就较小,而且与估计标准误差 S_{yx} 之间有下述关系:落在 $\hat{y}_0\pm S_{yx}$ 的区间内的占 68.27%;落在 $\hat{y}_0\pm 2S_{yx}$ 的区间内的占为 95.45%;落在 $\hat{y}_0\pm 3S_{yx}$ 的区间内的占为 99.73%。

上述结论对一切取值范围内的 x 都成立,因此,可在平面图上作两条与回归直线平行的直线 $y'=a-2S_{yx}+bx$ 和 $y''=a+2S_{yx}+bx$。则可以预料,在全部出现的 y 值中大约有 95.45% 的观察点落在这两条直线所夹的范围内。如图 9-4 所示。

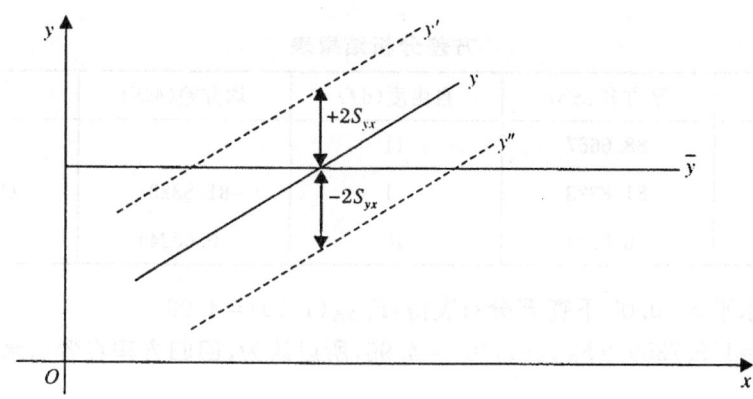

图 9-4　y 与 x 依存关系误差范围关系图

四、一元线性回归的显著性检验

前面所求得的回归方程是否成立,即 x、y 是否有直线关系,是回归分析要考虑的首要问题。我们知道即使 x、y 的总体回归系数 β 为零,由于抽样误差,其样本回归系数 b 也不一定为零。因此需作 β 是否为零的假设检验,对一元回归而言,可采用 F 检验或 t 检验。

1. 回归方程的检验:F 检验

F 检验是用以检验整个回归方程的显著性,其计算公式为:

$$F=\frac{\frac{RSS}{1}}{\frac{ESS}{n-2}}=\frac{MSR}{MSE}\sim F(1,n-2)$$

式中,MSR 为回归离差均方差;MSE 为剩余离差均方差。

F 值越大,模型的效果越佳。在显著水平 α 下,若 $F>F_\alpha(1,n-2)$,则认为回归方程效果在此水平下显著。否则,则认为回归效果不明显。

【例 9-8】 根据[例 9-5]的计算结果,试检验月储蓄额与月收入之间线性回归方程的显著性。

首先,计算:

$$TSS=88.6667, df_{TSS}=11$$
$$RSS=81.8323, df_{RSS}=1$$
$$ESS=6.8344, df_{ESS}=10$$

然后,采用表 9-7 计算检验统计量 F:

表 9-7

方差分析结果表

离差来源	平方和(SS)	自由度(df)	均方差(MS)	F 值
TSS	88.6667	11		
RSS	81.8323	1	81.8323	119.7359
ESS	6.8344	10	0.68344	

在置信水平 $\alpha=0.05$ 下查 F 分布表得:$F_{0.005}(1,10)=4.96$。

由于 $F=119.7359>F_{0.005}(1,10)=4.96$,所以认为,回归方程在置信水平 $\alpha=0.05$ 下是显著的。

2. 回归系数的检验:t 检验

t 检验的基本思想是通过计算回归系数 b 的 t 值,来检验总体回归系数 β 是否显著为 0,如果显著为 0,则说明 x 与 y 不存在线性关系;反之,则存在线性关系。检验统计量 t 值的计算按下式完成:

$$t=\frac{b-0}{S_b}=\frac{b}{S_{yx}/\sqrt{l_{xx}}}\sim t(n-2)$$

式中,S_b 为回归系数 b 的标准差。

若 $|t|>t_{\alpha/2}(n-2)$,则拒绝原假设(通常称为统计显著);若 $|t|\leqslant t_{\alpha/2}(n-2)$,则接受原

假设。

【例 9-9】 根据[例 9-5]的计算结果,检验回归系数的显著性。

在[例 9-5]中,$n=12, ESS=6.8344, l_{xx}=573.6667, b=0.3777$

$$S_{yx}=\sqrt{\frac{6.8344}{12-2}}=0.8267$$

$$S_b=\frac{0.8267}{\sqrt{573.6667}}=0.0345$$

$$t=\frac{0.3777}{0.0345}=10.95$$

按 $df=10$,查 t 临界值表,得 $t_{\alpha/2}(\alpha)=t_{0.025}(10)=2.228<t=10.95$,故在 $\alpha=0.05$ 的置信水平下,拒绝 H_0,接受 H_1,即认为参数 b 在置信水平 $\alpha=0.05$ 下是显著的。

需要说明的是,在一元线性回归中,由于只有一个自变量,t 检验和 F 检验所得到的结论是一致的。

五、利用回归方程进行预测

样本回归方程如果通过了各种检验,拟合程度好,我们就可以利用其对因变量进行预测。回归预测也有点预测和区间预测两种。

1. 点预测

给定解释变量的值,根据回归模型可以得到对应的被解释变量期望值的预测值。就是说,给定自变量 x_0,利用回归方程 $y_c=a+bx$,即可计算相对应的 y_0 的估计值 $y_0=a+bx_0$,这便是点预测。

仍以本节中[例 9-5]的资料为例,假定月收入 $x_0=35$ 百元,估计其月储蓄额为:

$$y_0=-0.328+0.3777\times35=12.89(百元)$$

根据得到的预测值,我们可以认为月收入为 3 500 元的家庭月储蓄额大约在1 289元。

点预测的方法非常简单,但它不能告诉我们预测的误差有多大或是预测的精确度有多高,可靠性有多强,所以我们需要进行区间预测。

2. 区间预测

区间预测与抽样估计中的区间估计的原理相同。回归方程 $y_c=a+bx$ 是根据一次抽样所得的数据拟合出来的,由于存在抽样随机误差,不同的样本就会拟合出不同的方程,那么用 $\hat{y}$ 作为总体 Y 的估计值就会存在抽样随机误差。因此,我们希望能在一定的概率度下把握这个误差的范围,进而确定总体 Y 在一定置信度水平下可能的取值范围,这就是区间预测。

我们建立与 y_0 相关的真实总体 Y 的一个 $100(1-\alpha)\%$ 的预测区间如下:

$$[(\hat{y}_0 - t_{\alpha/2}(n-2) \cdot S_e(\hat{y}_0), \hat{y}_0 + t_{\alpha/2}(n-2) \cdot S_e(\hat{y}_0)]$$

其中，
$$S_e(\hat{y}_0) = S_{yx}\sqrt{1 + \frac{1}{n} + \frac{(x_0 - \bar{x})^2}{\sum(x_i - \bar{x})^2}}$$

由 $\hat{y}_0$ 的方差表达式可以看出，x_0 与 $\bar{x}$ 差异越大，$\hat{y}_0$ 的方差就越大，从而置信区间就越宽、预测误差越大。因此，当我们利用回归线预测因变量的均值时，需要格外小心。

六、运用回归方程分析时注意的问题

用回归方程分析变量之间的变动关系，是一种科学的方法，在计算和应用时，应注意如下几点：

(1) 在定性分析的基础上进行定量分析，是保证正确运用回归分析的必要条件。
(2) 在回归方程中，回归系数的绝对值只能表示自变量与因变量之间的联系程度的大小。
(3) 应用回归分析方法进行推算或预测时要注意条件的变化。
(4) 需注意社会经济现象的复杂性。
(5) 在进行回归分析时，最好要与相关分析、估计标准误差相结合。

第四节 多元线性回归分析

由于客观现象的关系错综复杂，某一现象的变化往往受到两个或多个因素的影响，如证券市场不仅受到利率的影响，还会受到汇率、GDP、居民收入、居民储蓄额、国家政策等多种因素的影响。为了全面揭示这种复杂的依存关系，准确地测定它们的数量变动情况，就要建立多元回归模型进行深入和系统地分析。多元回归模型和一元回归模型的原理基本相同，只是计算略为复杂。

一、多元线性回归模型

当对被解释变量 Y 有显著影响的解释变量有 k 个，分别为 $X_1, X_2, \cdots, X_k$，且 Y 与 $X_1, X_2, \cdots, X_k$ 线性相关时，可以用 n 个方程来概括回归模型：

$$Y_t = \beta_0 + \beta_1 X_{1t} + \beta_2 X_{2t} + \cdots + \beta_k X_{kt} + \varepsilon_t \quad (t=1,2,\cdots,n)$$

与多元线性回归总体回归模型相对应的样本回归模型为：

$$y_t = b_0 + b_1 x_{1t} + b_2 x_{2t} + \cdots + b_k x_{kt} + e_t \quad (t=1,2,\cdots,n)$$

样本回归方程为：

$$\hat{y}_t = b_0 + b_1 x_{1t} + b_2 x_{2t} + \cdots + b_k x_{kt} \quad (t=1,2,\cdots,n)$$

式中, $\beta_0, \beta_1, \beta_2, \cdots, \beta_k$ 为总体回归参数; $b_0, b_1, b_2, \cdots, b_k$ 为样本回归参数; ε_t 为误差项,它反映了除 $x_1, x_2, \cdots, x_k$ 对 y 的线性关系之外的随机因素对 y 的影响,是不能由 $x_1, x_2, \cdots, x_k$ 与 y 之间的线性关系来解释的变异性。

其中, b_1 的涵义是,在其他影响因素不变的情况下,自变量每变动一个单位所引起的因变量 y 的平均变化。 $b_2, b_3, \cdots, b_k$ 的涵义以此类推。

需要注意的是,在多元线性回归模型中,各个自变量之间不存在严格的线性关系,即不存在多重共线性,否则回归系数的含义就无法解释。

二、多元线性回归方程的拟合

多元线性回归方程中的回归参数,同样可用最小二乘法来确定,即使 $\sum e_t^2 = \sum (y_t - \hat{y}_t)^2 = \sum [y_t - (b_0 + b_1 x_{1t} + b_2 x_{2t} + \cdots b_k x_{kt})]^2$ 取最小值。

通过数学方法求解,得到以下方程组:

$$\begin{cases} \sum y_t = nb_0 + \sum (b_1 x_{1t} + b_2 x_{2t} + \cdots b_k x_{kt}) \\ \sum (y_t x_{1t}) = \sum [(b_0 + b_1 x_{1t} + b_2 x_{2t} + \cdots b_k x_{kt}) x_{1t}] \\ \sum (y_t x_{2t}) = \sum [(b_0 + b_1 x_{1t} + b_2 x_{2t} + \cdots b_k x_{kt}) x_{2t}] \\ \vdots \\ \sum (y_t x_{kt}) = \sum [(b_0 + b_1 x_{1t} + b_2 x_{2t} + \cdots b_k x_{kt}) x_{kt}] \end{cases}$$

解该 $k+1$ 个方程组成的线性代数方程组,即可得到 $b_0, b_1, b_2, \cdots, b_k$ 的值,从而可以建立样本回归方程。

当多元线性回归模型中只有两个自变量的时候,我们可以建立二元线性回归方程如下:

$$y = b_0 + b_1 x_1 + b_2 x_2$$

按照上面的原理,同样可得二元线性回归方程待估参数的线性代数方程组:

$$\begin{cases} \sum y = nb_0 + b_1 \sum x_1 + b_2 \sum x_2 \\ \sum x_1 y = b_0 \sum x_1 + b_1 \sum x_1^2 + b_2 \sum x_1 x_2 \\ \sum x_2 y = b_0 \sum x_2 + b_1 \sum x_1 x_2 + b_2 \sum x_2^2 \end{cases}$$

通过解该方程组,即可求得回归参数 b_0、b_1、b_2 的值。

三、多元线性回归的拟合程度检验

在多元线性回归中,因变量 y 的总离差平方和 TSS 与一元线性回归一样,我们可将其分成两部分:一部分为可以由回归方程解释的回归离差平方和 RSS;另一部分为不能由回归方程解释的剩余离差平方和 ESS。

在多元线性回归中,各个变量的自由度的确定原则如下:总离差平方和的自由度为 $df_{TSS}=n-1$,回归离差平方和的自由度为 $df_{RSS}=k$,剩余离差平方和的自由度为 $df_{ESS}=n-k-1$。各平方和除以相应的自由度,即得到相应的均方差。

对多元线性回归进行方差分析,形成的回归方差分析表如表 9-8 所示。

表 9-8　　多元线性回归方差分析表

离差来源	平方和(SS)	自由度(df)	均方差(MS)	F 值
回归	$RSS=\sum(\hat{y}_t-\bar{y})^2$	k	$MSR=\dfrac{RSS}{k}$	$F=\dfrac{MSR}{MSE}$
剩余	$ESS=\sum(y_t-\hat{y}_t)^2$	$n-k-1$	$MSE=\dfrac{ESS}{n-k-1}$	
总和	$TSS=\sum(y_t-\bar{y})^2$	$n-1$		

与一元线性回归分析中的拟合程度检验一致,多元线性回归方程的拟合程度检验也是用判定系数 R^2 来反映线性方程拟合样本观察点的优劣。R^2 的计算如下:

$$R^2=\frac{RSS}{TSS}=1-\frac{ESS}{TSS}$$

判定系数 R^2 反映了在因变量的变动中,由回归系数解释的变动占总离差平方和的比重大小。R^2 越接近 1,则表示各个自变量所能解释的比例越大,样本回归方程拟合观察点的效果越好。

但需要说明的是,R^2 与回归方程中所引进的自变量个数多少有关。为了消除自变量个数对 R^2 的影响,也即为了校正拟合程度对自由度的依赖关系,我们在实际应用中常采用 $\bar{R}^2$(或称为修正的 R^2)来进行判定,其计算公式为:

$$\bar{R}^2=1-\frac{\dfrac{ESS}{n-k-1}}{\dfrac{TSS}{n-1}}$$

此外,与一元线性回归一样,多元线性回归也可以计算估计标准误差 S_{yx},以反映因变量的实际值与估计值间的平均差异程度,其计算公式为:

$$S_{yx}=\sqrt{\frac{\sum(y_t-\hat{y}_t)^2}{n-k-1}}=\sqrt{\frac{ESS}{n-k-1}}=\sqrt{MSE}$$

多元线性回归中的估计标准误差 S_{yx} 与一元线性回归一样,也是对误差项 ε 的方差 σ^2 的一个估计值。S_{yx} 估计的是预测误差的标准差,其涵义是:根据自变量 $x_1,x_2,\cdots,x_k$ 来预测因变量 y 时的平均预测误差。S_{yx} 在衡量多元回归方程的拟合程度方面也起着主要的作用。

四、多元线性回归的显著性检验

在一元线性回归中,回归方程的检验(F检验)与回归系数的检验(t检验)是等价的,这一点不难理解。但是在多元回归中,这两种检验不再等价。下面对两者分别作详细的介绍。

1. 回归方程的检验:F检验

回归方程检验主要是检验因变量同多个自变量的线性关系是否显著,在k个自变量中,只要有一个自变量同因变量的线性关系显著,F检验就能通过,但这并不意味着每个自变量同因变量的线性关系都显著。

F检验的具体步骤如下:

第一步,提出原假设。

原假设 $H_0:\beta_1=\beta_2=\cdots=\beta_k=0$(即假设总体回归模型线性关系不显著);

备择假设 $H_1:\beta_i(i=1,2,\cdots,k)$至少有一个不为0。

第二步,计算检验的统计量。

$$F=\frac{\frac{RSS}{k}}{\frac{ESS}{n-k-1}}\sim F(k,n-k-1)$$

第三步,作出统计决策。

给定显著性水平α,根据自由度查F分布表得到$F_\alpha(k,n-k-1)$的值,然后进行比较。若$F>F_\alpha$,则拒绝H_0,从而认为总体回归模型的线性关系显著,模型通过显著性检验;否则,接受H_0,从而认为总体回归模型的线性关系不显著,模型未能通过显著性检验。

2. 回归系数的检验:t检验

与回归模型的检验相比较,回归系数的检验则是对每个回归系数分别进行单独的检验,它主要用于检验每个自变量对因变量的影响是否都显著。如果某个自变量没有通过检验,就意味着这个自变量对因变量的影响不显著,也许就没有必要把这个自变量放进回归模型了。

进行t检验的步骤如下:

第一步,提出原假设。

原假设 $H_0:\beta_i=0,(i=1,2,\cdots,k)$(即假设变量$x_i$是不显著的);

备择假设 $H_1:\beta_i\neq 0$。

第二步,计算检验的统计量:

$$t_i=\frac{b_i}{S_{b_i}}\sim t(n-k-1)$$

式中，S_{b_i} 为第 i 个回归系数 b_i 的标准差 $(i=1,2,\cdots,k)$。

第三步，作出统计决策。

给定显著性水平 α，根据自由度查 t 分布表得到临界值 $t_{\alpha/2}(n-k-1)$，然后进行比较。若 $t_i > t_{\alpha/2}$，则拒绝 H_0，从而认为变量 x_i 是显著的，回归系数 b_i 通过显著性检验；否则，接受 H_0，从而认为变量 x_i 是不显著的，回归系数 b_i 未能通过显著性检验，并且应从回归方程中剔除出去。

五、多元线性回归分析的应用举例

【例 9-10】 某地区各城市的公共交通营运总额(y)与城市人口总数(x_1)以及工农业总产值(x_2)的年平均统计数据如表 9-9 所示。试建立 y 与 x_1 及 x_2 之间的线性回归模型。

表 9-9

地区公交营运额与人口总数、工农业总产值

城市序号	公共交通营运额(十万元)(y)	人口数(万人)(x_1)	工农业总产值(亿元)(x_2)
1	6 825.00	1 298.00	437.26
2	512.00	119.80	1 286.48
3	1 902.00	344.28	1 128.33
4	146.00	235.56	600.58
5	2 828.00	163.79	783.15
6	37.00	76.72	65.26
7	52.00	17.81	441.26
8	56.00	30.66	242.33
9	187.00	15.92	23.98
10	1 065.00	345.08	371.98
11	107.00	6.70	324.40
12	173.00	28.00	262.11
13	771.00	75.00	1 508.16
14	192.00	12.47	1 072.27

首先根据表 9-9 的资料，计算出所需的各项数据，如表 9-10 所示。

表 9-10

二元线性回归计算表

城市序号	y	x_1	x_2	x_1^2	x_2^2	$x_1 x_2$	$x_1 y$	$x_2 y$
1	6 825	1 298	437.26	1 684 804	191 196	567 563	8 858 850	2 984 300
2	512	119.80	1 286.48	14 352	1 655 031	154 120	61 338	658 678
3	1 902	344.28	1 128.33	118 529	1 273 129	388 461	654 821	2 146 084
4	146	235.56	600.58	55 489	360 696	141 473	34 392	87 685
5	2 828	163.79	783.15	26 827	613 324	128 272	463 198	2 214 748
6	37	76.72	65.26	5 886	4 259	5 007	2 839	2 415
7	52	17.81	441.26	317	194 710	7 859	926	22 946
8	56	30.66	242.33	940	58 724	7 430	1 717	13 570
9	187	15.92	23.98	253	575	382	2 977	4 484
10	1 065	345.08	371.98	119 080	138 369	128 363	367 510	396 159
11	107	6.7	324.40	45	105 235	2 173	717	34 711
12	173	28	262.11	784	68 702	7 339	4 844	45 345
13	771	75	1 508.16	5 625	2 274 547	113 112	57 825	1 162 791
14	192	12.47	1 072.27	156	1 149 763	13 371	2 394	205 876
合 计	14 853	2 770	8 548	2 033 087	8 088 260	1 664 926	10 514 347	9 979 790

从表 9-10 中可得到以下数据：

$n=14$, $\sum y=14\,853$, $\sum x_1=2\,770$, $\sum x_2=8\,548$, $\sum x_1^2=2\,033\,087$, $\sum x_2^2=8\,088\,260$, $\sum x_1 x_2=1\,664\,926$, $\sum x_1 y=10\,514\,347$, $\sum x_2 y=9\,979\,790$。

由此，可得到方程组：

$$\begin{cases} 14\,853=14b_0+2\,770b_1+8\,548b_2 \\ 10\,514\,347=2\,770b_0+2\,033\,087b_1+1\,664\,926b_2 \\ 9\,979\,790=8\,548b_0+1\,664\,926b_1+8\,088\,260b_2 \end{cases}$$

解得：$b_0=-171.893, b_1=5.108, b_2=0.364$

故 y 与 x_1 及 x_2 之间的线性回归方程为：

$$y=-171.893+5.108x_1+0.364x_2$$

显著性检验：经计算可得：

$TSS=44\,570\,387, RSS=39\,026\,001, ESS=5\,544\,386$

在置信水平 $\alpha=0.01$ 下查 F 分布表知：$F_\alpha(k,n-k-1)=F_{0.01}(2,11)=7.21$。

而

$$F=\frac{\frac{RSS}{k}}{\frac{ESS}{(n-k-1)}}=\frac{\frac{39\,026\,001}{2}}{\frac{5\,544\,386}{11}}=38.71$$

因而，$F=38.71 > F_{0.01}(2,11)=7.21$，所以在置信水平 $\alpha=0.01$ 下，回归方程的回归效果是显著的。

参数 t 检验从略。

因为回归分析的计算过程比较复杂，可以借助统计软件来进行。

第五节 相关分析与回归分析综合应用案例

回归分析在商品住宅需求量预测中的应用

在本案例中，我们主要针对研究目标，通过采用计量经济学（即多元线性回归分析方法）中的预测方法，建立商品住宅需求量与相关影响因素的回归模型，对商品住宅的需求量进行短期预测。

一、案例资料

表 9-11 是某市 1992~2004 年这段时期与房产市场有关的一些资料，包括 13 年的商品住宅面积、GDP 定基指数、人均收入、常住人口、人均住房面积、固定资产投资、居民储蓄总额的数据。

表 9-11

商品住宅需求影响因素的有关资料

年 份	商品住宅面积（万平方米）	GDP定基指数	人均收入（元）	常住人口（万人）	人均住房面积（平方米/人）	固定资产投资（亿元）	居民储蓄总额（亿元）
1992	45.29	1 283.1	1 840.69	93.56	10.27	24.85	12.11
1993	73.28	1 609.0	2 115.36	115.44	10.30	28.52	18.84
1994	68.74	2 186.6	2 601.00	153.14	10.35	43.62	30.00
1995	50.77	2 595.5	3 686.52	191.60	10.70	50.00	39.18
1996	56.32	3 439.1	4 162.69	201.94	10.91	57.90	57.45

（续表）

年 份	商品住宅面积（万平方米）	GDP定基指数	人均收入（元）	常住人口（万人）	人均住房面积（平方米/人）	固定资产投资（亿元）	居民储蓄总额（亿元）
1997	97.13	4 677.1	4 602.24	238.53	11.34	79.36	88.60
1998	96.00	6 229.9	5 820.72	260.90	11.48	141.01	153.95
1999	140.89	8 098.9	7 774.92	294.99	13.02	195.05	175.13
2000	183.28	10 536.7	10 533.96	335.51	13.69	231.00	290.37
2001	209.07	12 960.1	12 775.44	345.12	12.27	275.82	466.42
2002	261.13	15 085.6	16 307.64	358.48	14.20	327.53	582.23
2003	336.70	17 499.3	19 078.00	379.64	14.45	393.07	707.67
2004	372.38	20 036.7	19 886.00	394.96	14.40	474.63	861.88

试根据上述资料，建立该市商品住宅需求量的最优回归方程，并对2005年、2006年的商品房的需求进行预测。

二、案例分析过程

（一）商品住宅需求影响因素的初步选择

为了进行最优回归方程的建立，首先必须对表9-11中列出的影响因素进行排序，这就需要借助相关系数来进行。相关系数越大，则表明因变量与影响因素之间的关系也密切，影响因素产生的影响就越大。因此，首先需要计算各因素影响与商品住宅面积的相关系数，计算结果如表9-12所示。

表9-12

商品房需求影响因素的相关性分析表

	商品住宅面积	GDP定基指数	人均收入	常住人口	人均住房面积	固定资产投资	居民储蓄总额
相关系数	1.0000	0.9858	0.9869	0.8876	0.9226	0.9864	0.9897

根据表9-12所示，该市商品住宅面积（如从销售角度来看，即为商品住宅需求量）与城市GDP增长、城市常住人口、居民人均收入、城市固定资产投资、城市居民储蓄总额以及城市人均住房面积等社会经济指标有着密切的线性正相关关系。从定性角度看，人口、收入、储蓄、人均住房面积指标对商品住宅需求的影响更为直接，而GDP增长、固定资产投资等指标的影响则较为间接。以人均收入指标为例，城市人均收入指标能够较GDP

指标更直接的反映城市居民的消费能力,且人均收入越高,消费能力就越强,从而导致对住宅需求的增加。因此,我们在进行商品住宅回归预测时,主要取上述四项指标进行回归预测分析。表 9-13 列示了商品住宅销售面积与其主要影响因素选取的上述四项指标的资料。

表 9-13

商品住宅销售面积及其主要影响因素

年 份	居民人均年收入 X_1(元)	城乡居民储蓄余额 X_2(亿元)	人均住房面积 X_3(平方米)	每年新增人口 X_4(万人)	商品住宅销售面积 y(万平方米)
1992	1 840.69	12.11	10.27	5.41	45.29
1993	2 115.36	18.84	10.30	21.88	73.28
1994	2 601.00	30.00	10.35	37.70	68.74
1995	3 686.52	39.18	10.70	38.46	50.77
1996	4 162.69	57.45	10.91	10.34	56.32
1997	4 602.24	88.60	11.34	36.59	97.13
1998	5 820.72	153.95	11.48	22.37	96.00
1999	7 774.92	175.13	13.02	34.09	140.89
2000	10 533.96	290.37	13.69	40.52	183.28
2001	12 775.44	466.42	12.27	9.61	209.07
2002	16 307.64	582.23	14.20	13.36	261.13
2003	19 078.00	707.67	14.45	21.16	336.70
2004	19 886.00	861.88	14.40	15.32	372.38

(二)逐步回归分析的基本原理及基本准则

逐步回归分析的基本原理,在于从众多影响因变量变化的因素中筛选出最重要的有限个因素作为自变量,并组成回归方程,此回归方程一般称为最优方程。所谓最重要的自变量,除了定性分析确定外,还必须通过定量的显著性检验确定,使得筛选出来的各个自变量都对因变量有显著影响;同时,还需要注意不要遗漏任何一个重要的因素。自变量的选取一般是采用两种方式:一种方式是按各自变量的回归系数或偏回归误差平均和的大小逐次选入,直到不能满足规定的显著水平为止;另一种方式则与上述方式相反,它从自变量最不显著的开始逐项地剔除,直到保留的各个自变量都有显著性影响。

应用逐步回归分析法,自变量的选取应按"自变量偏回归误差平方和最大者引入,而最小者剔除"的原则进行。其原因在于:由多元线性回归理论可知,方程的回归误差平方和越大,说明该回归方程愈具有解释能力,愈精确有效。一般来说,回归误差平方和的大小,是由各个自变量影响力的大小所综合决定。虽然它不是各个自变量偏回归误差平方和的简单加总,但每个自变量的回归误差平方和大小,可反映其影响力的大小,故逐步回归要以各自变量的偏回归误差平方和的大小作为引入或剔除的依据,其最终目的是使最优回归方程的各自变量达到显著程度,且要求回归误差平方和尽量大。

(三)商品住宅销售量逐步回归预测

在对商品住宅销售量进行回归预测时,我们根据初步选择的人均收入、人口增量、居民储蓄总额以及人均住房面积四个与商品住宅需求密切相关的指标数据(见表9-13),采取剔除法进行逐步回归分析,并在此基础上建立最优回归方程进行预测。

将表9-13中的4个自变量拟合四元回归方程:

$$Y = -117.12 - 0.007X_1 + 0.46X_2 + 16.05X_3 + 0.56X_4 \tag{1}$$

经计算:

$$|T_1| = 0.92, |T_2| = 3.51, |T_3| = 1.50, |T_4| = 1.47$$

查表可知:$\alpha = 5\%$时,$t_{0.025}(8) = 2.30$,故$|T_1|$、$|T_3|$、$|T_4|$均小于$t_{0.025}(8)$,回归系数b_1、b_3、b_4不显著,剔除X_1后重新拟合的三元回归方程为:

$$Y = -49.41 + 0.34X_2 + 7.95X_3 + 0.58X_4 \tag{2}$$

经计算:

$$|T_2| = 9.66, |T_3| = 1.32, |T_4| = 1.54$$

查表可知:$\alpha = 5\%$时,$t_{0.025}(9) = 2.26$,而$|T_3|$、$|T_4|$均小于$t_{0.025}(9)$,故回归系数b_3、b_4不显著,须继续进行变量剔除,剔除X_1、X_3后重新拟合的二元回归方程为:

$$Y = 29.04 + 0.39X_2 + 0.84X_4 \tag{3}$$

经计算:

$$|T_2| = 27.33, |T_4| = 2.51$$

查表可知:$\alpha = 5\%$时,$t_{0.025}(10) = 2.23$,而$|T_2|$、$|T_4|$均大于$t_{0.025}(10)$,故其回归系数b_2、b_4显著,无需继续进行变量剔除。并且回归方程(3)满足F检验,为逐步回归分析所确定的最优回归方程。

(四)商品住宅销售趋势预测

根据该市《国民经济和社会发展"九五"规划指标体系》中的有关数据,"九五"期间该市居民储蓄总额保持在11%的增长率,而人口增长保持1.5%的增长;但两者实际增长率却接近22%、5%。估计2005、2006年,这种增长趋势将继续保持。根据上述趋势,可建立两项指标2005、2006年的估计值,见表9-14,并由此预测出2005、2006年商品住宅销售量为 456.51 万平方米和 547.60 万平方米。

表 9-14
商品住宅销售面积预测值

年 份	城市居民储蓄总额（亿元）	每年新增人口（万人）	商品住宅销售面积预测值（万平方米）
2005	1 051.494	20.735	456.51
2006	1 282.822	21.772	547.60

本章习题

9.1 机器的使用年限和维修费用有一定的关系，如表 9-15 所示。

表 9-15
机器的使用年限和维修费用的关系

机器使用年限(年)	2	2	3	4	5	5
维修费用(元)	120	162	156	192	180	240

要求：试计算两者相关系数，并判断其相关方向和相关程度。

9.2 某企业的 20 个下属工厂的人均产值(x)与销售利润(y)的调查资料经初步加工整理如下(单位：万元)：

$n=20, \sum x=30.8, \sum y=961.6, \sum xy=1\ 652.02, \sum x^2=52.44, \sum y^2=65\ 754.65$

要求：试根据以上资料计算：

(1) 计算人均产值与销售利润之间的相关系数，并分析相关的密切程度和方向。

(2) 建立以销售利润为因变量的直线回归方程，并解释回归系数的涵义。

(3) 若假设某厂的人均产值为 2 万元，试推算其销售利润。

9.3 某城市的所有高校在校学生人数(x)与高校教育经费(y)连续六年的统计资料如表 9-16 所示。

表 9-16
某城市所有高校在校生人数与高校教育经费的统计资料

校学生数(万人)	11	16	18	20	22	25
教育经费(亿元)	158	172	188	198	212	230

要求：试根据以上资料：

(1) 建立回归直线方程。

(2) 计算估计标准误差。

(3) 计算判定系数 R^2，就此是否可以认为回归效果较好？

(4) 估计在校学生数为 30 万人时的教育经费。

9.4 某公司所属 8 个企业的产品销售资料如表 9-17 所示。

表 9-17

某公司所属 8 个企业的产品销售资料

企业编号	产品销售额(万元)	销售利润(万元)
1	255	24.3
2	330	37.5
3	585	54
4	645	66
5	720	79.5
6	975	120
7	1 425	192
8	1 500	207

要求：试根据上述资料计算：

(1) 确定利润额对产品销售额的直线回归方程；

(2) 检验回归方程的显著性（$\alpha=0.05$）；

(3) 确定产品销售额为 2 000 万元时利润额的估计值。

9.5 一般认为水稻的亩产量与降雨量、温度有关，农科所进行试验研究这一问题，所记录的数据如表 9-18 所示。

表 9-18

水稻亩产量与降雨量、温度的试验数据

亩产量(千克/亩)	降雨量(毫米)	温度(摄氏度)
375	25	6
445	33	8
535	45	10
675	105	13
725	110	14
770	115	16
855	120	17

要求：

(1) 计算亩产量与降雨量、温度之间的相关系数，是否有证据表明亩产量与降雨量、亩产量与温度之间存在线性关系？

(2) 试建立二元线性回归方程。

(3) 检验回归方程和回归系数的显著性（$\alpha=0.05$）。

9.6 有10个同类工厂的生产性固定资产年平均原值和工业总产值资料如表9-19所示。

表9-19

10个同类工厂的相关资料

工 厂 编 号	生产性固定资产价值（万元）	工业总产值（万元）
1	318	524
2	910	1 019
3	200	632
4	409	815
5	415	913
6	502	928
7	314	605
8	1 210	1 516
9	1 022	1 219
10	1 225	1 624

要求：

(1) 计算相关系数；

(2) 建立回归直线方程；

(3) 计算估计标准误差；

(4) 估计生产性固定资产为1 100万元时的工业总产值。

第十章 统计学综合应用案例

第一节 营销实务中的统计学应用案例

××鞋厂布鞋的市场营销决策

一、案例背景资料

××鞋厂是一家有30年历史的老厂,主要以帆布鞋为主导产品,过去经济效益一直较好。但从2004年开始,产品出现积压,经营出现亏损。厂领导觉得问题非常严重,如果不能想办法扭亏增盈,厂子就面临关门的结局。因此,他们找到×××管理咨询公司,请他们帮助诊断亏损原因,提出扭亏增盈的对策。企业的有关统计资料如表10-1~表10-3所示。

表10-1

××鞋厂2003~2004年生产、销售及利润情况表

指 标	单位	2003年	2004年	增减绝对额	增减(%)
产量	万双	106	71	−35	−33.0
销售量	万双	102	74	−28	−27.5
平均销售价格	元/双	22.05	23.65	1.6	7.3
销售收入	万元	2 249.1	1 750.1	−499	−22.2
单位成本	元/双	21.7	25.4	3.7	17.1
总成本	万元	2 213.4	1 879.6	−333.8	−15.1
税金	万元	25	20	−5	−20.0
利润	万元	10.7	−149.5	−160.2	—

表 10-2

××鞋厂 2003~2004 年主要成本费用指标

指 标	单位	2003 年	2004 年	增减绝对额	增减(%)
单位生产成本	元/双	18.60	20.55	1.95	10.50
生产成本	万元	1 897.2	1 520.7	−376.5	−19.8
销售费用	万元	66.2	48.9	−17.3	−26.1
管理费用	万元	230	255	25	10.9
财务费用	万元	20	55	35	175.0
总成本	万元	2 213.40	1 879.6	−333.8	−15.1

表 10-3

××鞋厂 2004 年价格调整对销量影响情况表

月 份	3	4	5~7	8~11
出厂价格(元/双)	22.45	23.55	25.75	33.5
去年销量(万双)	13	11	28	20
2003 年销量(万双)	11	10	29	50

注：价格提高的主要原因是同期原材料价格上涨导致单位成本上升，销售量下降对单位成本上升也有一定影响。

×××管理咨询公司进厂后实施的《鞋类市场需求调查问卷》如下所示。该咨询公司在此调查阅卷的基础上又编制了《鞋类市场需求调查汇总表》(一)和(二)，如表 10-5 和表 10-6 所示。

居民鞋类市场需求调查问卷

尊敬的顾客：

您好！为了促进有关企业改进生产，更好地满足消费者需求，我们特组织这次关于鞋类市场的调查活动，请给予大力支持。

1. 请问您在 2004 年是否穿过表中所列的几种鞋子(穿过请在表 10-4 中第 1 栏打 √)？

2. 您是否经常穿该种鞋(请将序号填在表中第2栏)？① 经常穿；② 有时穿；③ 很少穿

3. 您对这种鞋是否满意,若满意,令您满意的原因是什么(请将序号填在表10-4中第3栏)？① 质量好；② 价格合理；③ 式样新颖；④ 花色多样；⑤ 轻便舒适；⑥ 其他(请注明)

若不满意,不满意的原因是什么(请将序号填在表中第4栏)？① 质量差；② 价格偏高；③ 式样不好；④ 花色单一；⑤ 穿着不舒服；⑥ 其他(请注明)

4. 请将您近两年购买的鞋子的数量和价格以及2005年的需要量分别填在表10-4中第5、第6、第7、第8、第9栏。

5. 请问您最喜爱的品牌是什么？请将品牌名称填在表中第10栏,若没有牌子,请注明"无"。

谢谢您的合作！

×××管理咨询公司

表10-4
鞋类市场需求调查表

职业：_____ 性别：_____ 年龄：_____ 居住(城或乡)：_____

种　类		是否穿过(1)	是否经常穿(2)	满意的原因(3)	不满意的原因(4)	购买数量		价格(元)		2005年需要量(9)	最喜爱的品牌(10)
						2003年(5)	2004年(6)	2003年(7)	2004年(8)		
帆布鞋	市外产										
	××鞋厂										
	市内其他										
	自产										
足球鞋											
网球鞋											
运动鞋											
健美鞋											
皮　鞋											
旅游鞋											

表 10-5

鞋类市场需求调查汇总表(一)

种类		是否穿过	是否经常穿			满意的原因						不满意的原因					
			①	②	③	①	②	③	④	⑤	⑥	①	②	③	④	⑤	⑥
帆布鞋	市外产	40	21	18	10	13	11	17	3	12	11	17	18	17	9	3	1
	××鞋厂	7	0	2	3	2	5	5	0	0	0	4	0	2	3	2	1
	市内其他	26	7	10	3	4	19	0	0	10	0	10	1	10	2	2	1
	自产	10	1	5	1	5	5	1	0	3	1	4	1	3	6	2	0
足球鞋		13	3	5	1	4	8	1	3	2	2	3	2	6	3	2	0
网球鞋		47	12	12	6	8	12	8	1	11	0	5	2	6	6	4	3
运动鞋		57	33	38	17	26	24	2	6	21	5	15	14	23	17	9	3
健美鞋		38	9	11	11	3	8	3	9	3	1	7	5	10	7	1	1
皮鞋		103	91	36	20	41	25	62	44	23	2	21	47	27	18	19	13
旅游鞋		91	64	31	25	30	34	50	25	34	19	15	29	21	23	9	7

表 10-6

鞋类市场需求调查汇总表(二)

种类		购买数量(万双)		价格(元)		2005年需要量	最喜爱的品牌
		2003年	2004年	2003年	2004年		
帆布鞋	市外产	34	33	35~40	40~60	31	
	××鞋厂	10	6	22.5	31	6	
	市内其他	14	16	38	46	6	
	小计	58	55	—	—	43	
足球鞋		11	15	65	70	8	
网球鞋		26	22	60	85	10	双星
运动鞋		56	48	70	75	37	回力
健美鞋		27	6	40	40	16	双星
皮鞋		117	128	370	365	128	金利来
旅游鞋		89	110	295	500	41	奇安特

××鞋厂产品销售区域为本市和邻近 4 个地区的 48 个市县,人口约有 2 000 万人。另外,该鞋厂目前有销售人员 14 人,其销售政策规定,销售人员按销售收入的 1.5% 提成,不发工资,出差须经批准,只报住宿费和车费,伙食费自理。据了解,销售人员认为厂领导不重视销售,大半人员整天在家不出门,靠打电话联系业务。他们对自己的收入也不满意,说外地同类鞋厂的销售人员年收入能达到 2 万~3 万元。

要求:

(1) 根据所给资料分析该厂亏损的原因是什么?并说明分析所用的是什么方法?

(2) ×××咨询公司进厂与厂领导一起进行了初步分析:有人认为,老百姓现在普遍穿皮鞋、旅游鞋,不需要布鞋,所以产品卖不出去,形成积压;也有人并不同意这种看法。针对这种情况,你有什么好办法能解决问题?

(3) 如果 2005 年固定费用预计为 90 万元。单位变动成本为 25.9 元,如果销售价格为 33.5 元,请测算保本销售量;如果销售价格调整到 31 元,保本点销售量是多少?

二、案例分析过程

1. 利润下降导致亏损的因素分析

由:利润=销售收入-总成本-税金,可知利润下降 160.2 万元可分解为如下等式:

$$利润下降=销售收入变动-总成本变动-税金变动$$

$$-160.2 万元 = -499 万元 -(-333.8 万元)-(-5 万元)$$

由此可知:利润下降的主要影响因素是销售收入下降和总成本下降,税金影响可以忽略不计。

2. 销售收入下降的因素分析

由于销售收入=销售量×平均销售价格,因此根据两因素分析,得到如下分析结果:

由于销售量下降影响销售收入下降:

$$-28 万双 \times 22.05 元/双 = -617.4(万元)$$

由于销售价格提高影响销售收入增加:

$$1.6 元/双 \times 74 万双 = 118.4(万元)$$

以上两因素共同影响:

$$-617.4 万元 + 118.4 万元 = -499(万元)$$

就是说,销售收入下降主要是由于销售量下降引起的,销售价格的提高使销售收入有所增加。

3. 总成本变化因素分析

由上面分析可知,总成本虽然下降了 333.8 万元,但其下降幅度(15.1%)比销售收入下降幅度(22.2%)小。

由于总成本＝生产成本＋销售费用＋管理费用＋财务费用，因此，可以从其具体构成因素去分析。总成本的变动是由这三个因素共同变动的结果：

即：
$$总成本变动＝生产成本变动＋销售费用变动＋管理费用变动＋财务费用变动$$
$$-333.8万元＝-376.5万元+（-17.3万元）+25万元+35万元$$

由此可以得出结论：总成本下降主要是由生产成本下降引起的，管理费用和财务费用不但没有下降反而有较大幅度的上升，两项合计上升60万元，直接减少利润60万元。销售费用变动影响不大。

生产成本下降原因的进一步分析：由生产成本＝销售量×单位生产成本，可进行如下分析：

由于销售量下降影响生产成本下降：
$$-28万双×18.60元/双＝-520.8（万元）$$

由于单位成本提高影响总成本增加：
$$1.95元/双×74万双＝144.3（万元）$$

以上两因素共同影响：
$$-520.8万元+144.3万元＝-376.5（万元）$$

由此可见，生产成本变化中，对利润下降的影响因素是单位生产成本的上升。

由于单位成本上升的主要原因是原材料涨价，在销售量下降的情况下很难通过降低原材料消耗来消化涨价因素。因此，可以适当提高产品销售价格来减少亏损。由前面分析可知，由于销售价格提高，增加的销售收入为118.4万元，这样与单位成本增加冲抵后，只减少利润25.9万元。因此，单位生产成本的上升对利润下降的影响也不是主要因素。

利润下降的具体因素分析图如图10-1所示。

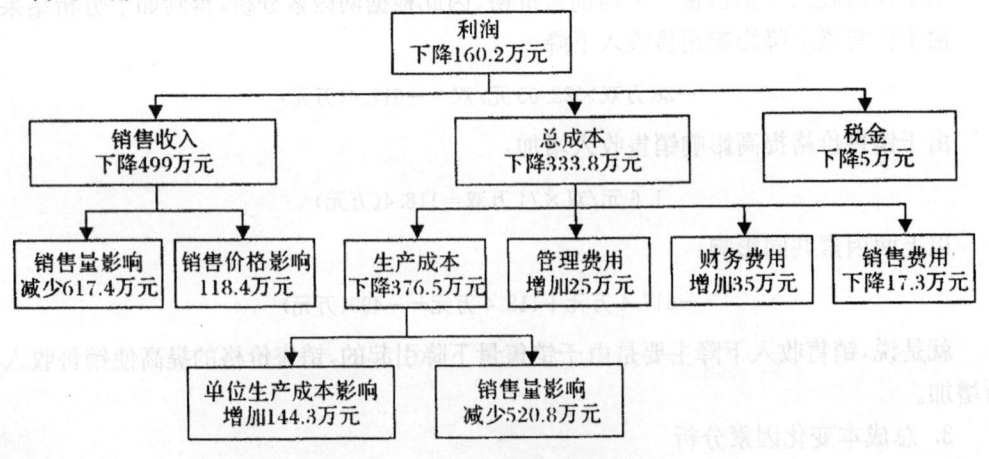

图10-1 利润下降的具体因素分析

4. 销售量下降的原因分析

调查汇总结果表明,近几年居民鞋类消费结构是发生了一些变化,每百人买帆布鞋数量,2003年58双,2004年55双,2005年只需要43双,比2003年下降25.9%。但是,经过测算,帆布鞋仍有很大市场空间。按照该鞋厂的市场销售区域,共计有2 000万人,按每百人需要43双计算,市场需求量为860万双,而该厂的年产量才只有100余万双左右。因此,首先可以排除"布鞋积压是市场不需要"这一原因。根据市场调查得出结论:市场占有率下降,营销能力弱。

表10-7是该鞋厂及其竞争对手在最近三年内市场占有率的变化资料。

表10-7

××鞋厂及其竞争对手市场占有率的变化

企 业	2003年购买		2004年购买		2005年需要量	
	数量 万双	市场占有率 (%)	数量 万双	市场占有率 (%)	数量 万双	市场占有率 (%)
市外产	34	58.6	33	60	31	72.1
××鞋厂	10	17.2	6	10.9	6	14
市内其他	14	24.2	16	29.1	6	13.9
小 计	58	100	55	100	43	100

从表10-7中可以看出,××鞋厂的市场占有率2003年为17.2%;2004年只有10.9%,2004年比2003年下降了6.3个百分点;2005后预计也只有14%。而外地鞋厂的市场占有率从前年的58.6%提高到2004年的60%,2005年预计达到72%。市场实际上逐渐被外地鞋厂所抢占。

如何提高产品的市场占有率呢?根据营销组合4P理论,可以从产品、价格、渠道和促销等方面进行分析。

其一,从产品方面看,该厂的帆布鞋的产品质量不高,属于大路货,调查中也有所反映。但与往年比较,产品质量基本稳定,而且市场上还有其品牌假冒鞋的现象。所以,质量也不是销售下降的主要原因。花色品种问题是个重要问题,是产品市场竞争能力的重要方面。要提高市场占有率,打入更大的市场,需要增加适销对路的新品种。但这也不是造成目前销售下降的主要因素。

其二,价格是造成销售量下降的原因之一。2003年的平均价格为22.05元,2004年4月提高到23.55元,5月提高到25.75元,8月又提高到33.5元。4、5月份提价幅度不大,对销售基本没有影响,8月份提价幅度较大,因此从8月份销售量骤然降3~7月平均销售量为10.4万双,比2003年同期增长4%;8~11月平均销售量只有5万双,比2003

年同期下降60%。2004年由于材料涨价,适当提高价格是应该的。2003年实际平均单位成本为21.7元,2004年为25.4元,提高了17.1%;而2004年8月以后价格提高了49%。提价的幅度较大。除了材料涨价因素外,产量下降,也是导致单位生产成本上升的原因之一。通过与同类产品比较发现,市场上帆布鞋价格多在40元以上,最高达到60元。该厂的帆布鞋价格31元还是比较低的。从调查问题卷看,70%的消费者认为其"价格合理"。因此,价格也不是主要原因。

其三,销售下降的主要原因是营销不力。经过进一步了解,销售渠道与其他厂家没有什么区别,主要问题是促销力度不够。目前市场上同类产品基本都不打广告,主要促销手段是人员促销。该鞋厂目前有14位销售人员,其中一半因种种原因不出去促销;另一半虽然出去,但由于收入低,积极性也不高。

根据厂里规定,销售人员按销售收入提成1.5%,不另发工资。去年销售1 750万元,可提成26.25万元,人均18 750元,出差经批准,只报销住宿费和车船费,外出伙食费高,出去多了就所剩无几了。

经过初步了解,其他同类鞋厂的销售人员年收入都在2万~3万元,而且出差补助中有伙食费。因此,加大营销力度首先要充实销售队伍,提高销售人员积极性。

三、对策建议与措施

(一)营销策略的改善

近期继续以帆布鞋为主导产品,靠老产品扭亏增盈,积极开发新品种,改善经营管理,降低管理费用,提高销售人员收入,加大营销力度。具体措施有:

(1)提高销售提成比例为4%,不报销差旅费用。若年销售80万双,销售收入2 500万元,可提成100万元,销售人员增加到25人,人均年收入4万元,每人年差旅费最高不超过10 000元,每人收入在3万元左右。

(2)产品价格调整为31元。允许各地销售人员根据实际情况灵活作价,高于31元的部分由厂里提60%,其余归销售人员。

(二)保本点分析

固定费用预计为450万元,销售价格33.5元,单位变动成本25.9元。每双贡献收益7.6元,保本销售量=450万÷7.6=59.21万双。这就是说,销售量达到59.21万双,企业可以扭亏,多销售1万双,增加盈利7.6万元,如果销售达到上年水平74万双,可盈利$(74-59.21) \times 7.6 = 112.4$万元。

如调整销售价格为31元,单位变动成本仍为25.9元。每双贡献收益5.1元,保本销售量=450万÷5.1=88.24万双。这就是说,销售量达到88.24万双,企业可以扭亏,多销售1万双,增加盈利5.1万元,如果销售量恢复到前年102万双水平,可盈利$(102-88.24) \times 5.1 = 70.18$万元。

第二节 人力资源管理中的统计学应用案例

关于员工满意度统计调查分析

一、员工满意度调查的提出

如今,很多企业都将"实现顾客满意"作为工作重心,并为此千方百计地变换着提升服务的新招式,但不论是通过什么样的工作,最后企业都普遍感觉到,这些方法起到的作用并非总是那么理想的。于是,测评顾客满意度成为了企业一个新的热点话题。然而,被企业普遍忽视的一个问题是,外部顾客的满意是由企业的员工创造的,企业是否想过自己的员工是不是满意呢?试想一下,如果员工是一肚子的怨气或苦水,能为顾客提供令人满意的服务吗?如果员工心态不稳定,来一批、走一批,能够保持优质的服务水准吗?

这样一来,在企业的人力资源管理方面,就提出了一个新的课题——需要密切关注员工满意度。因为对于企业来说,员工的感受就像个黑箱,如果不及时了解员工的需求以及对于公司的看法,等到一切问题都尖锐的暴露出来,想挽回就困难了。国外的很多研究显示,只有员工满意,才能带来顾客满意,才能使企业产生持续的利润增长,而不满意的员工则会以不同的方式导致公司的各项工作事倍功半,带来的结果是"较高的员工流动率"、"较低的生产效率"以及"下属的不忠诚"。

员工满意度调查对公司来说,是一个很好的沟通和交流工具。它作为一种科学的管理工具,通常以调查问卷等形式,收集员工对企业各个方面的满意程度。通过调查,管理层能够有效地诊断公司潜在的问题,了解公司决策和变化对员工的影响,以对公司管理进行全面审核,保证企业工作效率和最佳经济效益,减少和纠正低生产率、高损耗率、高人员流动率等紧迫问题。一般来说,员工满意度调查的问卷需要紧紧围绕着企业的文化、价值观等内容来进行,企业需要结合自身的实际情况,建立一套科学的员工评价指标体系,并定期进行调查,以了解员工满意度动态的变化。

总的来看,企业的员工满意度工作是一个没有终点的过程:确定目标、实施调查、分析结果、实施改进、跟踪反馈……通过不断循环滚动,企业可以准确全面地了解员工的满意状况及潜在的需求,凭借这些可靠的依据去制定并实施针对性的激励措施,留住人才,最终提升企业的经营绩效。

二、员工满意度调查的问卷

本案例所采用的调查问卷如下所示:

××公司员工满意度调查问卷

入职时间：_____ 部门岗位：_____ 答卷日期：_____

尊敬的员工：

感谢您在2004年为公司经营管理所作出的贡献！公司正处于可持续发展阶段，您的意见对明年公司的战略发展提供了可行性的分析依据。请您如实地填写《员工满意度调查问卷》，并及时上交到行政人事部以便做好统计。谢谢！

1. 您认为公司目前明显的竞争优势是什么？
   A. 人才优势　　　　　　　　B. 管理优势
   C. 文化优势　　　　　　　　D. 成本优势
   E. 没有优势　　　　　　　　F. 其他_____

2. 您认为公司未来风险可能来自哪些方面(请按重要性排列)？
   A. 市场推广手段单一，销路不畅
   B. 领导班子不愿冒风险，观念保守，没有核心竞争力
   C. 员工的职业素养和专业水平较低
   D. 公司的歪风邪气，正不压邪
   E. 缺乏创新和开拓精神，陈旧的模式难以摆脱，新的思维难以培育
   F. 决策缓慢，执行不力
   G. 其他未提及的方面(请自行补充)_____

   按重要性排序：
   _____

3. 您认为公司的组织管理框架清晰、分工明确吗？
   A. 很清晰　　　　　　　　　B. 清晰，分工不明确
   C. 分工明确，但执行不力　　D. 不知道什么是组织管理框架

4. 在工作中，是否经常出现有多个领导向您分派任务的情况？
   A. 经常　　　　　　　　　　B. 有时
   C. 偶尔　　　　　　　　　　D. 没有

5. 您希望所在的企业有什么样的价值取向(先浏览，然后选出您认为最重要的3个，并按重要性排序在括号里填序号1、2、3)？
   (　)优胜劣汰　　(　)团队精神　　(　)严守商业秘密
   (　)以人为本　　(　)客户至上　　(　)股东利益第一
   (　)人尽其才　　(　)服务社会　　(　)充分考虑员工利益
   (　)服务制胜　　(　)不断创新　　(　)其他

6. 您认为下列哪3种方式最能够更好地提高您的积极性和创造性？

A. 收入提高　　　　　　　　B. 福利改善
C. 职位晋升　　　　　　　　D. 挑战性的工作
E. 培训机会　　　　　　　　F. 领导认可
G. 其他_____

7. 关于上下级的信任关系(在选项内打钩):

选项＼问题	您是否能充分自主独立工作	直接上级是否参考下属的意见	直接上级是否重视对下属的培养
完全能够(或总是)			
基本能够(或有时)			
不能(或从不)			

8. 您对公司的关注(在选项内打钩):

选项＼问题	愿竭尽所能地工作	愿接受任何工作安排	为企业感到自豪骄傲	关心公司的未来发展	能得到应有的激励
总是					
有时					
很少					

9. 假设让您重新选择工作,您认为下面哪五个因素对您比较重要?
A. 领导个人魅力　　　　　　B. 工作挑战性
C. 职业稳定性　　　　　　　D. 公司名气
E. 民主气氛　　　　　　　　F. 充分发挥自己才能
G. 收入水平　　　　　　　　H. 晋升机会
I. 公司发展前景_____

10. 您认为公司评选优秀员工应该是什么标准,具备什么样的条件?请您各选出一名你认为可以评作本年度部门和公司优秀员工的名字。

三、员工满意度的统计分析

上述问卷部分问题的设置不在满意度调查内容的范畴,例如第1、第2题是调查员工对公司优势和劣势的判断;第5题是调查员工对公司价值取向的希望;第6题是调查员工的激励偏好;第9、第10题调查的是员工价值取向;第3、第4、第7题是调查公司员工的满意度;第8题既有对员工满意度的调查,又有对员工工作态度的调查。

但在本案例中,限于篇幅,我们仅对员工满意度的调查结果进行一定的分析。根据员工上交回的调查问卷,对员工满意度进行统计分析,过程如下(原始资料从略,有关调查结果见以下相关统计表）：

1. 对涉及员工满意度的问题进行处理

在这一步骤,需要进行的处理如下：① 将第 3、第 4、第 7 题作为员工满意度调查的内容；② 将第 8 题的"能得到应有的激励"和"为企业感到自豪骄傲"作为员工满意度调查的内容；③ 据员工满意度调查的需要,将以上问题统一分析评判标准,使选项有一定的可分辨度。处理的方法如表 10-8 所示。

表 10-8

员工满意度调查的处理表

	A 类答案	B 类答案	C 类答案
第 3 题	A. 很清晰	B. 清晰,分工不明确	C. 分工明确,但执行不利
第 4 题	D. 没有	B. 有时；C. 偶尔	A. 经常
第 7 题	完全能够（或总是）	基本能够（或有时）	不能（或从不）
第 8 题	总是	有时	很少

同时,根据满意程度的强弱,规定各类答案的评分标准：

A 类答案—3 分；B 类答案—2 分；C 类答案—1 分；空缺样本不参与统计。

$$单项得分 = \Sigma(频数 \times 分值) \div 单项有效样本数$$

2. 计算问题的平均得分

按照上述处理原则和评分标准,对各个有效问卷的答案进行评分,并进行分类汇总,然后计算各个问题的平均得分。结果如表 10-9 所示。

表 10-9

各个问题的平均得分统计表

序号	内容	答案				有效样本	单项得分
		A 类答案 3 分	B 类答案 2 分	C 类答案 1 分	空缺		
7-1	您对独立自主工作权满意吗（第 7 题）	166	81	1	0	248	2.67
8-3	您对企业满意吗（第 8 题）	156	83	3	6	242	2.63
7-3	您对上级对下级的培养满意吗（第 7 题）	117	115	13	3	245	2.42
7-2	您对上级参考下级意见的态度满意吗（第 7 题）	101	142	3	2	246	2.40
4	您对工作任务满意吗（第 4 题）	53	158	33	4	224	2.27
8-5	您对应得到的激励满意吗（第 8 题）	80	131	30	7	241	2.21
3	您对公司的组织架构满意吗（第 3 题）	73	59	109	7	241	1.85

3. 员工满意度调查数据百分比统计分析

对于有效样本,分别统计各问题的各类答案的百分比,以便进行比较分析,所得到的结果如表 10-10 所示。

表 10-10

员工满意度调查数据百分比统计表

序号	内容	答案		
		A 类答案(%)	B 类答案(%)	C 类答案(%)
3	您对公司的组织架构满意吗(第 3 题)	30.29	24.48	45.23
4	您对工作任务满意吗(第 4 题)	21.72	64.75	13.52
7-1	您对独立自主工作权满意吗(第 7 题)	66.94	32.66	0.40
7-2	您对上级参考下级意见的态度满意吗(第 7 题)	41.06	57.72	1.22
7-3	您对上级对下级的培养满意吗(第 7 题)	47.76	46.94	5.31
8-5	您对应得到的激励满意吗(第 8 题)	33.20	54.36	12.45
8-3	您对企业满意吗(第 8 题)	64.46	34.30	1.24

从表 10-10 的单项得分可以看出,满意率最高的是问题 7-1,达到 66.94%,员工对于工作的独立自主权最为满意,其次是问题 8-3,为 64.46%,对企业整体的感到满意,为企业感到骄傲。不满意率最高的是问题 3,多达 45% 的员工最不满意的是公司的组织架构,认为公司在架构的清晰、分工的明确上亟待改善。计算所有满意调查问题的所有百分比:

A 类答案百分比 = $\sum$ A 类答案$_i$ / ($\sum$ A 类答案$_i$ + $\sum$ B 类答案$_i$ + $\sum$ C 类答案$_i$),i = 3, 4, 7-1, 7-2, 7-3, 8-5, 8-3,从而得到表 10-11。

表 10-11

员工满意度调查数据百分比汇总表

A 类答案(%)	B 类答案(%)	C 类答案(%)
43.70	45.05	11.25

从表 10-11 可以看出,在所有满意度调查问题的回答百分比中,B 类所占的比例高达 45.05%,也就是说,四成以上的员工对所有问题所涉及的调查方面持一般的看法;A 类所占的比例高达 43.7%,也有四成以上的员工对所有问题所涉及的调查方面持一般的看法;C 类所占的比例为 11.25%,也即只有 11.25% 的员工不满意。

4. 员工满意度现状

这部分是详细统计在每个问题下,持不同态度的员工的分布状况,各种态度包括"很满意、一般、不满意",具体情况如表 10-12 所示。

表 10-12

员工满意度现状统计表

序号	内容	很满意(%)	一般(%)	不满意(%)	现状
3	您对公司的组织架构满意吗(第3题)	30.29	24.48	45.23	45.23%的员工对公司的组织架构不满意
4	您对工作任务满意吗(第4题)	21.72	64.75	13.52	64.75%的员工对工作任务表示一般
7-1	您对独立自主工作权满意吗(第7题)	66.94	32.66	0.40	66.94%的员工对工作的独立自主表示很满意
7-2	您对上级参考下级意见的态度满意吗(第7题)	41.06	57.72	1.22	41.60%的员工对上级参考下级的意见感到满意
7-3	您对上级对下级的培养满意吗(第7题)	47.76	46.94	5.31	47.76%的员工对上级下级的培养感到满意
8-5	您对应得到的激励满意吗(第8题)	33.20	54.36	12.45	12.45%的员工认为应该得到的激励没有得到
8-3	您对企业满意吗(第8题)	64.46	34.30	1.24	64.46%的员工对企业感到自豪

从表 10-12 的统计情况看,员工最感到满意的是"独立工作权",有占到 67% 的员工是这样认为的;而公司所存问题较大、让员工最不满意的是"公司的组织架构",多达 45% 的员工持有这种意见。但总的来看,员工对于本企业还是整体感到比较满意,仅有 1.24% 的员工感觉不满意。

5. 不同员工的满意度统计分析

本部分,将对公司管理人员和职工进行比较,以发掘这两类员工的意见有无差异。在分析中,我们将职位划分为中高层管理者和一般职员,没有注明职位或职位填写错误的作为缺失值处理。初步统计的数据如表 10-13 所示。

表 10-13

不同员工的满意度统计表

	内容	答案				有效样本	单项得分
		A类答案 3分	B类答案 2分	C类答案 1分	空缺		
3	您对公司的组织架构满意吗(第3题)	10	4	20	0	34	1.71
4	您对工作任务满意吗(第4题)	8	19	7	0	34	2.03
7-1 中高层管理人员	您对独立自主工作权满意吗(第7题)	25	9	0	0	34	2.74
7-2	您对上级参考下级意见的态度满意吗(第7题)	13	20	1	0	34	2.35
7-3	您对上级对下级的培养满意吗(第7题)	17	14	3	0	34	2.41
8-5	您对应得到的激励满意吗(第8题)	9	21	3	7	33	2.18
8-3	您对企业满意吗(第8题)	25	9	0	6	34	2.74

(续表)

	内容	答案				有效样本	单项得分
		A类答案 3分	B类答案 2分	C类答案 1分	空缺		
3	您对公司的组织架构满意吗(第3题)	44	33	51	2	128	1.95
4	您对工作任务满意吗(第4题)	26	85	15	4	126	2.09
7-1	您对独立自主工作权满意吗(第7题)	82	48	0	0	130	2.63
7-2	您对上级参考下级意见的态度满意吗(第7题)	49	79	1	1	129	2.37
7-3	您对上级对下级的培养满意吗(第7题)	63	59	6	2	128	2.45
8-5	您对应得到的激励满意吗(第8题)	52	61	13	4	126	2.31
8-3	您对企业满意吗(第8题)	86	42	1	1	129	2.66

(一般职工 为第2列合并标签)

我们需要就表 10-13 中最后两列的数据(两类公司职员的有效样本和单项得分),进行假设检验,其计算过程如表 10-14 所示。

表 10-14

不同员工的满意度检验计算表

中高层管理人员				一般职员			
单项得分 (X)	有效样本 (f)	xf	$(x-\bar{x})^2 f$	单项得分 (X)	有效样本 (f)	xf	$(x-\bar{x})^2 f$
1.71	34	58.14	12.2039	1.95	128	249.60	20.7978
2.03	34	69.02	2.6488	2.09	126	263.34	8.7214
2.74	34	93.16	6.3125	2.63	130	341.90	9.9682
2—35	34	79.90	0.0568	2.37	129	305.73	0.0369
2.41	34	81.94	0.3461	2.45	128	313.60	1.2021
2.18	33	71.94	0.5501	2.31	126	291.06	0.2340
2.74	34	93.16	6.3125	2.66	129	343.14	12.1509
合计	237	547.26	28.4307	合计	896	2 108.37	53.1111

根据表 10-14 的数据,可以得到:

中高层管理人员答卷单项得分的平均值和方差分别为:

$$\bar{x}_1 = \frac{\sum xf}{\sum f} = \frac{547.26}{237} = 2.3091$$

$$\sigma_1^2 = \frac{\sum(x-\bar{x})^2 f}{\sum f} = \frac{28.4307}{237} = 0.1110$$

一般职员答卷单项得分的平均值和方差分别为：

$$\bar{x}_2 = \frac{\sum xf}{\sum f} = \frac{2108.37}{896} = 2.3531$$

$$\sigma_2^2 = \frac{\sum(x-\bar{x})^2 f}{\sum f} = \frac{53.1111}{896} = 0.0593$$

按照两个正态总体（方差已知）的均值之差检验方法，建立以下假设：

$$H_0: \mu_1 = \mu_2, \quad H_1: \mu_1 \neq \mu_2$$

并计算统计量如下：

$$|Z| = \frac{|2.3091 - 2.3531|}{\sqrt{\frac{0.1110}{237} + \frac{0.0593}{896}}} = 1.8383$$

而在 $\alpha = 0.05$ 时，$Z_{1-\alpha/2} = Z_{0.975} = 1.96$，因为 $1.8383 < 1.96$，所以我们接受原假设。这说明，在 95% 的置信度下，我们认为中高层管理人员和一般职员的满意度是没有差别的。

细心的读者或许已经发现，本案例中分析的"员工满意度"仅涉及调查问卷中的第3、第4、第7、第8题。事实上，借助问卷中其他问题的调查结果，我们可以进行不同的统计分析，如关于企业竞争优势、企业未来风险来源、企业价值取向希望等内容的分析。但是，限于篇幅，在这里仅就员工满意度作了分析，希望能起到抛砖引玉的作用。

同时，透过上述案例分析过程，我们发现，利用对公司员工的问卷调查结果，可以进行各种形式的、不同目的的统计整理、统计分析，并且得到了丰富的分析结果。从而能有助于公司管理人员发现公司所存的问题，进而为公司的经营管理提供决策依据，为公司的进一步发展提供有力的保障。

第三节 审计实务中的统计学应用案例

审计抽样中的分层及其样本容量的确定

在审计抽样中，每一个样本单位的重要性是不同的。这就要求在抽样过程中，对于不同重要程度的单位应有不同的抽中概率。采用最优分层抽样技术及最优样本容量分配技术不仅是解决这一问题的有效方法，而且可以大幅度提高估计的精确度。

一、最优分层

所谓最优分层就是在分层抽样时选择层的最好的边界的方法,即如何决定各层之间最好的边界点 $y_h(h=1,2,3,\cdots,h-1)$ 来产生 h 层。当 $n_h=kW_hS_h$ 时,样本是最优分配的,而各层之间的边界点对一个具有固定的层的数目(h)将提供最小方差。

在理论上各层之间最好的边界 y_h(在层 h 和层 $h+1$ 之间的边界)应满足下列关系:

$$\frac{(y_h-\bar{Y}_h)^2+S_h^2}{S_h}=\frac{(y_{h+1}-\bar{Y}_{h+1})^2+S_{h+1}^2}{S_{h+1}}$$

式中,y_h 是第 h 层与第 $h+1$ 层之间的边界;S_h 是第 h 层的标准差;S_h^2 是第 h 层的方差。

由于会计资料的完整性,使得最优分层成为可能。但是,由理论公式直接确定各层边界在资料的取得和计算上仍然存在着一定的困难。因此,必须根据各单位会计工作的实际情况,采用不同的方法来确定最优分层的边界。在审计抽样中,以记账凭证建立的抽样框,其本质就是以记账凭证作为抽样的基本单位(但不一定是抽样的最终单位)。在如何取得各单位的记账凭证问题上,我们可以根据各单位是否实行了会计电算化和业务量的大小分成两种情况:一是该单位实行了会计电算化,全部记账凭证的详细资料可由该单位的数据库给出;二是该单位仍是手工记账,全部记账凭证的详细资料必须由手工查询。而手工记账的单位又可以分为两类,即业务量大的和业务量小的。

根据上述情况,审计抽样的最优分层可以分两类进行处理:

一类是实行了会计电算化的单位和虽然是手工记账但业务量少的单位,可按全部记账凭证的详细资料直接进行最优分层,其分层的公式为:

$$W_1S_1=W_2S_2=\cdots=W_hS_h$$

式中,$W_i(i=1,2,\cdots,h)$ 是各层单位数占总体单位数的比重;$S_i(i=1,2,\cdots,h)$ 是各层标准差。

另一类是业务量大但又是手工记账的单位,对于这类单位我们无法用全部记账凭证的详细资料进行最优分层(因为如果那样做的话其成本太高),这时我们应该采用二相抽样技术,即第一步先对总体进行随机抽样,以抽取一个比最终样本要大较多的初级样本,然后以初级样本的详细资料按上述方法进行最优分层,并在此基础上进行第二次抽样以得到最终样本。

下面我们用一个假定有 50 张记账凭证的单位作为例子来说明最优分层的实施过程。其资料如表 10-23 所示。

表 10-23

记账凭证的金额资料

编　号	金　额	编　号	金　额
1	10 001.00	26	53.00
2	120.00	27	1 947.00
3	477 360.00	28	300 000.00
4	42 870.37	29	300 000.00
5	26 500.00	30	189 540.00
6	25 000.00	31	331 334.00
7	4 312.80	32	541 071.90
8	25 000.00	33	37 440.00
9	6 458.00	34	54.80
10	180 000.00	35	400.00
11	430.00	36	135.90
12	3 000.00	37	30 000.00
13	189 540.00	38	267 961.80
14	139 809.60	39	2 560.00
15	11 184.77	40	851.38
16	12 582.86	41	30 000.00
17	350.00	42	327 015.00
18	40 000.00	43	63 390.60
19	2 000.00	44	600.00
20	400.00	45	611 377.13
21	300.00	46	634.80
22	80 000.00	47	218 639.00
23	7 399.00	48	47 323.40
24	80 000.00	49	1 327.50
25	200 000.00	50	19 191.77

首先，将记账凭证按金额进行等距分组，所得结果如表 10-24 所示。

表 10-24

记账凭证按金额进行等距分组的结果

按金额分组(元)	凭证数
122 317 以下	36
122 317~244 582	6
244 582~366 847	5
366 847~489 112	1
489 112~611 378	2
合　　计	50

其次，将最后两组合并（即最后一组组距为 366 847~611 378 元），并计算其 $W_h S_h$ 的值作为以下各层大小的标准。

最后，依次计算各组的 $W_i S_i$ 的值并与 $W_h S_h$ 的值进行比较和调整，使它们尽可能相等，其最终结果如表 10-25 所示。

表 10-25

记账凭证按金额分组的最终结果

按金额分组(元)	凭证数
2 000 以下	3
2 000~80 000	5
80 000~200 000	6
200 000~400 000	20
400 000 以上	16
合　　计	50

表 10-25 就是最优分层的结果。可以看出，虽然总体还是分为五层，但是各层的频数分布有了较大变化。

二、最优样本容量分配

最优样本容量分配是指能满足在固定费用下能使估计量的方差达到最小或对给定 $\bar{y}$ 的方差大小时能使总费用达到最小时样本容量在各层中的分配方法。其计算公式为：

$$n_h = n \cdot \frac{W_h S_h / \sqrt{C_h}}{\sum_{h=1}^{k} W_h S_h / \sqrt{C_h}} = \frac{n W_h S_h / \sqrt{C_h}}{\sum_{h=1}^{k} W_h S_h / \sqrt{C_h}}$$

式中，C_h 为各层抽样费用。

若各层抽样费用相等，则可以采用如下公式：

$$n_h = n \cdot \frac{N_h S_h}{\sum_{h=1}^{k} N_h S_h}$$

这里假定样本总容量为 $n=20$，且各层的调查费用相等。则各层的样本容量计算如表 10-26 所示。

表 10-26

各层的样本容量计算表

序号	各组凭证数 N	各组标准差 S	NS	NS/∑NS	n
1	3.00	67 035.59	201 106.77	0.2045	4.09
2	5.00	25 493.26	127 466.28	0.1296	2.59
3	6.00	26 288.90	157 733.40	0.1604	3.21
4	20.00	24 370.11	487 402.19	0.4955	9.91
5	16.00	620.14	9 922.29	0.0101	0.20
合　计	50.00	143 808.00	983 630.93	1.00	20.00

由于第一层只有三张凭证，所以第一层的所有凭证都要进行审计。另外，多出的一张凭证应再进行最优分配，并且各组应审计凭证张数的小数按四舍五入处理。经调整后各组样本容量分别为：$n_1=3$；$n_2=2$；$n_3=3$；$n_4=10$；$n_5=2$（注：因为每一层至少抽取两个单位，所以在例题中没有将小数作四舍五入处理，而是将两个单位都分配给了最后一组）。

三、最优分层和最优样本容量分配技术的抽样效率

在审计抽样中采用最优分层和最优样本容量分配技术，不仅使重要程度不同的记账凭证可以按不同的概率被抽中，还可以减少抽样误差，提高抽样估计的精确度。在纯随机抽样条件下样本方差为：

$$V(\bar{y}) = \frac{\sigma^2}{n} = \frac{21\ 378\ 117^2}{20} = 22\ 851\ 303\ 167$$

而运用最优样本容量分配技术抽样时的样本方差为：

$$V(\bar{y}) = \frac{(\sum_{h=1}^{k} W_h S_h)^2}{n} - \frac{\sum_{h=1}^{k} W_h S_h^2}{N}$$

将例题资料代入公式进行计算过程如表 10-27 所示。

表 10-27

最优样本容量技术抽样的样本方差计算表

序号	W	S	WS	S²	WS²
1	0.06	67 035.59	4 022.14	4 493 770 450	269 626 227
2	0.10	25 493.26	2 549.33	649 906 100	64 990 661
3	0.12	26 288.90	3 154.67	691 106 227	82 932 747
4	0.40	24 370.11	9 748.04	593 902 233	237 560 893
5	0.32	620.14	198.45	384 577	123 065
合　计	1.00	—	19 672.62	—	655 233 542

最优样本容量分配的样本方差为：

$$V(\bar{y}) = \frac{(\sum_{h=1}^{k} W_h S_h)^2}{n} - \frac{\sum_{h=1}^{k} W_h S_h^2}{N} = \frac{19\,672\,162^2}{20} - \frac{655\,233\,542}{50}$$

$$= 6\,245\,925\,109$$

现在，我们可以计算：

抽样效率＝复杂样本所得的估计量的方差÷简单随机样本所得的估计量的方差

＝6 245 925 109÷22 851 303 167＝0.127

从以上结果可以看出，由于会计业务的发生金额相差悬殊，采用最优分层技术和最优样本容量分配技术所取得的收益是巨大的；同时，也由于会计核算体系的特点和要求，使得在审计抽样中运用最优分层技术和最优样本容量分配技术成为可能。

各章习题参考答案

第一章 绪 论

（本章无习题）

第二章 统计调查

（本章无习题）

第三章 统计整理

3.1 本题编制的是单变量数列，如下：

年 龄	学 生 数	频 率(%)
18	4	13.3
19	7	23.3
20	12	40.0
21	5	16.7
22	2	6.7
合 计	30	100.0

3.2 (1)所求次数分配表如下：

按日加工零件数分组(件)	各组人数(频数)	频 率(%)
50～60	7	17.5
60～70	7	17.5
70～80	9	22.5
80～90	11	27.5
90～100	6	15.0
合 计	40	100.0

(2) 分组标志为"日加工零件数",其类型为"数量标志"。分组方法为:闭口式的、组距式分组。工人日加工零件数的分布呈两头小、中间大的"正态分布"的形态。

3.3 编制的数列如下:

支出(元)	次 数		向上累计		向下累计	
	户数(户)	比重(%)	户数(户)	比重(%)	户数(户)	比重(%)
650～700	4	10.0	4	10.0	40	100.0
700～750	13	32.5	17	42.5	36	90.0
750～800	18	45.0	35	87.5	23	57.5
800～950	3	7.5	38	95.0	5	12.5
850～900	2	5.0	40	100.0	2	5.0
合　　计	40	100.0	—	—	—	—

3.4 (1) 编制的该学院专业八级考试成绩统计表(简单表)如下:

系　　别	人　　数　　(人)				
	60分以下	60～70分	70～80分	80分以上	合　计
会　计	3	4	—	—	7
金　融	1	5	—	1	7
商　贸	3	10	2	3	18
合　　计	7	19	2	4	32

(2) 编制的该学院专业八级考试成绩统计表(复合表)如下:

系　　别	人　　数　　(人)				
	60分以下	60～70分	70～80分	80分以上	合　计
会计	3	4	—	—	7
男	1	3	—	2	4
女	2	1	—	2	3
金融	1	5	—	1	7
男	—	2	—	1	3
女	1	3	—	—	4
商贸	3	10	2	3	18
男	1	6	2	1	10
女	2	4	0	2	8
总　　计	7	19	2	4	32

第四章 综合指标

4.1 销售利润率超额完成 50%;劳动生产率完成计划的 100.48%;单位产品成本实际比计划多下降 0.5 个百分点。

4.2 可以据以计算如下相对指标:

(1) 结构相对数:2003 年的皮鞋产量中,男鞋约占 44%,女鞋约占 56%;

(2) 比例相对数:2004 年的皮鞋产量中,男鞋与女鞋的比例为 20:29;

(3) 比较相对数:2004 年该地区的皮鞋产量为同类发达地区的 94.2%;

(4) 动态相对数:2004 年该地区的皮鞋产量是 2003 年的 119.5%,即 2004 年比 2003 年的产量增长达 19.5%。

(5) 强度相对数:2004 年该地区皮鞋厂职工的人均皮鞋产量为 2 800 双/人;

(6) 计划完成相对数:2004 年男鞋的产量完成了计划数的 105.3%,即比计划超额完成了 5.3%。

(以上解答仅为部分举例,还可以进行列表计算更多的数据)

4.3

部门	2004 年				2003 年实际销售额	2004 年比 2003 年增长(%)
	计划		实际			
	销售额	比重(%)	销售额	比重(%)		
A	600	30	644	28	560	15
B	400	20	437	19	380	15
C	1 000	50	1 219	53	900	35.4
合计	2 000	100	2 300	100	1 840	25

4.4 7 月份平均每人日产量为 37 件,8 月份平均每人日产量为 44 件。

根据计算结果得知 8 月份比 7 月份平均每人日产量多 7 件,其原因是不同日产量水平的工人所占比重发生变化所致。7 月份工人日产量在 40 件以上的工人只占全部工人数的 40%,而 8 月份这部分工人所占比重增加为 66.67%。

4.5 (1) 不加权:2.10 元/千克;

(2) 加权:2.04 元/千克;

(3) 加权调和:2.04 元/千克。

4.6 (1) 该 426 名旅客的人均月交通费为 619.5 元;

(2) 依下限公式计算得到中位数为 644.6 元，依下限公式计算得到众数为 652.6 元。

4.7 乙班学生成绩的标准差系数为：

$$v_{\sigma乙} = \frac{\sigma_乙}{\bar{x}_乙} = \frac{9.29}{77.4} = 0.1200$$

而甲班学生成绩的标准差系数为：

$$v_{\sigma甲} = \frac{\sigma_甲}{\bar{x}_甲} = \frac{9}{70} = 0.1286$$

因为 0.1286＞0.1200，所以乙班的平均成绩更有代表性。

4.8 计算列表如下：

指　　标	根据第四次人口普查调整数	
	1982 年	1990 年
人口总数（万人）	101 654	114 333
男	52 352	58 904
女	49 302	55 429
(1) 男性人口占总人口比重(%)	51.5	51.5
(2) 女性人口占总人口比重(%)	48.5	48.5
(3) 性别比例	1.06∶1	1.06∶1
(4) 人口密度（人/平方公里）	106	119
(5) 人口增长速度(%)	—	12.5

在所计算的相对指标中，(1) 和(2) 为结构相对数；(3) 为比例相对数；(4) 为强度相对数；(5) 为动态相对数。

4.9 (1) 用总量指标进行对比，通过计算列表如下：

项　　目	单　　位	A 国	B 国	A 国为 B 国的%
人口数	万人	25 870	21 682	119.32
劳动力就业数	万人	11 884	8 749	135.83
国民生产总值	亿美元	9 370	16 920	55.38
国民收入	亿美元	6 220	9 350	66.52
谷物总产量	万吨	18 795	26 143	71.89
钢产量	万吨	14 700	11 600	126.72
军费开支	亿美元	1 270	1 027	123.66

(2) 用强度相对指标进行对比，通过计算列表如下：

项 目	A 国	B 国	A 国为 B 国的%
人均国民生产总值（美元/人）	3 622	7 804	46.41
人均国民收入（美元/人）	2 404	4 312	55.75
人均谷物产量（千克/人）	727	1 206	60.27
人均钢产量（千克/人）	568	535	106.21
人均负担军费开支（美元/人）	491	474	103.59
平均每万人的就业人数	4 594	4 035	113.85

从以上两分析表中可以看出，A 国在钢的产量和军费开支两方面，不论从总量指标还是从强度相对数看，均高于 B 国，而其他经济指标却远低于 B 国。可见，A 国比 B 国更重视钢的生产和军队建设。

第五章　动　态　数　列

5.1　8 月份非直接生产人员平均人数为 194.6 人；
8 月份全部职工平均人数为 992.4 人。

5.2　(1) 上半年平均库存额为 100.834 万元；
(2) 下半年平均库存额为 105.5 万元；
(3) 全年商品库存额为 103.167 万元。

5.3　(1) 计算如下：

年份	产量（万吨）	增长量（万吨）		发展速度（%）		增长速度（%）		增长1%的绝对值
		逐期	累计	环比	定基	环比	定基	
1999	353	—	—	100	—	—	—	—
2000	368	15	15	104.25	104.25	4.25	4.25	3.53
2001	385	17	32	104.62	109.07	4.62	9.07	3.68
2002	413	28	60	107.27	117.00	7.27	17.00	3.85
2003	428	15	75	103.63	121.25	3.63	21.25	4.13
2004	450	22	97	105.14	127.48	5.14	27.48	4.28

(2) 平均增长量为 19.4 万吨，平均发展速度为 104.98%；
(3) 如按 106.98% 的速度发展到 6 年，则 2010 年的产量将达到 675 万吨。

5.4　根据：逐期增长量是报告期水平减去前期水平，环比发展速度是报告期水平与

前期水平之比,环比增长速度是环比发展速度减1,增长1%的绝对值是前期水平的1%。计算结果如下:

年 份	总产值(万元)	环比动态指标			
		增长量(万元)	发展速度(%)	增长速度(%)	增长1%的绝对值(万元)
1999	741	—	—	—	—
2000	800	59	107.96	7.96	7.41
2001	925	125	115.63	15.63	8.00
2002	996	71	107.68	7.68	9.25
2003	1 122	126	112.65	12.65	9.96
2004	1 238	116	110.34	10.34	11.22

年平均增长量为:99.5万元,年平均增长速度为:10.82%。

5.5 2010年应达到的粮食产量为56.985亿千克;
粮食产量每年平均增长速度应为4.01%。

5.6 (1) 计算结果如下:

单位:万元

月 份	销 售 额	三项移动平均	四项移动平均		五项移动平均
			第一次移动	第二次移动	
1	650				
2	900	600	550		
3	250	516.67	562.5	556.25	580
4	400	450	562.5	562.5	630
5	700	666.67	575	568.75	510
6	900	633.33	600	587.5	560
7	300	566.67	625	612.5	640
8	500	533.33	675	650	720
9	800	800	700	687.5	620
10	1 100	766.67	725	712.5	680
11	400	700	762.5	743.75	770
12	600	650	800	781.25	860
13	950	933.33	887.5	843.75	790
14	1 250	983.33	950	918.75	880
15	750	950			
16	850				

(2) 计算结果如下：

项 目	2001年	2002年	2003年	2004年	合 计	季平均数	季节比率(%)
第1季度	650	700	800	950	3 100	775	109.73
第2季度	900	900	1 100	1 250	4 150	1 037.5	146.90
第3季度	250	300	400	750	1 700	425	60.18
第4季度	400	500	600	850	2 350	587.5	83.19
合 计	2 200	2 400	2 900	3 800	11 300	706.25	400.00

第六章 统 计 指 数

6.1 (1) 三种商品销售量个体指数分别为110%、95%和100%；

(2) 三种商品销售量总指数为100.67%；

(3) 销售量变化对销售额的影响为4万元。

6.2 总成本指数为130%；产量总指数为125.44%；单位成本总指数为103.63%。

6.3 总产值指数为104.08%，总产值增加量为32 000元；

产量指数为100.51%，因产量变动导致总产值增加量为4 000元；

价格指数为103.55%，因出厂价格变动导致总成本增加量为28 000元；

因素分析：从相对数看：104.08%＝100.51%×103.55%

从绝对数看：32 000元＝4000元＋28 000元

分析说明：由于报告期产量比基期增加0.51%，出厂价格提高3.55%，使得总产值报告期比基期增加4.08%。产量增加使得总产值增加4 000元，产量增加使得总产值增加28 000元，两类因素共同作用的结果使总产值增加32 000元。

6.4 (1) 总平均工资指数为114.17%；

(2) 平均工资水平固定指数为113.29%，工人人数结构指数为100.78%；

(3) 由于各组工人平均工资变动，使总平均工资提高13.29%；由于工人人数结构变动，使总平均工资提高0.78%。两者共同的影响作用，使得总平均工资提高14.17%。

6.5 该村今年比去年的稻谷收割量增长了107.5%，共计126 000千克。其中，受种植面积增长的影响为105%，共计84 000千克；受亩产量增长影响为102.38%，共计42 000千克。

6.6 (1) 列表计算各种商品的零售物价个体指数如下：

商品名称	调整前		调整后		各种商品个体指数(%) p_1/p_0	销售金额(万元)		
	销售单价 p_0	销售量 q_0	销售单价 p_1	销售量 q_1		p_0q_0	p_0q_1	p_1q_1
蔬菜	1.6	5	1.8	5.2	112.5	8 000	8 320	9 360
猪肉	12.8	4.46	14	5.52	109.4	57 088	70 656	77 280
鲜蛋	4.4	1.2	4.8	1.15	109.1	5 280	5 060	5 520
水产品	8.5	1.15	10	1.3	117.6	9 775	11 050	13 000
合计	—	—	—	—	—	80 143	95 086	105 160

(2) 由上表中的数据：

$$四种商品物价总指数 = \frac{\sum p_1 q_1}{\sum p_0 q_1} = \frac{105\ 160}{95\ 086} = 110.6\%$$

$$四种商品销售量总指数 = \frac{\sum q_1 p_0}{\sum q_0 p_0} = \frac{95\ 086}{80\ 143} = 118.6\%$$

(3) 由上表中数据计算：

由于全部商品价格变动使该市居民增加支出的金额为：

$$\sum p_1 q_1 - \sum p_0 q_1 = 105\ 160 - 95\ 086 = 10\ 074(万元)$$

其中，　　　蔬菜价格的变动增加支出的金额 = 9 360 − 8 320 = 1 040(万元)
　　　　　　猪肉价格的变动增加支出的金额 = 77 280 − 70 656 = 6 624(万元)
　　　　　　鲜蛋价格的变动增加支出的金额 = 5 520 − 5 060 = 460(万元)
　　　　　　水产品价格的变动增加支出的金额 = 13 000 − 11 050 = 1 950(万元)

通过分析可以看出，猪肉的价格变动影响最大，占居民增加支出金额的 65.75%，其次是水产品，占居民增加支出金额的 19.4%。

6.7 首先，根据已知资料计算有关数据如下：

产品名称	单位	2004年销售额 $q_0 p_0$	销售量指数(%) $K_q = q_1/q_0$	价格指数(%) $K_p = p_1/p_0$	以2004年价格计算的2005年销售额(万元) $q_1 p_0 = K_q q_0 p_0$	2005年销售额(万元) $q_1 p_1 = K_p K_q q_0 p_0$
甲	吨	80	102	100	81.6	81.6
乙	件	90	103.5	102	93.2	94.6
丙	台	120	104	96	124.8	119.8
合计	—	290	—	—	299.6	296

根据上表资料计算：

$$产品销售额总指数 = \frac{\sum p_1 q_1}{\sum p_0 q_0} = \frac{\sum K_p K_q p_0 q_0}{\sum p_0 q_0} = \frac{296}{290} = 102.1\%$$

即 2005 年比 2004 年销售额增长 2.1%。

$$增加绝对额 = \sum p_1 q_1 - \sum p_0 q_0 = \sum K_p K_q p_0 q_0 - \sum p_0 q_0$$
$$= 296 - 290 = 6(万元)$$

(1) 由于价格变动的影响程度为：

$$价格总指数 = \frac{\sum p_1 q_1}{\sum p_0 q_1} = \frac{\sum K_p K_q p_0 q_0}{\sum K_q p_0 q_0} = \frac{296}{299.6} = 98.8\%$$

即由于价格变动使得 2005 年销售额比 2004 年减少了 1.2%。

$$影响的绝对额 = \sum p_1 q_1 - \sum p_0 q_1 = \sum K_p K_q p_0 q_0 - \sum K_q p_0 q_0$$
$$= 296 - 299.6 = -3.6(万元)$$

(2) 由于销售量变动的影响程度为：

$$销售量总指数 = \frac{\sum p_0 q_1}{\sum p_0 q_0} = \frac{\sum K_q p_0 q_0}{\sum p_0 q_0} = \frac{299.6}{290} = 103.3\%$$

即由于销售量变动使得 2005 年销售额比 2004 年增加了 3.3%。

$$影响绝对额 = \sum p_0 q_1 - \sum p_0 q_0 = \sum K_q p_0 q_0 - \sum p_0 q_0 = 299.6 - 290 = 9.6(万元)$$

第七章 抽样调查

7.1 (1) 该校所有学生中有储蓄存款者所占比率的区间范围为 $81\% \pm 3.2\%$；

(2) 该校所有学生的人均存款金额的区间范围为 3400 ± 40.82 元。

7.2 (1) 如按重复抽样方法,该批产品合格率在 93.28%～98.72% 之间。

(2) 按不重复抽样方法,这批产品的废品率在 1.3%～6.7% 之间。因此,不能认为这批产品的废品率不超过 5%。

7.3 本题属于小样本情况下,总体均值的估计问题。

在 90% 的概率保证下,该学院所有学生的平均体重在 62.29～68.57 千克之间。

7.4 这批瓜子包装的平均重量范围为 498.7～502.3 克,因此,可以认为这批瓜子的包装没达到规定的重量要求。

7.5 (1) 该新型灯泡的平均寿命的区间范围是 (4 440, 4 560) 小时。

(2) 此时应抽取 900 只灯泡进行测试。

7.6 由题意,$n=500, n_1=175, p=\dfrac{n_1}{n}=\dfrac{175}{500}=0.35$

所以
$$\mu_p=\sqrt{\dfrac{p(1-p)}{n}}=\sqrt{\dfrac{0.35\times(1-0.35)}{500}}=0.0213$$

又因为 $F(t)=95\%$,所以 $t=1.96$

从而
$$\Delta_p=t\cdot\mu_p=1.96\times0.0213=0.0417$$

所以区间范围为 $(p-\Delta_p, p+\Delta_p)$,即为 $(0.35-0.0417, 0.35+0.0417)$。这就是说,可以有 95% 的把握估计喜欢这一专题节目的观众比例为 31%~39%。

若希望估计的极限误差不超过 5%,则:
$$t=\dfrac{\Delta_p}{\mu_p}=\dfrac{5\%}{0.0213}\approx2.5$$

从而 $F(t)=94.51\%$,即此时有 94.51% 的把握。

第八章 假设检验

8.1 属于总体方差已知的总体均值的左侧检验。

显著性水平为 $\alpha=0.05$ 时,$-Z_\alpha=-Z_{0.05}=-1.645$,

(1) 检验统计量值为:$Z=-0.83>-Z_\alpha$,接受原假设;

(2) 检验统计量值为:$Z=-1.83<-Z_\alpha$,拒绝原假设。

8.2 属于正态总体方差未知(且为小样本),对均值的假设检验问题。

计算得 $\bar{x}=0.6583, S=0.09327$,从而检验统计量值为 $t=1.9323$,

查 t 分布表,得到 $t_{1-\alpha/2}(n-1)=t_{0.975}(19)=2.093$,

所以接受 H_0,即可认为该厂生产的工艺品框架宽与长的平均比例为 0.618。

8.3 属于两正态总体(方差已知)均值之差的假设检验问题。

问题归结为在 $\alpha=0.05$ 下,检验假设 $H_0: \mu_1-\mu_2=5, H_1: \mu_1-\mu_2\neq5$。

计算统计检验量 $Z=5.145$,查表得 $Z_{1-\alpha/2}=Z_{0.975}=1.96$。

所以拒绝 H_0,即认为两种操作的平均装配时间之差不等于 5 分钟。

8.4 属于单一总体成数的假设检验问题。

$$H_0: P=0.3, H_1: P\neq0.3$$

计算检验统计量为 $Z=3.45$,查表得 $Z_{\alpha/2}=Z_{0.025}=1.96$。

拒绝原假设,即认为该市高校男教师所占比例较 5 年前发生了显著变化。

8.5 可以归结为两个总体方差之比的假设检验问题。

$$H_0: \sigma_1^2=\sigma_2^2, H_1: \sigma_1^2\neq\sigma_2^2$$

计算检验统计量为 $F=8.28$,根据 $\alpha=0.05$ 与自由度 $(24,21)$ 查表得临界值为: $\lambda_1=0.43$, $\lambda_2=2.37$,所以 $F=8.28$ 落在拒绝域内,拒绝原假设。即认为这两部机器包装袋茶的情况存在显著差异。

8.6 已知总体分布呈正态分布, σ^2 未知,但 S^2 已知,所以采用 t 作为检验统计量。

提出原假设 $H_0: \overline{X}=2\,500$ 元,被择假设 $H_1: \overline{X}\neq 2\,500$ 元

取 $\alpha=0.05$,已知 $n-1=16-1=15$,查 t 分布表,得 $t_\alpha(n-1)=t_{0.05}(15)=2.31$

而 $t=\dfrac{\bar{x}-\overline{X}_0}{S/\sqrt{n}}=\dfrac{2\,660-2\,500}{480/\sqrt{16}}=1.33$

因为 $1.33<2.33$(t 的取值落在拒绝域外),所以接受 H_0,而拒绝 H_1,即认为市郊食品店的平均月销售额在统计上没有发生显著变化。

第九章 相关与回归分析

9.1 相关系数为 0.8114,所以两者之间存在较为高度的正相关关系,即随着机器的使用年限增长,所需的维修费用也将增加。

9.2 (1) 人均产值与销售利润之间的相关系数为 0.559,所以,两者存在较为显著的正相关关系。

(2) 回归方程为: $y_c=4.76+34.3x$。

回归系数 b 的含义为:人均产值每增加 1 万元时,该厂的销售利润将平均增加 34.30 万元。

(3) 若某厂的人均产值为 2 万元,可推算其销售利润为 73.36 万元。

9.3 (1) 回归直线方程: $y=94.1397+5.2961x$。

(2) 估计标准误差: $S_{yx}=4.9717$。

(3) $R^2=0.9713$,这表明在总离差中,有 97.13% 可以由在校学生人数教育经费的依存关系来解释,而有 2.87% 属于随机因素的影响,说明此回归方程拟合程度非常好。

(4) $x=30$ 时, $y=94.1397+5.2961\times 30\approx 253$(亿元)。

9.4 (1) 回归直线方程: $y=-21.82+0.15x$。

(2) F 检验:

在置信水平 $\alpha=0.05$ 下查 F 分布表得: $F_{0.05}(1,6)=5.99$。

由于 $F=450>F_{0.05}(1,6)=5.99$,通过检验。所以认为,回归方程在置信水平 $\alpha=0.05$ 下是显著的。

(3) $x=2\,000$ 时, $y=-21.82+0.15\times 2\,000=278.18$ 万元。

9.5 (1) 亩产量与降雨量、温度之间的相关系数分别为 0.9703、0.9966,因此亩产量与降雨量、亩产量与温度之间都存在着较显著的线性相关关系。

(2) 回归直线方程：$y=131.58+0.5267x_1+37.7099x_2$.

(3) 对方程显著性的检验（F 检验）.

在置信水平 $\alpha=0.05$ 下查 F 分布表得：$F_{0.05}(2,4)=6.94$.

由于 $F=332>F_{0.05}(2,4)=6.94$，通过检验. 所以认为，回归方程在置信水平 $\alpha=0.05$ 下是显著的.

对回归系数显著性的检验（t 检验）：

可计算得：$t_1=0.8521, t_2=5.9281$，而 $t_{0.025}(4)=2.7765$.

所以 $t_1<t_{0.025}(4)$，x_1 没通过显著性检验；$t_2>t_{0.025}(4)$，x_2 通过显著性检验. 从而，可以认为变量 x_1 是不显著的，即降雨量对水稻亩产量的影响是不显著的，并且应从回归方程中剔除出去.

9.6 首先列表计算如下：

工厂编号	固定资产 x	总产值 y	x^2	y^2	xy
1	318	524	101 124	274 576	166 632
2	910	1 019	828 100	1 038 361	927 290
3	200	632	40 000	407 044	127 600
4	409	815	167 281	664 225	333 335
5	415	913	172 225	833 569	387 895
6	502	928	252 004	861 184	465 856
7	314	605	98 596	3 366 025	189 970
8	1 210	1 516	1 464 100	2 298 256	1 834 360
9	1 022	1 219	1 044 484	1 485 961	1 245 818
10	1 225	1 624	1 500 625	2 637 376	1 989 400
合计	6 525	9 801	5 668 539	10 866 577	7 659 156

根据上表数据：

(1) 计算相关系数：

$$r=\frac{n\sum xy-\sum x\sum y}{\sqrt{n\sum x^2-(\sum x)^2}\sqrt{n\sum y^2-(\sum y)^2}}$$

$$=\frac{10\times 7\,659\,156-6\,525\times 9\,801}{\sqrt{10\times 5\,668\,539-6\,525^2}\times\sqrt{10\times 10\,866\,577-9\,801^2}}$$

$$=0.948>0.80$$

以上计算结果表明，生产性固定资产价值和总产值间存在高度直线正相关关系.

(2) 设 $y_c = a + bx$,由最小二乘法有：

$$b = \frac{n\sum xy - \sum x \sum y}{n\sum x^2 - (\sum x)^2} = \frac{10 \times 7\,659\,156 - 6\,525 \times 9\,801}{10 \times 5\,668\,539 - 6\,526^2} = 0.8958$$

$$a = \frac{\sum y - b\sum x}{n} = \frac{9\,801 - 0.8958 \times 6\,525}{10} = 395.59$$

所以,回归直线方程为 $y_c = 395.59 + 0.8958x$

(3) 计算估计标准误差：

$$S_{yx} = \sqrt{\frac{\sum y^2 - a\sum y - b\sum xy}{n}}$$

$$= \sqrt{\frac{10\,886\,577 - 395.59 \times 9\,801 - 0.8958 \times 7\,659\,156}{10}}$$

$$= 113.28(万元)$$

(4) 当生产性固定资产为 1 100 万元时,工厂的总产值可能为：

$$y_c = 395.59 + 0.8958x = 395.59 + 0.8958 \times 1\,100 = 1\,380.97(万元)$$

第十章 统计学综合应用案例

(本章无习题)

附表

常用统计表

表1 正态分布表

如 $P(0<Z<0.24)=$ 0.0948

z	0.00	0.01	0.02	0.03	0.04	0.05	0.06	0.07	0.08	0.09
0.0	0.0000	0.0040	0.0080	0.0120	0.0160	0.0199	0.0239	0.0279	0.0319	0.0359
0.1	0.0398	0.0438	0.0478	0.0517	0.0557	0.0596	0.0636	0.0675	0.0714	0.0753
0.2	0.0793	0.0832	0.0871	0.0910	0.0948	0.0987	0.1026	0.1064	0.1103	0.1141
0.3	0.1179	0.1217	0.1255	0.1293	0.1331	0.1368	0.1406	0.1443	0.1480	0.1517
0.4	0.1554	0.1591	0.1628	0.1664	0.1700	0.1736	0.1772	0.1808	0.1844	0.1879
0.5	0.1915	0.1950	0.1985	0.2019	0.2054	0.2088	0.2123	0.2157	0.2190	0.2224
0.6	0.2257	0.2291	0.2324	0.2357	0.2389	0.2422	0.2454	0.2486	0.2517	0.2549
0.7	0.2580	0.2611	0.2642	0.2673	0.2704	0.2734	0.2764	0.2794	0.2823	0.2852
0.8	0.2881	0.2910	0.2939	0.2967	0.2995	0.3023	0.3051	0.3078	0.3106	0.3133
0.9	0.3159	0.3186	0.3212	0.3238	0.3264	0.3289	0.3315	0.3340	0.3365	0.3389
1.0	0.3413	0.3438	0.3461	0.3485	0.3508	0.3531	0.3554	0.3577	0.3599	0.3621
1.1	0.3643	0.3665	0.3686	0.3708	0.3729	0.3749	0.3770	0.3790	0.3810	0.3830
1.2	0.3849	0.3869	0.3888	0.3907	0.3925	0.3944	0.3962	0.3980	0.3997	0.4015
1.3	0.4032	0.4049	0.4066	0.4082	0.4099	0.4115	0.4131	0.4147	0.4162	0.4177
1.4	0.4192	0.4207	0.4222	0.4236	0.4251	0.4265	0.4279	0.4292	0.4306	0.4319
1.5	0.4332	0.4345	0.4357	0.4370	0.4382	0.4394	0.4406	0.4418	0.4429	0.4441
1.6	0.4452	0.4463	0.4474	0.4484	0.4495	0.4505	0.4515	0.4525	0.4535	0.4545
1.7	0.4554	0.4564	0.4573	0.4582	0.4591	0.4599	0.4608	0.4616	0.4625	0.4633
1.8	0.4641	0.4649	0.4656	0.4664	0.4671	0.4678	1.4686	0.4693	0.4699	0.4706
1.9	0.4713	0.4719	0.4726	0.4732	0.4738	0.4744	0.4750	0.4756	0.4761	0.4767
2.0	0.4772	0.4778	0.4783	0.4788	0.4793	0.4798	0.4803	0.4808	0.4812	0.4817
2.1	0.4821	0.4826	0.4830	0.4834	0.4838	0.4842	0.4846	0.4850	0.4854	0.4857
2.2	0.4861	0.4864	0.4868	0.4871	0.4875	0.4878	0.4881	0.4884	0.4887	0.4890
2.3	0.4893	0.4896	0.4898	0.4901	0.4904	0.4906	0.4909	0.4911	0.4913	0.4916
2.4	0.4918	0.4920	0.4922	0.4925	0.4927	0.4929	0.4931	0.4932	0.4934	0.4936
2.5	0.4938	0.4940	0.4941	0.4943	0.4945	0.4946	0.4948	0.4949	0.4951	0.4952
2.6	0.4953	0.4955	0.4956	0.4957	0.4959	0.4960	0.4961	0.4962	0.4963	0.4964
2.7	0.4965	0.4966	0.4967	0.4968	0.4969	0.4970	0.4971	0.4972	0.4973	0.4974
2.8	0.4974	0.4975	0.4976	0.4977	0.4977	0.4978	0.4979	0.4979	0.4980	0.4981
2.9	0.4981	0.4982	0.4982	0.4983	0.4984	0.4984	0.4985	0.4985	0.4986	0.4986
3.0	0.4987	0.4987	0.4987	0.4988	0.4988	0.4989	0.4989	0.4989	0.4990	0.4990

表2 t 分 布 表

如 $df=5, P(t > \boxed{2.015048})=0.05$

P\df	0.40	0.25	0.10	0.05	0.025	0.01	0.005	0.0005
1	0.324920	1.000000	3.077684	6.313752	12.70620	31.82052	63.65674	636.619
2	0.288675	0.816497	1.885618	2.919986	4.30265	6.96456	9.92484	31.5991
3	0.276671	0.764892	1.637744	2.353363	3.18245	4.54070	5.84091	12.9240
4	0.270722	0.740697	1.533206	2.131847	2.77645	3.74695	4.60409	8.6103
5	0.267181	0.726687	1.475884	$\boxed{2.015048}$	2.57058	3.36493	4.03214	6.8688
6	0.264835	0.717558	1.439756	1.943180	2.44691	3.14267	3.70743	5.9588
7	0.263167	0.711142	1.414924	1.894579	2.36462	2.99795	3.49948	5.4079
8	0.261921	0.706387	1.396815	1.859548	2.30600	2.89646	3.35539	5.0413
9	0.260955	0.702722	1.383029	1.833113	2.26216	2.82144	3.24984	4.7809
10	0.260185	0.699812	1.372184	1.812461	2.22814	2.76377	3.16927	4.5869
11	0.259556	0.697445	1.363430	1.795885	2.20099	2.71808	3.10581	4.4370
12	0.259033	0.695483	1.356217	1.782288	2.17881	2.68100	3.05454	4.3178
13	0.258591	0.693829	1.350171	1.770933	2.16037	2.65031	3.01228	4.2208
14	0.258213	0.692417	1.345030	1.761310	2.14479	2.62449	2.97684	4.1405
15	0.257885	0.691197	1.340606	1.753050	2.13145	2.60248	2.94671	4.0728
16	0.257599	0.690132	1.336757	1.745884	2.11991	2.58349	2.92078	4.0150
17	0.257347	0.689195	1.333379	1.739607	2.10982	2.56693	2.89823	3.9651
18	0.257123	0.688364	1.330391	1.734064	2.10092	2.55238	2.87844	3.9216
19	0.256923	0.687621	1.327728	1.729133	2.09302	2.53948	2.86093	3.8834
20	0.256743	0.686954	1.325341	1.724718	2.08596	2.52798	2.84534	3.8495
21	0.256580	0.686352	1.323188	1.720743	2.07961	2.51765	2.83136	3.8193
22	0.256432	0.685805	1.321237	1.717144	2.07387	2.50832	2.81876	3.7921
23	0.256297	0.685306	1.319460	1.713872	2.06866	2.49987	2.80734	3.7676
24	0.256173	0.684850	1.317836	1.710882	2.06390	2.49216	2.79694	3.7454
25	0.256060	0.684430	1.316345	1.708141	2.05954	2.48511	2.78744	3.7251
26	0.255955	0.684043	1.314972	1.705618	2.05553	2.47863	2.77871	3.7066
27	0.255858	0.683685	1.313703	1.703288	2.05183	2.47266	2.77068	3.6896
28	0.255768	0.683353	1.312527	1.701131	2.04841	2.46714	2.76326	3.6739
29	0.255684	0.683044	1.311434	1.699127	2.04523	2.46202	2.75639	3.6594
30	0.255605	0.682756	1.310415	1.697261	2.04227	2.45726	2.75000	3.6460
∞	0.253347	0.674490	1.281552	1.644854	1.95996	2.32635	2.57583	3.2905

表3 χ^2分布表

如当 $df=5, P(\chi^2 > \boxed{12.83250}) = 0.025$

df \ P	0.950	0.900	0.500	0.100	0.050	0.025	0.010	0.005
1	0.00393	0.01579	0.45494	2.70554	3.84146	5.02389	6.63490	7.87944
2	0.10259	0.21072	1.38629	4.60517	5.99146	7.37776	9.21034	10.59663
3	0.35185	0.58437	2.36597	6.25139	7.81473	9.34840	11.34487	12.83816
4	0.71072	1.06362	3.35669	7.77944	9.48773	11.14329	13.27670	14.86026
5	1.14548	1.61031	4.35146	9.23636	11.07050	$\boxed{12.83250}$	15.08627	16.74960
6	1.63538	2.20413	5.34812	10.64464	12.59159	14.44938	16.81189	18.54758
7	2.16735	2.83311	6.34581	12.01704	14.06714	16.01276	18.47531	20.27774
8	2.73264	3.48954	7.34412	13.36157	15.50731	17.53455	20.09024	21.95495
9	3.32511	4.16816	8.34283	14.68366	16.91898	19.02277	21.66599	23.58935
10	3.94030	4.86518	9.34182	15.98718	18.30704	20.48318	23.20925	25.18818
11	4.57481	5.57778	10.34100	17.27501	19.67514	21.92005	24.72497	26.75685
12	5.22603	6.30380	11.34032	18.54935	21.02607	23.33666	26.21697	28.29952
13	5.89186	7.04150	12.33976	19.81193	22.36203	24.73560	27.68825	29.81947
14	6.57063	7.78953	13.33927	21.06414	23.68479	26.11895	29.14124	31.31935
15	7.26094	8.54676	14.33886	22.30713	24.99579	27.48839	30.57791	32.80132
16	7.96165	9.31224	15.33850	23.54183	26.29623	28.84535	31.99993	34.26719
17	8.67176	10.08519	16.33818	24.76904	27.58711	30.19101	33.40866	35.71847
18	9.39046	10.86494	17.33790	25.98942	28.86930	31.52638	34.80531	37.15645
19	10.11701	11.65091	18.33765	27.20357	30.14353	32.85233	36.19087	38.58226
20	10.85081	12.44261	19.33743	28.41198	31.41043	34.16961	37.56623	39.99685
21	11.59131	13.23960	20.33723	29.61509	32.67057	35.47888	38.93217	41.40106
22	12.33801	14.04149	21.33704	30.81328	33.92444	36.78071	40.28936	42.79565
23	13.09051	14.84796	22.33688	32.00690	35.17246	38.07563	41.63840	44.18128
24	13.84843	15.65868	23.33673	33.19624	36.41503	39.36408	42.97982	45.55851
25	14.61141	16.47341	24.33659	34.38159	37.65248	40.64647	44.31410	46.92789
26	15.37916	17.29188	25.33646	35.56317	38.88514	41.92317	45.64168	48.28988
27	16.15140	18.11390	26.33634	36.74122	40.11327	43.19451	46.96294	49.64492
28	16.92788	18.93924	27.33623	37.91592	41.33714	44.46079	48.27824	50.99338
29	17.70837	19.76774	28.33613	39.08747	42.55697	45.72229	49.58788	52.33562
30	18.49266	20.59923	29.33603	40.25602	43.77297	46.97924	50.89218	53.67196

表 4　F 分 布 表

(A) $\alpha=0.05$　如：$F_{0.05}(10,6)=\boxed{4.0600}$

df_1 \ df_2	1	2	3	4	5	6	7	8	9	10	12	15	20	30	40	60	∞
1	161.4476	199.5000	215.7073	224.5832	230.1619	233.9860	236.7684	238.8827	240.5433	241.8817	243.9050	245.9499	248.0131	250.0951	251.1432	252.1957	254.3144
2	18.5128	19.0000	19.1643	19.2468	19.2964	19.3295	19.3532	19.3710	19.3848	19.3959	19.4125	19.4291	19.4458	19.4624	19.4707	19.4791	19.4957
3	10.1280	9.5521	9.2766	9.1172	9.0135	8.9406	8.8867	8.8452	8.8123	8.7855	8.7446	8.7029	8.6602	8.6166	8.5944	8.5720	8.5264
4	7.7086	6.9443	6.5914	6.3882	6.2561	6.1631	6.0942	6.0410	5.9988	5.9644	5.9117	5.8578	5.8025	5.7459	5.7170	5.6877	5.6281
5	6.6079	5.7861	5.4095	5.1922	5.0503	4.9503	4.8759	4.8183	4.7725	4.7351	4.6777	4.6188	4.5581	4.4957	4.4638	4.4314	4.3650
6	5.9874	5.1433	4.7571	4.5337	4.3874	4.2839	4.2067	4.1468	4.0990	4.0600	3.9999	3.9381	3.8742	3.8082	3.7743	3.7398	3.6689
7	5.5914	4.7374	4.3468	4.1203	3.9715	3.8660	3.7870	3.7257	3.6767	3.6365	3.5747	3.5107	3.4445	3.3758	3.3404	3.3043	3.2298
8	5.3177	4.4590	4.0662	3.8379	3.6875	3.5806	3.5005	3.4381	3.3881	3.3472	3.2839	3.2184	3.1503	3.0794	3.0428	3.0053	2.9276
9	5.1174	4.2565	3.8625	3.6331	3.4817	3.3738	3.2927	3.2296	3.1789	3.1373	3.0729	3.0061	2.9365	2.8637	2.8259	2.7872	2.7067
10	4.9646	4.1028	3.7083	3.4780	3.3258	3.2172	3.1355	3.0717	3.0204	2.9782	2.9130	2.8450	2.7740	2.6996	2.6609	2.6211	2.5379
11	4.8443	3.9823	3.5874	3.3567	3.2039	3.0946	3.0123	2.9480	2.8962	2.8536	2.7876	2.7186	2.6464	2.5705	2.5309	2.4901	2.4045
12	4.7472	3.8853	3.4903	3.2592	3.1059	2.9961	2.9134	2.8486	2.7964	2.7534	2.6866	2.6169	2.5436	2.4663	2.4259	2.3842	2.2962
13	4.6672	3.8056	3.4105	3.1791	3.0254	2.9153	2.8321	2.7669	2.7144	2.6710	2.6037	2.5331	2.4589	2.3803	2.3392	2.2956	2.2064
14	4.6001	3.7389	3.3439	3.1122	2.9582	2.8477	2.7642	2.6987	2.6458	2.6022	2.5342	2.4630	2.3879	2.3082	2.2664	2.2229	2.1307

附表　常用统计表

df																
15	4.5431	3.6823	3.2874	3.0556	2.9013	2.7905	2.7066	2.6408	2.5876	2.5437	2.4753	2.4034	2.3275	2.2468	2.1601	2.0658
16	4.4940	3.6337	3.2389	3.0069	2.8524	2.7413	2.6572	2.5911	2.5377	2.4935	2.4247	2.3522	2.2756	2.1938	2.1058	2.0096
17	4.4513	3.5915	3.1968	2.9647	2.8100	2.6987	2.6143	2.5480	2.4943	2.4499	2.3807	2.3077	2.2304	2.1477	2.0584	1.9604
18	4.4139	3.5546	3.1599	2.9277	2.7729	2.6613	2.5767	2.5102	2.4563	2.4117	2.3421	2.2686	2.1906	2.1071	2.0166	1.9168
19	4.3807	3.5219	3.1274	2.8951	2.7401	2.6283	2.5435	2.4768	2.4227	2.3779	2.3080	2.2341	2.1555	2.0712	1.9795	1.8780
20	4.3512	3.4928	3.0984	2.8661	2.7109	2.5990	2.5140	2.4471	2.3928	2.3479	2.2776	2.2033	2.1242	2.0391	1.9464	1.8432
21	4.3248	3.4668	3.0725	2.8401	2.6848	2.5727	2.4876	2.4205	2.3660	2.3210	2.2504	2.1757	2.0960	2.0102	1.9165	1.8117
22	4.3009	3.4434	3.0491	2.8167	2.6613	2.5491	2.4638	2.3965	2.3419	2.2967	2.2258	2.1508	2.0707	1.9842	1.8895	1.7831
23	4.2793	3.4221	3.0280	2.7955	2.6400	2.5277	2.4422	2.3748	2.3201	2.2747	2.2036	2.1282	2.0476	1.9605	1.8648	1.7570
24	4.2597	3.4028	3.0088	2.7763	2.6207	2.5082	2.4226	2.3551	2.3002	2.2547	2.1834	2.1077	2.0267	1.9390	1.8424	1.7330
25	4.2417	3.3852	2.9912	2.7587	2.6030	2.4904	2.4047	2.3371	2.2821	2.2365	2.1649	2.0889	2.0075	1.9192	1.8217	1.7110
26	4.2252	3.3690	2.9752	2.7426	2.5863	2.4741	2.3883	2.3205	2.2655	2.2197	2.1479	2.0716	1.9898	1.9010	1.8027	1.6906
27	4.2100	3.3541	2.9604	2.7278	2.5719	2.4591	2.3732	2.3053	2.2501	2.2043	2.1323	2.0558	1.9736	1.8842	1.7851	1.6717
28	4.1960	3.3404	2.9467	2.7141	2.5581	2.4453	2.3593	2.2913	2.2360	2.1900	2.1179	2.0411	1.9586	1.8687	1.7689	1.6541
29	4.1830	3.3277	2.9340	2.7014	2.5454	2.4324	2.3463	2.2783	2.2229	2.1768	2.1045	2.0275	1.9446	1.8543	1.7537	1.6376
30	4.1709	3.3158	2.9223	2.6896	2.5336	2.4205	2.3343	2.2662	2.2107	2.1646	2.0921	2.0148	1.9317	1.8409	1.7396	1.6223
40	4.0847	3.2317	2.8387	2.6060	2.4495	2.3359	2.2490	2.1802	2.1240	2.0772	2.0035	1.9245	1.8389	1.7444	1.6928	1.5089
60	4.0012	3.1504	2.7581	2.5252	2.3683	2.2541	2.1665	2.0970	2.0401	1.9926	1.9174	1.8364	1.7480	1.6491	1.5343	1.3893
120	3.9201	3.0718	2.6802	2.4472	2.2899	2.1750	2.0868	2.0164	1.9588	1.9105	1.8337	1.7505	1.6587	1.5543	1.4290	1.2539
∞	3.8415	2.9957	2.6049	2.3719	2.2141	2.0986	2.0096	1.9384	1.8799	1.8307	1.7522	1.6664	1.5705	1.4591	1.3180	1.0000

(B) $\alpha=0.01$ 如：$F_{0.01}(10,6)=\boxed{7.874}$

df_1 / df_2	1	2	3	4	5	6	7	8	9	10	12	15	20	30	40	60	∞
1	4052.181	4999.500	5403.352	5624.583	5763.650	5858.986	5928.356	5981.070	6022.473	6055.847	6106.321	6157.285	6208.730	6260.649	6286.782	6313.030	6365.864
2	98.503	99.000	99.166	99.249	99.299	99.333	99.356	99.374	99.388	99.399	99.416	99.433	99.449	99.466	99.474	99.482	99.499
3	34.116	30.817	29.457	28.710	28.237	27.911	27.672	27.489	27.345	27.229	27.052	26.872	26.690	26.505	26.411	26.316	26.125
4	21.198	18.000	16.694	15.977	15.522	15.207	14.976	14.799	14.659	14.546	14.374	14.198	14.020	13.838	13.745	13.652	13.463
5	16.258	13.274	12.060	11.392	10.967	10.672	10.456	10.289	10.158	10.051	9.888	9.722	9.553	9.379	9.291	9.202	9.020
6	13.745	10.925	9.780	9.148	8.746	8.466	8.260	8.102	7.976	7.874	7.718	7.559	7.396	7.229	7.143	7.057	6.880
7	12.246	9.547	8.451	7.847	7.460	7.191	6.993	6.840	6.719	6.620	6.469	6.314	6.155	5.992	5.908	5.824	5.650
8	11.259	8.649	7.591	7.006	6.632	6.371	6.178	6.029	5.911	5.814	5.667	5.515	5.359	5.198	5.116	5.032	4.859
9	10.561	8.022	6.992	6.422	6.057	5.802	5.613	5.467	5.351	5.257	5.111	4.962	4.808	4.649	4.567	4.483	4.311
10	10.044	7.559	6.552	5.994	5.636	5.386	5.200	5.057	4.942	4.849	4.706	4.558	4.405	4.247	4.165	4.082	3.909
11	9.646	7.206	6.217	5.668	5.316	5.069	4.886	4.744	4.632	4.539	4.397	4.251	4.099	3.941	3.860	3.776	3.600
12	9.330	6.927	5.953	5.412	5.064	4.821	4.640	4.499	4.388	4.296	4.155	4.010	3.858	3.701	3.619	3.535	3.361
13	9.074	6.701	5.739	5.205	4.862	4.620	4.441	4.302	4.191	4.100	3.960	3.815	3.665	3.507	3.425	3.341	3.165
14	8.862	6.515	5.564	5.035	4.695	4.456	4.278	4.140	4.030	3.939	3.800	3.656	3.505	3.348	3.266	3.181	3.004
15	8.683	6.359	5.417	4.893	4.556	4.318	4.142	4.004	3.895	3.805	3.666	3.522	3.372	3.214	3.132	3.047	2.868
16	8.531	6.226	5.292	4.773	4.437	4.202	4.026	3.890	3.780	3.691	3.553	3.409	3.259	3.101	3.018	2.933	2.753

附表　常用统计表

17	8.400	6.112	5.185	4.669	4.336	4.102	3.927	3.791	3.682	3.593	3.455	3.312	3.162	3.003	2.920	2.835	2.653
18	8.285	6.013	5.092	4.579	4.248	4.015	3.841	3.705	3.597	3.508	3.371	3.227	3.077	2.919	2.835	2.749	2.566
19	8.185	5.926	5.010	4.500	4.171	3.939	3.765	3.631	3.523	3.434	3.297	3.153	3.003	2.844	2.761	2.674	2.489
20	8.096	5.849	4.938	4.431	4.103	3.871	3.699	3.564	3.457	3.368	3.231	3.088	2.938	2.778	2.695	2.608	2.421
21	8.017	5.780	4.874	4.369	4.042	3.812	3.640	3.506	3.398	3.310	3.173	3.030	2.880	2.720	2.636	2.548	2.360
22	7.945	5.719	4.817	4.313	3.988	3.758	3.587	3.453	3.346	3.258	3.121	2.978	2.827	2.667	2.583	2.495	2.305
23	7.881	5.664	4.765	4.264	3.939	3.710	3.539	3.406	3.299	3.211	3.074	2.931	2.781	2.620	2.535	2.447	2.256
24	7.823	5.614	4.718	4.218	3.895	3.667	3.496	3.363	3.256	3.168	3.032	2.889	2.738	2.577	2.492	2.403	2.211
25	7.770	5.568	4.675	4.177	3.855	3.627	3.457	3.324	3.217	3.129	2.993	2.850	2.699	2.538	2.453	2.364	2.169
26	7.721	5.526	4.637	4.140	3.818	3.591	3.421	3.288	3.182	3.094	2.958	2.815	2.664	2.503	2.417	2.327	2.131
27	7.677	5.488	4.601	4.106	3.785	3.558	3.388	3.256	3.149	3.062	2.926	2.783	2.632	2.470	2.384	2.294	2.097
28	7.636	5.453	4.568	4.074	3.754	3.528	3.358	3.226	3.120	3.032	2.896	2.753	2.602	2.440	2.354	2.263	2.064
29	7.598	5.420	4.538	4.045	3.725	3.499	3.330	3.198	3.092	3.005	2.868	2.726	2.574	2.412	2.325	2.234	2.034
30	7.562	5.390	4.510	4.018	3.699	3.473	3.304	3.173	3.067	2.979	2.843	2.700	2.549	2.386	2.299	2.208	2.006
40	7.314	5.179	4.313	3.828	3.514	3.291	3.124	2.993	2.888	2.801	2.665	2.522	2.369	2.203	2.114	2.019	1.805
60	7.077	4.977	4.126	3.649	3.339	3.119	2.953	2.823	2.718	2.632	2.496	2.352	2.198	2.028	1.936	1.836	1.601
120	6.851	4.787	3.949	3.480	3.174	2.956	2.792	2.663	2.559	2.472	2.336	2.192	2.035	1.860	1.763	1.656	1.381
∞	6.635	4.605	3.782	3.319	3.017	2.802	2.639	2.511	2.407	2.321	2.185	2.039	1.878	1.696	1.592	1.473	1.000

21世纪高职高专经济管理规划教材

书　名	主　编	定估价（元）	书　号 978-7-5429-
会计学基础(第二版)	熊南永	19.50	1473
财务会计(第三版)	陈瑞生	27.50	1463
成本会计(第二版)	陈丽	22.00	1370
财务管理(第二版)	彭林君	22.00	2307
审计学	熊南永	18.00	1432
经济法(第四版)	雷裕春	29.00	2588
税法(第四版)	彭林君	22.00	2477
市场营销管理	彭书华	18.50	1427
会计岗位技能操作教程	陈丽	32.50	1674
物流管理	温诒忠	19.20	1694
Excel财务管理	徐艳	30.00	1740
管理会计	陈丽	21.00	1986
税务会计	陈丽	26.00	2093
电子商务基础与实操	王永琦	26.00	2096
会计原理与实务(非会计专业)	陈丽　李定清	18.00	2097
管理学基础	孙向强	23.00	2098
基础会计模拟实习	陈瑞生	24.00	2099
成本会计模拟实习	曾富全	18.00	2100
财务会计模拟实习	彭林君	23.00	2102
统计理论与实务	李丰菊	23.00	2103
广告理论与实务	陈丽	27.00	2104
企业管理	刘宁杰	23.00	2105
会计电算化应用教程	叶桂中	36.00	2107
出纳会计实务	周百灵	18.00	2108
应用文写作	甘敏军	22.00	2111
计算机应用基础	刘建国　柴进栋	28.00	2120